墨人著

本全集保留作者手批手稿

墨人博士作品全集【全60冊】

第二十一冊 靈姑

文史哲出版社印行

國家圖書館出版品預行編目資料

墨人博士作品全集 / 墨人著 -- 初版 -- 臺北
市:文史哲, 民 100.12
頁： 公分
ISBN 978-957-549-987-7 (全套 60 冊：平裝)

1.現代文學 2. 中國文學 3.別集

848.6　　100022602

墨人博士作品全集【全60冊】

第二十一冊　靈　姑

著　　者：墨　人
出 版 者：文史哲出版社
http://www.lapen.com.tw
登記證字號：行政院新聞局版臺業字五三三七號
發 行 人：彭　正　雄
發 行 所：文史哲出版社
印 刷 者：文史哲出版社
臺北市羅斯福路一段七十二巷四號
郵政劃撥帳號：一六一八〇一七五
電話886-2-23511028・傳真886-2-23965656

【全60冊】定價新臺幣 36,800 元

中華民國一百年（2011）十二月初版

ISBN 978-957-549-987-7　　08992

墨人博士著作品全集　總目

一、散文類

二、長篇小說

三、中短篇小說散文合集

四、詩詞及論評

附：外篇

墨人的一部文學千秋史

張萬熙先生，筆名墨人，江西九江人，民國九年生。爲一位享譽國內外名小說家、詩人、學者。歷任軍、公、教職。六十五歲始自從國民大會簡任一級加年功俸的資料組長兼圖書館長公職崗位退休，但已是中國文壇上一位閃亮的巨星。出版有：《全唐詩尋幽探微》、《紅樓夢的寫作技巧》、二百九十多萬字的大長篇小說《紅塵》、《白雪青山》、《春梅小史》；詩集：《哀祖國》；散文集：《小園昨夜又東風》……。民國五十年、五十一年連續以短篇小說，兩次入選維也納納富出版公司出版的《世界最佳小說選集》。七十歲時自東吳大學中文系教席二度退休，仍著述不輟，爲國寶級文學家。墨人博士在臺勤於創作六十多年（在大陸時期已創作十年），並以其精通儒、釋、道之學養，綜理戎機、參贊政務、作育英才，更以其對傳統文學的精湛造詣，與對新文藝的創作，在國際上贏得無數榮譽，如：美國世界大學榮譽文學博士、美國馬奎士國際大學榮譽文學博士、美國艾因斯坦國際學院榮譽人文學博士（包括哲學、文學、藝術、語言四類）、英國劍橋國際傳記中心副總裁（代表亞洲）、英國莎士比亞詩、小說與人文學獎得主，現在出版《全集》中。

壹、家世・堂號

張萬熙先生，江西省德化人（今九江），先祖玉公，明末時以提督將軍身份鎮守雁門關，蒙古騎兵入侵，戰死於東昌，後封爲「河間王」。其子輔公，進士出身，歷任文官。後亦奉召領兵「三定交趾」，因戰功而封爲「定興王」。其子貞公亦有兵權，因受奸人陷害，自蘇州嘉定（即今上海市一區），謫居潯陽（今江西九江）。祖宗牌位對聯爲：嘉定源流遠，潯陽歲月長；右書「清河郡」，左寫「百忍堂」。

貳、來臺灣的過程

民國三十八年，時局甚亂，張萬熙先生攜家帶眷，在兵荒馬亂人心惶惶時，張先生從湖南長沙火車站，先將一千多度的近視眼弱妻，與四個七歲以下子女，從車窗口塞進車厢，自己則擠在廁所內動彈不得，千辛萬苦的從湖南長沙搭火車南下廣州，從廣州登商輪來臺。七月三日抵基隆，由同學顧天一先生，接到臺北縣永和鎮鄉下暫住。

參、在臺灣一甲子奮鬥的過程

一、初到臺灣的生活

家小安頓妥後，張萬熙先生先到臺北萬華，一家新創刊的《經濟快報》擔任主編，但因財務不濟，四個月不到便草草結束。幸而另謀新職，舉家遷往左營擔任海軍總司令辦公室秘書，負責紀錄整理所有軍務會報紀錄。

民國四十六年，張先生自左營來臺北任職國防部史政局編纂《北伐戰史》（歷時五年多浩大工程，編成綠布面精裝本、封面燙金字《北伐戰史》叢書），完成後在「八二三」炮戰前夕又調任國防部總政治部，主管陸、海、空、聯勤文宣業務，四十七歲自軍中正式退役後轉任文官，在臺北市中山堂的國民大會主編研究世界各國憲法政治的十六開大本的《憲政思潮》，作者、譯者都是台灣大學、政治大學的教授、系主任，首開政治學術化先例。

張先生從左營遷到臺北大直海軍眷舍，只是由克難的甘蔗板隔間眷舍改爲磚牆眷舍，大小一般，但邊間有一片不小的空地，子女也大了，不能再擠在一間房屋內，因此，張先生加蓋了三間竹屋安頓他們。但眷舍右上方山上是一大片白色天主教公墓，在心理上有一種「與鬼爲鄰」的感覺。張夫人有一千多度的近視眼，她看不清楚，子女看見嘴裡不講，心裡都不舒服。張先生自軍中假退役後，只拿八成俸。

張先生因爲有稿費、版稅，還有些積蓄，除在左營被姓譚的同學騙走二百銀元外，剩下的積蓄還可以做點別的事。因爲住左營時在銀行裡存了不少舊臺幣，那時左營中學附近的土地只要三塊多錢一坪，張先生可以買一萬多坪。但那時政府的口號是「一年準備，兩年反攻，三年掃蕩，五年成功。」張先生信以爲真，三十歲左右的人還是「少不更事」，平時又忙著上班、寫作，實在不懂政治、經濟大事，以爲政府和「最高領袖」不會騙人，五年以內真的可以回大陸，張先生又有「戰士授田證」。沒想到一改用新臺幣，張先生就損失一半存款，呼天不應。但天理不容，姓譚的同學不但無后，也死了三十多年，更沒沒無聞。張先生作人、看人的準則是：無論幹什麼都是「誠信」第一，因果比法律更公平、更準。欺人不可欺心，否則自食其果。

二、退休後的寫作生活

張先生四十七歲自軍職退休後，轉任台北市中山堂國大會主編十六開大本研究各國憲法政治的《憲政思潮》十八年，時任簡任一級資料組長兼圖書館長。並在東吳大學兼任副教授二十年、香港廣大學院指導教授、講座教授、指導論文寫作、不必上課。六十四歲時即請求自公職提前退休，以業務重要不准，但取得國民大會秘書長（北京朝陽大學法律系畢業）何宜武先生的首肯，六十五歲依法退休。當時國民大會、立法院、監察院簡任一級主管多延至七十歲退休，因所主管業務富有政治性，與單純的行政工作不同，六十五歲時張先生雖達法定退休年齡，還是延長了四個月才正式退休，何秘書長宜武大惑不解地問張先生：「別人請求延長退休而不可得，你為什麼反而要求退休？」張先生答以「專心寫作」，何秘書長才坦然不疑。退休後日夜寫作，因胸有成竹，很快完成了一百九十多萬字的大長篇小說《紅塵》，在鼎盛時期的《臺灣新生報》連載四年多，開中國新聞史中報紙連載最大長篇小說先河。但報社還不敢出版，經讀者熱烈反映，才出版前三大冊。當年十二月即獲行政院新聞局「著作金鼎獎」與嘉新文化基金會「優良著作獎」，亦無前例。《台灣新生報》又出九十三章至一百二十二章，只好名為《續集》。墨人在書前題五言律詩一首：

浩劫未埋身，揮淚寫紅塵，非名非利客，孰晉孰秦人？
毀譽何清問？吉凶自有因。天心應可測，憂道不憂貧。

二〇〇四年初，巴黎 youfeng 書局出版豪華典雅的法文本《紅塵》，亦開「五四」以來中文作家大長篇小說進入西方文學世界重鎮先河。時為巴黎舉辦「中國文化年」期間，兩岸作家多由政府資助出席，張先生未獲任何資助，亦未出席，但法文本《紅塵》卻在會場展出，實爲一大諷刺。張先生一生「只問耕耘，不問收穫」的寫作態度，七十多年來始終如一，不受任何外在因素影響。

肆、特殊事蹟與貢獻

一、《紅塵》出版與中法文學交流

《紅塵》寫作時間跨度長達一世紀，由清朝末年的北京龍氏家族的翰林第開始，寫到八國聯軍、滿清覆亡、民國初建、八年抗日、國共分治下的大陸與臺灣，續談臺灣的建設發展、開放大陸探親等政策。空間廣度更遍及大陸、臺灣、日本、緬甸、印度，是一部中外罕見的當代文學鉅著。墨人五十七歲時應邀出席在西方文藝復興聖地佛羅倫斯所舉辦的首屆國際文藝交流大會，會後環遊地球一周。七十歲時應邀訪問中國大陸四十天，次年即出版《大陸文學之旅》。《紅塵》一書最早於臺灣新生報連載四年多，並由該報連出三版，臺灣新生報易主後，將版權交由昭明出版社出版定本六卷。由於本書以百年來外患內亂的血淚史爲背景，寫出中國人在歷史劇變下所顯露的生命態度、文化認知、人性的進取與沉淪，引起中外許多讀者極大共鳴與回響。

旅法學者王家煜博士是法國研究中國思想的權威，曾參與中國古典文學的法文百科全書翻譯工作，他認爲深入的文化交流仍必須透過文學，而其關鍵就在於翻譯工作。從五四運動以來，中西文化交流一直是西書中譯的單向發展。直到九十年代文建會提出「中書外譯」計畫，臺灣作家才逐漸被介紹到西方，如此文學鉅著的翻譯，算是一個開始。

王家煜在巴黎大學任教中國上古思想史，他指出《紅塵》一書中所引用的詩詞以及蘊含中國思想的博大精深，是翻譯過程中最費工夫的部分。爲此，他遍尋參考資料，並與學者、詩人討論，歷時十年終於完成《紅塵》的翻譯工作，本書得以出版，感到無比的欣慰。他笑著說，這可說是「十年寒窗」。

《紅塵》法文譯本分上下兩大冊，已由法國最重要的中法文書局「友豐書店」出版。友豐負責人潘立輝謙沖寡言，三十年多來，因對中法文化交流有重大貢獻而獲得法國授予文化「騎士勳章」的榮譽。他於五年前開始成立出版部，成爲歐洲一家以出版中國圖書法文譯著爲主業的華人出版社。

潘立輝表示，王家煜先生的法文譯筆典雅、優美而流暢，使他收到「紅塵」譯稿時，愛得不忍釋手，他以一星期的時間一口氣看完，經常讀到凌晨四點。他表示出版此書不惜成本，不太可能賺錢，卻感到十分驕傲，因爲本書能讓不懂中文的旅法華人子弟，更瞭解自己文化根源的可貴之處，同時，本書的寫作技巧必對法國文壇有極大影響。

二、不擅作生意

張先生在六十五歲退休之前，完全是公餘寫作，在軍人、公務員生活中，張先生遭遇的挫折不少。軍職方面，張先生只升到中校就不做了，因爲過去稱張先生爲前輩、老長官的人都成爲張先生的上司，張先生怎麼能做？因爲張先生的現職是軍聞社資料室主任（他在南京時即任國防部新創立的「軍事新聞總社」實際編輯主任，因言守元先生是軍校六期老大哥，未學新聞，不在編輯之列）。但張先生以不求官，只求假退役，不擋人官路，這才退了下來。那時養來亨雞風氣盛行，在南京軍聞總社任外勤記者的姚秉凡先生頭腦靈活，他即時養來亨雞，張先生也「東施效顰」，結果將過去稿費積蓄全部賠光。

三、家庭生活與運動養生

張先生大兒子考取中國廣播公司編譯，結婚生子，廿七年後才退休，長孫修明取得美國南加州大學電機碩士學位，之後即在美國任電機工程師。五個子女均各婚嫁，小兒子選良以獎學金取得美國華盛頓大學化學工程博士，媳蔡傳惠為伊利諾理工學院材料科學碩士，兩孫亦已大學畢業就業，落地生根。

張先生兩老活到九十一、九十二歲還能照顧自己。（近年以一印尼女「外勞」代做家事）張先生一伏案寫作四、五小時都不休息，與臺大外文系畢業的長子選翰兩人都信佛，六十五歲退休後即吃全素。低血壓十多年來都在五十五至五十九之間，高血壓則在一百一十左右，走路「行如風」，年輕人很多都跟不上張先生，比起初來臺灣時毫不遜色，這和張先生運動有關。因為張先生住大直後山海軍眷舍八年，眷舍右上方有一大片白色天主教公墓，諸事不順，公家宿舍小，又當西曬，張先生靠稿費維持七口之家和五個子女的教育費。三伏天右手墊墳著毛巾，背後電扇長吹，三年下來，得了風濕病，手都舉不起來，花了不少錢都未治好。後來章斗航教授告訴張先生，圓山飯店前五百完人塚廣場上，有一位山西省主席閻錫山的保鑣王延年先生在教太極拳，勸張先生天一亮就趕到那裡學拳，一定可以治好。張先生一向從善如流，第二天清早就向王延年先生報名請教，王先生有教無類，收張先生這個年已四十的學生，王先生先不教拳，只教基本軟身功攀腿，卻受益非淺。

四、耿直的公務員性格

張先生任職時向來是「不在其位，不謀其政」。後來升簡任一級組長，有一位「地下律師」的專員，平時鑽研六法全書，混吃混喝，與西門町混混都有來往，他的前任爲大畫家齊白石女婿，平日公私不分，是非不明，借錢不還，沒有口德，人緣太差，又常約那位「地下律師」專員到家中打牌。那專員平日不簽到，甚至將簽到簿撕毀他都不哼一聲，因爲爲他多報年齡，屆齡退休時想更改年齡，但是得罪人太多，金錢方面更不清楚，所以不准再改年齡，組長由張先生繼任。

張先生第一次主持組務會報時，那位地下律師就在會報中攻擊圖書科長，張先生立即申斥，並宣佈記過。簽報上去處長都不敢得罪那地下律師，又說這是小事，想馬虎過去，張先生以秘書處名譽紀律爲重，非記過不可，讓他去法院告張先生好了。何宜武祕書長是學法的，他看了張先生簽呈同意記過，那位地下律師「專員」不但不敢告，只暗中找一位不明事理的國大「代表」來找張先生的麻煩。因事先有人告訴他，張先生完全不理那位代表，他站在張先生辦公室門口不敢進來，幾分鐘後悄然而退。人不怕鬼，鬼就怕人。諺云：「一正壓三邪」，這是經驗之談。直到張先生退休，那位專員都不敢惹事生非，西門町流氓也沒有找張先生的麻煩，當年的代表十之八九已上「西天」，張先生活到九十二歲還走路「行如風」，一坐到書桌，能連續寫作四、五小時而不倦，不然張先生怎麼能在兩岸出版約三千萬字的作品？

（原載新文豐《紮根台灣六十年》、墨人民國一百年十一月十三日校正）

墨人博士作品全集

文學是千秋藝業
秦皇漢武今何在
李白杜甫仍風流

全集共分四大類
一、散文類 二、小說類
三、文學理論類
四、新詩古典詩詞類

我出生於一個「萬般皆下品，惟有讀書高」的傳統文化家庭，且深受佛家思想影響，因祖母信佛，兩個姑母先後出家，大姑母是帶著賠嫁的錢購買依山傍水風景很好，上名山廬山的必經之地的「天后宮」出家的，小姑母的廟則在鬧中取靜的市區。我是父母求神拜佛後出生的男子，並寄名佛下，乳名聖保，上有二姊下有一妹都夭折了，在那個重男輕女的時代！我自然水漲船高了。我記得四、五歲時一位面目清秀，三十來歲文質彬彬的李瞎子替我算命，母親問李瞎子，我的命根穩不穩？能不能養大成人？李瞎子說我十歲行運，幼年難免多病，可以養大成人，但是會遠走高飛。母親聽了憂喜交集，在那個時代不但妻以夫貴。也以子貴，有兒子在身邊就多了一層保障。母親的心理壓力很大，李瞎子的「遠走高飛」那句話可不是一句好話。

到現在八十多年了，我還記得十分清楚。母親暗自憂心。何況科舉已經廢了，不必「進京趕考」，更不會「當兵吃糧」，安安穩穩作個太平紳士或是教書先生不是很好嗎？我們張家又是大族，人多勢眾，不會受人欺侮，何況二伯父的話此法律更有權威，人人敬仰，去外地「打流」又有什麼好處？因此我剛滿六歲就正式拜孔夫子入學啟蒙，從《三字經》、《百家姓》、《千字文》、《千家詩》、《論語》、《大學》、《中庸》……《孟子》、《詩經》、《左傳》讀完了都要整本背，在十幾位學生中，也只有我一人能背，我背書如唱歌，窗外還有人偷聽，他們實在缺少娛樂。除了我父親下雨天會吹吹笛子、簫，消遣之外，沒有別的娛樂，我自幼歡喜絲竹之音，但是很少聽到。讀書的人也只有我們三房、二房兩兄弟，二伯父在城裡當紳士，偶爾下鄉排難解紛，他是一族之長，更受人尊敬，因爲他大公無私，又有一百八十公分左右的身高，眉眼自有威嚴，能言善道，他的話比法律更有效力，加之民性純樸，真是「夜不閉戶，道不失遺」。只有「夏都」廬山才有這麼好的治安。我十二歲前就讀完了四書、詩經、左傳、千家詩。我最喜歡的是《千家詩》和《詩經》。

關關雎鳩，在河之洲，
窈窕淑女，君子好逑。

我覺得這種詩和講話差不多，可是更有韻味。我就喜歡這個調調。《千家詩》我也喜歡，我背得更熟。開頭那首七言絕句詩就很好懂：

雲淡風清近午天，傍花隨柳過前川。
時人不識余心樂，將謂偷閒學少年。

老師不會作詩，也不講解，只教學生背，我覺得這種詩和講話差不多，但是更有韻味。我也了解大意，我以讀書為樂，不以為苦。這時老師方教我四聲平仄，他所知也止於此。

我也喜歡《詩經》，這是中國最古老的詩歌文學，是集中國北方詩歌的大成。可惜三千多首被孔子刪得只剩三百首。孔子的目的是：「詩三百，一言以蔽之，曰思無邪。」孔老夫子將《詩經》當作教條。詩是人的思想情感的自然流露，是最可以表現人性的。先民質樸，孔子既然知道「食色性也」，對先民的集體創作的詩歌就不必要求太嚴，以免喪失許多文學遺產和地域特性。楚辭和詩經不同，就是地域特性和風俗民情的不同。文學藝術不是求其同，而是求其異。這樣才會多彩多姿。文學不應成為政治工具，但可以移風易俗，亦可淨化人心。我十二歲以前所受的基礎教育，獲益良多，但也出現了一大危機，沒有老師能再教下去。幸而有一位年近三十歲的姓王的學生在廬山一未立案的國學院求學，他問我想不想去？我自然想去，但廬山夏涼，冬天太冷，父親知道我的心意，並不反對，他對新式的人手是刀尺的教育沒有興趣，我便在飄雪的寒冬同姓王的爬上廬山，我生在平原，這是第一次爬上高山。

在廬山我有幸遇到一位湖南岳陽籍的閻毅宇任之的好老師，他只有三十二歲，飽讀詩書，與民國初期的江西大詩人散原老人唱和，他的王字也寫的好。有一天他要六七十位年齡大小不一的學生各寫一首絕句給他看，我寫了一首五絕交上去，廬山松樹不少，我生在平原是看不到松樹的，我是即景生情，信手寫來，想不到閻老師特別將我從大教室調到他的書房去，在他右邊靠牆壁另加一桌一椅，教我讀書寫字，並且將我的名字「熏」改為「熙」，視我如子。原來是他很欣賞我那首五絕中的「疏松月影亂」這一句。我只有十二歲，不懂人情世故，也不了解他的深意。時任漢口市長張群的侄子張繼文還小我一歲，卻是個天不怕、地不怕的小太保，江西省主席熊式輝的兩個小舅子大我幾歲，閻老師的侄子卻高齡二十八歲。學歷也很懸殊，有上過大學的、高中的，多是對國學有興趣，支持學校的袞袞諸公也都是有心人士，新式學校教育日漸西化，國粹將難傳承，所以創辦了這樣一個尚未立案的國學院，也未大張旗鼓正式掛牌招生，但聞風而至的要人子弟不少，校方也本著「有教無類」的原則施教，閻老師也是義務施教，他與隱居廬山的要人嚴立三先生也有交往。（抗日戰爭一開始嚴立三即出山任湖北省主席，諸閻老師任省政府秘書，此是後話。）同學中權貴子弟亦多，我雖不是當代權貴子弟，但九江先組玉公以提督將軍身分抵抗蒙古騎兵入侵雁門關戰死東昌（雁門關內北京以西縣名，一九九〇年我應邀訪問大陸四十天時去過。）而封河間王；其子輔公。以進士身分出仕，後亦應昭領兵三定交趾而封定興王；其子貞公亦有兵權，因受政客讒害而自嘉定謫居潯陽。大詩人白居易亦曾謫爲江州司馬，我另一筆名即用江州司馬。我是黃帝第五子揮的後裔，他因善造弓箭而賜姓張。遠祖張良是推薦韓信爲劉邦擊敗楚霸王項羽的漢初三傑之首。他有知人之明，深知劉邦可以共患難，不能共安樂，所以悄然引退，作逍遙遊，不像韓信爲劉邦拼命打天下，立下汗馬功勞，雖封三齊王卻死於未央宮呂后之手。這就是不知進退的後果。我很敬佩張良這位遠祖，抗日戰爭初期（一九三八）我爲不作「亡國奴」，即輾轉赴臨時首都武昌以優異成績考取軍校，一位落榜的姓熊的同學帶我們過江去漢口。中共未公開招生的「抗日大學」（當時國共合作抗日，中共在漢口以「抗大」名義吸收人才。）辦事處參觀，接待我們的是一位讀完大學二年級才貌雙全，口才奇佳的女生獨對我說負責保送我免試進「抗大」一期，因未提其他同學，我不去。一年後我又在軍校提前一個月畢業，因我又考取陪都重慶中央政府培養高級軍政幹部的中央訓練團，而特設的新聞「新聞研究班」第一期，與我同期的有爲新詩奉獻心力的覃子豪兄（可惜五十二歲早逝）和中央社東京分社主任兼國際記者協會主席的李嘉兄。他在我訪問東京時曾與我合影留念，並親贈我精裝《日本專欄》三本。他七十歲時過世，這兩張照片我都編入「全集」一百九十多萬字的空前大長篇小說（紅塵）照片類中。而今在台同學只有兩位了。

民國二十八年（一九三九）九月我以軍官、記者雙重身分，奉派到第三戰區最前線的第三十二集團軍上官雲相總部所在地，唐宋八大家之一，又是大政治家王安石，尊稱王荊公的家鄉臨川，（屬撫州市）作軍事記者，時年十九歲，因第一篇戰地特寫《臨川新貌》經第三戰區長官部主辦的行銷甚廣的《前線日報》發表，隨即由淪陷區上海市美國人經營的《大美晚報》轉載，而轉爲文學創作，因我已意識到新聞性的作品易成「明日黃花」，文學創作則可大可久，我爲了寫大長篇《紅塵》、六十四歲時就請求提前退休，學法出身的秘書長何宜武先生大惑不解，他對我說：

「別人想幹你這個工作我都不給他，你爲什麼要退？」我幹了十幾年他只知道我是個奉公守法的張萬熙，不知道我是「作家」墨人，有一次國立師範大學校長劉真先生告訴他張萬熙就是墨人，劉校長看了我在當時的「中國時報」發表的幾篇有關中國文化的理論文章，他希望我繼續寫，劉校長真是有心人。沒想到他在何宜武秘書長面前過獎，使我不能提前退休，要我幹到六十五歲多四個月才退了下來。現在事隔二十多年我才提這件事。鼎盛時期的（台灣新生報）連載四年多的拙作《紅塵》出版前三冊時就同時獲得新聞局著作金鼎獎和嘉新文化基金會「優良著作獎」，劉真校長也是嘉新文化基金會的評審委員之一，他一定也是投贊成票的。「世有伯樂而後有千里馬」。我九十二歲了，現在經濟雖不景氣，但我還是重讀重校了拙作「全集」我一向只問耕耘，不問收穫，我歷任軍、公、教三種性質不同的職務，經過重重考核關卡，寫作七十三年，經過編者的考核更多，我自已從來不辦出版社。我重視分工合作。我頭腦清醒，是非分明，歷史人物中我更敬佩遠祖張良，不是劉邦。張良的進退自如我更歎服。在政治角力場中要保持頭腦清醒，人性尊嚴並非易事。我們張姓歷代名人甚多，我對遠祖張良的進退自如尤爲歎服，因此我將民國四十年在台灣出生的幼子依譜序取名選良。他早年留美取得化學工程博士學位，雖有獎學金，但生活仍然艱苦，美國地方大，出入非有汽車不可，這就不是獎學金所能應付的，我不能不額外支持，他取得化學工程博士學位與取得材料科學碩士學位的媳婦蔡傳惠雙雙回台北探親，且各有所成，幼子曾研究生產了飛機太空船用的抗高溫的纖維，媳婦則是一家公司的經理，下屬多是白人，兩孫亦各有專長，在台北出生的長孫是美國南加州大學的電機碩士，在經濟不景氣中亦獲任工程師，我不要第三代走這條文學小徑，是現實客觀環境的教訓，我何必讓第三代跟我一樣忍受生活的煎熬，這會使有文學良心的人精神崩潰的。我因經常運動，又吃全素二十多年，九十二歲還能連寫四、五小時而不倦。我寫作了七十多年，也苦中有樂，但心臟強，又無高血壓，一是得天獨厚，二是生活自我節制，我到現在血壓還是60—**110**之間，沒有變動，寫作也少戴老花眼鏡，走路仍然「行如風」，十分輕快，我在國民大會主編《憲政思潮》十八年，看到不少在大陸選出來的老代表，走路兩腳在地上蹉跎，這就來日不多了。個人的健康與否看他走路就可以判斷，作家寫作如在八十歲以後還不戴老花眼鏡，沒有高血壓，長命百歲絕無問題。如再能看輕名利，不在意得失，自然是仙翁了。健康長壽對任何人都很重要，對詩人作家更重要。

一九九〇年我七十歲應邀訪問大陸四十天作「文學之旅」時，首站北京，我先看望已九十高齡的老前輩散文作家，大家閨秀型的風範，平易近人，不慍不火的冰心，她也「勞改」過，但仍心平氣和。本來我也想看看老舍，但老舍已投湖而死，他的公子舒乙是中國現代文學館的副館長，他也出面接待我，還送了我一本他編寫的《老舍之死》，隨後又出席了北京詩人作家與我的座談會，參加七十賤辰的慶生宴，彈指之間卻已二十多年了。我訪問大陸四十天，次年即由台北「文史哲出版社」出版照片文字俱備的四二五頁的《大陸文學之旅》。不虛此行。大陸文友看了這本書的無不驚異，他們想不到我七十一高齡還有這樣的快筆，而又公正詳實。他們不知我行前的準備工作花了多少時間，也不知道我一開筆就很快。

我拜會的第二位是跌斷了右臂的詩人艾青，他住協和醫院，我們一見如故，他是浙江金華人，卻體格高大，性情直爽如燕趙之士，完全不像南方金華人。我們一見面他就緊握著我的手不放，侃侃而談，我不知道他編《詩刊》時選過我的新詩。在此之前我交往過的詩人作家不少，沒有像他如此豪放真誠，我告別時他突然放聲大哭，陪我去看他的北京新華社社長族侄張選國先生，陪我四十天作《大陸文學之旅》的廣州電視台深圳站站長高麗華女士，文字攝影記者譚海屏先生等多人，不但我爲艾青感傷，陪同我去看艾青的人也心有戚戚焉，所幸他去世後安葬在八寶山中共要人公墓，他是大陸唯一的詩人作家有此殊榮。台灣單身詩人同上校軍文黃仲琮先生，死後屍臭才有人知道，他小我二歲，如我不生前買好八坪墓地，連子女也只好將我兩老草草火化，這是與我共患難一生的老伴死也不甘心的，抗日戰爭時她父親就是我單獨送上江西南城北門外義山土葬的。這是中國人「入土爲安」的共識。也許有讀者會問這和文學創作有什麼關係？但文學創作不是單純的文字工作，而是作者整個文化觀、文學觀，人生觀的具體表現，不可分離。詩人作家不能「瞎子摸象」，還要有「舉一反三」的能力。我做人很低調。寫作也不唱高調，但也會作不平之鳴、仗義直言。我不鄉愿，我重視一步一個腳印，「打高空」可以譁眾邀寵於一時，但「旁觀者清」，讀者中藏龍臥虎，那些不輕易表態的多是高人。高人一旦直言不隱，會使洋洋自得者現出原形。作品一旦公諸於世，一切後果都要由作者自己負責，這也是天經地義的事。

我寫作七十多年無功無祿，我因熬夜寫作頭暈住馬偕醫院一個星期也沒有人知道，更不像大陸的當代作家、詩人是有給制，有同教授的待遇，而稿費、版稅都歸作者所有。依據民國九十八年一月十日「中國時報」A十四版「二〇〇八年中國作家富豪榜單」二十五名收入人民幣的數字統計，第一高的郭敬明一年是一千三百萬人民幣，第二名鄭淵潔是一千一百萬人民幣，第三名楊紅櫻是九百八十萬人民幣。最少的第二十五名的李西閩也有一百萬人民幣，以人民幣與台幣最近的匯率近一比四．五而言，現在大陸作家一年的收入就如此之多，是我一九九〇年應邀訪問大陸四十天作文學之旅時所未想像到的，而現在的台灣作家與我年紀相近的二十年前即已停筆，原因之一是發表出版兩難，二是年齡太大了。民國九十八年（二〇〇九）以前就有張漱菡（本名欣禾）、尹雪曼、劉枋、王書川、艾雯、嚴友梅六位去世，嚴友梅還小我四、五歲，小我兩歲的小說家楊念慈則行動不便，鬍鬚相當長，可以賣老了。我托天佑，又自我節制，二十多年來吃全素，又未停止運動，也未停筆，最近在台北榮民總醫院驗血檢查，健康正常。我也有我的養生之道，每天吃枸杞子明目，吃南瓜子抑制攝護腺肥大，多走路、少坐車，伏案寫作四、五小時而不疲倦，此非一日之功。

民國九十八（二〇〇九）己丑，是我來台六十周年，這六十年來只搬過兩次家，第一次從左營搬到台北大直海軍眷舍，在那一大片天主教白色公墓之下，我原先不重視風水，也無錢自購住宅，想不到鄰居的子女有得神經病的，有在金門車禍死亡的，大人有坐牢的，有槍斃的，也有得神經病的，我退役養雞也賠光了過去稿費的積蓄，讀台大外文系的大兒子也生病，我則諸事不順，直到搬到大屯山下坐北朝南的兩層樓的獨門獨院自宅後，自然諸事順遂，我退休後更能安心寫作，遠離台北市區，真是「市遠無兼味，地僻客來稀。」同里鄰的多是市井小民，但治安很好，誰也不知道我是爬格子的，連警察先生也不光顧舍下，除了近十年常有人打電話來騙我，幸未上大當外，我安心過自己的生活。當年「移民潮」去不了美國的也會去加拿大，我是「美國人」的祖父，我不移民美國，更別說去加拿大了。娑婆世界無常，早年即移民美國的琦君（本名潘希真）、彭歌，最後還是回到台灣來了，這不能說台灣是「天堂」，以我的體驗而言是台北市氣候宜人，夏天三十四度以上的日子少，冬天十度以下的日子也很少，老年人更不能適應零度以下的氣溫，我只有冬天上大屯山、七星山頂才能見雪。有高血壓、心臟病的老人更不能適應。我不想做美國公民，做台灣平民六十多年，也沒有自卑感。

娑婆世界是一個無常的世界，天有不測風雲，人有旦夕禍福，老子早說過：「福兮禍所倚，禍兮福所伏。」禍福無門，唯人自招。我一生不起歪念，更不損人利己，與人為善。雖常吃暗虧，只當作上了一課。這個花花世界是我學不完的大教室，萬丈紅塵其中也有黑洞，我心存善念，更不造文字孽，不投機取巧，不違背良知，蒼天自有公斷，我本著文學良心寫作，盡其在我而已，讀者是最好的裁判。

民國一○○年（二○一一）辛卯七月二十九日下午六時二十三分於紅塵寄廬

1951 年墨人 31 歲與夫人曾麗春女士（30 歲）結婚十周年紀念合影於左營

墨人博士七十壽辰與夫人曾麗春女士合影。此照為大翻譯家、文學理論家黃文範先生所攝，並在照片背後題「南山北海惟仁者壽」。

民國二十九年（1940）作者
墨人在江西南城戎裝照。

1939 年墨人即自戰時陪都四川重慶奉派至江西臨川王安石家鄉，第三戰區前線任軍事記者創辦軍報，提供抗日官兵精神食糧。時年 19 歲。

2010 年「五四」作者墨人 91 歲在花蓮和南寺家人合影

2003 年 8 月 26 日作者墨人（中）在含鄱口觀山景點與作者長女韻華、長子選翰、三女韻湘、二女韻真合影。

2005 年 2 月作者次子選良（右一）回台北與父（右二）及作者夫人（中）三女韻湘（左二）二女韻真（左一）合影。

作者墨人在書房留影，時年八十五歲。

《墨人博士大長篇小說〈紅塵〉法文譯本封面照片》

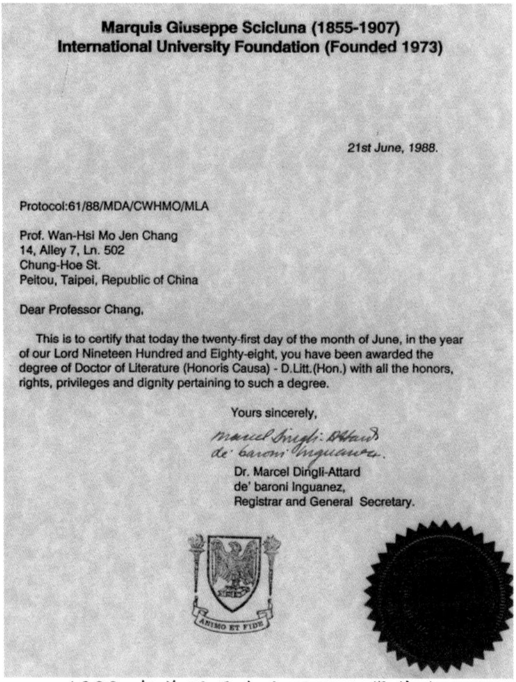

Marquis Giuseppe Scicluna (1855-1907)
International University Foundation (Founded 1973)

21st June, 1988.

Protocol:61/88/MDA/CWHMO/MLA

Prof. Wan-Hsi Mo Jen Chang
14, Alley 7, Ln. 502
Chung-Hoe St.
Peitou, Taipei, Republic of China

Dear Professor Chang,

This is to certify that today the twenty-first day of the month of June, in the year of our Lord Nineteen Hundred and Eighty-eight, you have been awarded the degree of Doctor of Literature (Honoris Causa) - D.Litt.(Hon.) with all the honors, rights, privileges and dignity pertaining to such a degree.

Yours sincerely,

Dr. Marcel Dingli-Attard
de' baroni Inguanez,
Registrar and General Secretary.

ANIMO ET FIDE

1988 年美國馬奎士國際大學基金會，授予張萬熙墨人教授榮譽文學博士學位證書。

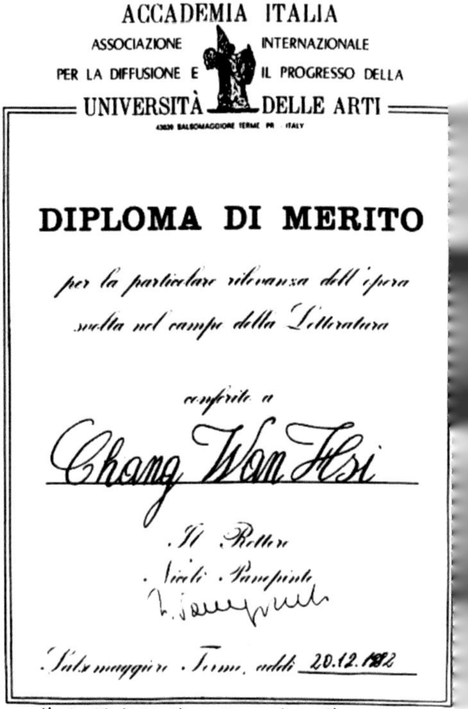

ACCADEMIA ITALIA
ASSOCIAZIONE INTERNAZIONALE
PER LA DIFFUSIONE E IL PROGRESSO DELLA
UNIVERSITÀ DELLE ARTI
43030 SALSOMAGGIORE TERME PR ITALY

DIPLOMA DI MERITO

per la particolare rilevanza dell'opera svolta nel campo della Letteratura

conferito a

Chang Wan Hsi

Il Rettore
Nicola Pampinto

Salsomaggiore Terme, addì 20.12.1982

義大利出版英、法、德、義四種文字的「國際文學史」的 ACCADEMIA ITALIA, 1982 年授予墨人的文學功績證書。

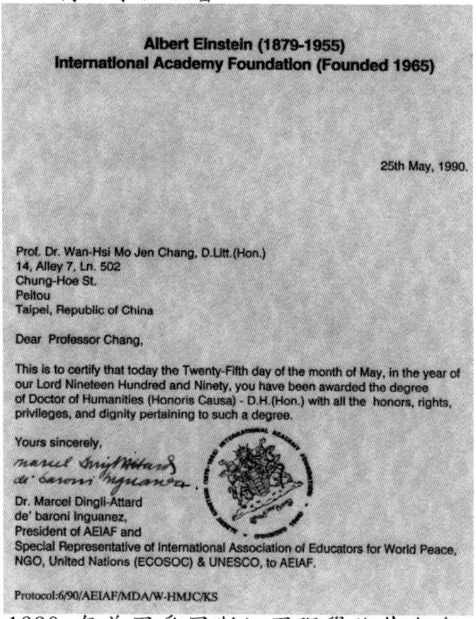

Albert Einstein (1879-1955)
International Academy Foundation (Founded 1965)

25th May, 1990.

Prof. Dr. Wan-Hsi Mo Jen Chang, D.Litt.(Hon.)
14, Alley 7, Ln. 502
Chung-Hoe St.
Peitou
Taipei, Republic of China

Dear Professor Chang,

This is to certify that today the Twenty-Fifth day of the month of May, in the year of our Lord Nineteen Hundred and Ninety, you have been awarded the degree of Doctor of Humanities (Honoris Causa) - D.H.(Hon.) with all the honors, rights, privileges, and dignity pertaining to such a degree.

Yours sincerely,

Dr. Marcel Dingli-Attard
de' baroni Inguanez,
President of AEIAF and
Special Representative of International Association of Educators for World Peace, NGO, United Nations (ECOSOC) & UNESCO, to AEIAF.

Protocol:6/90/AEIAF/MDA/W-HMJC/KS

1990 年美國愛因斯坦國際學院基金會授予張萬熙墨人教授榮譽人文學（含哲學文學藝術語言四種）博士學位

WORLD UNIVERSITY ROUNDTABLE
In Corporate Affiliation with the World University

Greetings

In recognition of Distinguished Achievement within the principles and purposes of the World University development, the Trustees of the Corporation, upon the nomination of the Secretariat, confer doctoral membership and this honorary award upon

Chang Wan-Hsi (Mo Jen)

The Cultural Doctorate in Literature

with all rights and privileges there to pertaining.

Witness our hand and seal at the International Secretariat
Regional Campus, Benson, Arizona
April 17, 1989

President of the Board of Trustees

Secretary of the Board of Trustees

1989 年美國世界大學授予張萬熙墨人榮譽文學博士學位，文化大學創辦人張其昀（曉峰）先生亦獲此榮譽。

THIS PICTORIAL TESTIMONIAL OF ACHIEVEMENT AND DISTINCTION proclaims throughout the world that

DR. CHANG WAN-HSI (MO JEN)

is the recipient of the above-mentioned Honour granted by the Board of Editors of the

2000 OUTSTANDING SCHOLARS OF THE 20TH CENTURY

meeting in Cambridge, England, on the date set out below, AND that the Board also resolves that a portrait photograph of

DR. CHANG WAN-HSI (MO JEN)

be attached to this Testimonial as verification of the Honour bestowed.

2000 OUTSTANDING SCHOLARS OF THE 20TH CENTURY

First Edition

Signed and sealed on the 14th December 1999

Authorized Officer

1999 年 10 月張萬熙墨人博士榮登英國劍橋國際傳記中心《二十世二千位傑出學者》第一版證書。

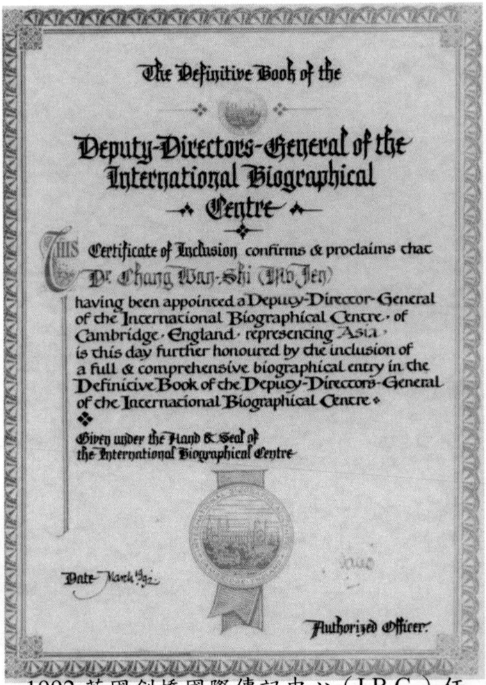

The Definitive Book of the

Deputy-Directors-General of the International Biographical Centre

THIS Certificate of Inclusion confirms & proclaims that Dr. Chang Wan-Shi (Mo Jen) having been appointed a Deputy-Director-General of the International Biographical Centre of Cambridge England representing Asia is this day further honoured by the inclusion of a full & comprehensive biographical entry in the Definitive Book of the Deputy-Directors-General of the International Biographical Centre.

Given under the Hand & Seal of the International Biographical Centre

Date March '92

Authorized Officer

1992 英國劍橋國際傳記中心（I.B.C.）任張萬熙墨人博士為代表亞洲的副總裁。

THE INTERNATIONAL SHAKESPEARE AWARD FOR LITERARY ACHIEVEMENT

This Illuminated Certificate of Merit commemorates and celebrates the life and work of

Dr. Chang Wan-Hsi (Mo Jen) DDG

and is therefore a rightful recipient of the Shakespeare Award for Literary Achievement and as such stands testament to the efforts made by said individual in the arena of

Poetry, Novels and the Humanities

Witnessed on the date set out below by the Officers of the International Biographical Centre at its Headquarters in Cambridge, England and signed by the Director General and Editor-In-Chief.

16th March 2009

Director General　　Editor-In-Chief

2009 年 3 月 16 日英國劍橋國傳記中心總裁與總編輯聯合授予張萬熙墨人博士國際莎士比亞文學成就獎。

International Biographical Centre Cambridge CB2 3QP England
Telephone: +44 (0) 1353 646600 Facsimile: +44 (0) 1353 646601

IBC

REF : LAA/MED/MW-13640

13 November 2002

Dr Chang Wan-Hsi (Mo Jen) DDG
14 Alley 7, Lane 502
Chung Ho Street
Peitou
Taipei
Taiwan

Dear Dr Chang

Please find enclosed the Medal in respect of the **Lifetime Achievement Award** which I hope meets with your approval.

Yours sincerely

MICHELLE WHITEHALL
Personal Assistant to the Director General

Enc

英國劍橋國傳記中心(I.B.C.)2002 年頒發詩人作家張萬熙（墨人）博士終身成就獎，英文信及金牌正反面照片墨人早年即被 I.B.C.推選為副總裁。

墨人博士作品全集

靈姑

目次

附 錄

墨人博士作品全集　靈姑　4

第五章　校園秋高足球季　楓葉紅於二月花

第一足球場周圍二三十棵大楓樹，葉子紅得像喝醉了酒的十八佳人。從三樓窗口望出去，校園美麗得像新來的女老師美國加里佛尼亞人花小姐帶來的風景畫片。足球場旁邊禮拜堂的尖頂，和五顏六色的玻璃長窗，更富有西洋情調。天空藍得像甘棠湖的水，陣陣秋風，不徐不疾地吹上三樓課室，使人感到一身舒暢。我被這大好的秋光吸住，根本沒有聽清歷史老師講些什麼？下課鈴聲把我驚醒過來，這才聽見徐老師加重語氣說：

「鴉片戰爭，中法戰爭，甲午戰爭以來，我們中國就成為列強蠶食鯨吞的對象。『九、一八』『一、二八』之後，日本軍閥的侵略野心更暴露無遺，你們一定要記住，我們現在是次殖民地，一定要知恥、雪恥……」

可是同學們都不耐煩聽下去，不等他說完，就一哄而散。因為英國黑天鵝軍艦的水兵已經穿着斑馬般的球衣走進校園，馬上要和我們展開一場足球賽。踢球的同學要換球衣出場，不踢球的同學也要趕去佔位置，看熱鬧。

我也連忙跑到地下室去換球衣、球鞋，我是中鋒兼隊長。附小四年級我開始踢小足球，初三正式升為校隊代表，當隊長也有兩年歷史，先後參加過五十幾次正式比賽。這學期開始以來，已經和義法水兵各比賽一次，全勝。和英國黑天鵝水兵比賽一次，三比二淨輸一球，這是第二次比賽。

我遲到一步，體育教員黃老師把我的球衣、球鞋，拿在手上，跑到地下室門口找我，我連忙換好，他關心地問我：

「你的腿子不礙事吧？」

上星期六下午，我們和義國水兵那場球賽，踢得十分漂亮，淨送他們五隻鴨蛋。可是義國水兵動作非常粗野，比賽時我們有兩位同學負傷。球賽一結束，他們輸得惱羞成怒，有些水兵氣勢凌人，用粗話罵我們，我們聽不懂，也懶得理他。但我是隊長，我還是走過去和他們的隊長握手。想不到我手一伸出，那位光頭隊長不但不和我握手，反而踢我一脚，踢在脛骨上。我痛得一屁股跌在地上，他昂着頭揚長而去。其他的水兵大笑大叫。我們三四百位同學非常氣憤，準備關起校門和他們理論。但我們這位新校長不是美國人，是中國人，他很怕事，不准同學們起鬨，讓那些義國水兵大搖大擺地離開。我由尙武國術館的沈壽人老師推拿了幾次，貼了兩張膏藥，今天才算復元。

「上次輸了一個球，今天非贏不可。」我們的球隊三年來沒有敗過，在江西沒有對手，在華中運動會也出過鋒頭。上次是第一次輸給黑天鵝，因爲他們的中衞辛浦生是英國的國脚。昨天我就和隊上的同學商量了破敵計策，由百米選手，控球、盤球功夫都好，頭腦冷靜的右鋒徐天祿和我專門對付他，一定要贏這場球。

「小心英國水兵也惱羞成怒。」黃老師躭心地說。

「那我們乾脆不要接受他們的挑戰好了！」我沒好氣地回答。

英國人，法國人，義大利人的態度同樣壞，他們完全以列强的氣勢欺侮我們，打贏了拋帽子，把人抬起來，大笑大叫；打輸了總不服氣，不是罵我們就是動粗。我實在不樂意和他們比賽，一比賽拼了命也要贏球，意思就是給他們一點顏色。

「和洋人比賽你們的球技才有進步。」黃老師自圓其說：「我們的目的是提高球技，不在輸贏。

「黃老師，只要能贏，我們決不願輸。」我說。隊上的同學也附和我的意見。

「好吧，」黃老師拍拍我的肩膀：「你們想贏，就要贏個乾淨俐落，不要拖泥帶水，讓他們輸得心服口服。」

「我們一定兜兜箱底。」我抱着球走出地下室。

我們出來時，球場周圍已經擠得滿滿的，除了本校的師生之外，隔壁儒勵的女生和城外的球迷都湧來了，連郁文大哥和晚霞表姐彩霞表妹也來了，她們兩姊妹正向我揮着手絹。

英國水兵正在第一球場練球。球場上的細草已經由校工用剪草機剪得像地毯一般平整，只是草色有點泛黃，不像春夏兩季那麼嫩綠。用石灰新畫的白線非常醒目。

我們一走進球場，觀衆都熱烈鼓掌歡迎。我們穿的是紅球衣，像球場旁邊的楓樹葉子一樣賞心悅目。

黑天鵝上的英國水兵足球隊，是最近三年來我們遇到的最強的外國球隊，聽說他們在上海也有輝煌的戰績，打敗了好幾個名隊，上次贏我們三比二還不過癮。他們當中除了辛浦生脚頭硬，在中線扯起一脚就可以射門，球技已經登峯造極之外，其他的人也非弱手。英國是足球王國，無論那一條軍艦的水兵上來和我們比賽，都不容易對付，黑天鵝更是佼佼者。

他們正在練習射門，門將是個瘦竹篙，伸手就可以摸到球門頂上的橫檔，身手靈活得很，無論從那一個角度射門，他都能撲救。他用拳頭搥球，幾乎可以搥到中線。

我們都是二十歲以內的高中學生，平均比他們矮一個頭，爭頭球簡直沒有我們的份，撞人自然更不是他們的對手。因此我和同學們決定一個基本戰略，絕對不准踢高球，儘量實行三角低傳，由左右兩鋒側射，因為上次辛浦生釘得我很緊，不容易出脚。我和徐天祿只能偷襲，很難硬取。

我們練習射門時也採取低射。我們這個校隊成立以來，和外國水兵有幾百次的比賽經驗，踢低球是我們的傳統優點，盤球過人是五鋒必備的看家本領，這是專門對付高頭大馬的外國球隊的基本訓練，火候不到就沒有資格當選校隊，只能在第二球場，第三球場慢慢磨練，有很多人踢到高中畢業，還沒有資格入選。

我向球門射了一個低球，離地四五寸，球如疾矢，向門角鑽去，很難撲救。守門的同學情急智生，用脚踢了出來，剛好落在球場旁邊郁文大哥，晚霞表姐，和彩霞表妹之間。我跑過去檢球，彩霞把球抱在手上，笑着對我說：

「表哥，你這個球踢得刁鑽古怪！」

她穿着藍色陰丹士林短上裝，黑裙子，臉色白裏泛紅，露出一口整齊雪白的牙齒，活潑可愛。我從她手上接過球，向球場一拋，回過頭來對她說：

「和洋人踢球，不使出幾記絕招兒，還想贏他們？」

「郁心，你要是贏了這場球，我給你吃良鄉板栗，喝汽水。」晚霞表姐把一袋炒板栗和兩瓶汽水一揚，鼓勵我說。她的瓜子臉有點蒼白，不像彩霞的那麼紅潤，也不像郁文大哥那麼青灰。她是姑姑的大女兒，嫁給伯父的兒子郁文大哥。她待我仍如表弟，我仍舊叫她表姐。

良鄉板栗的香甜味道馬上鑽進我的鼻孔，那裂開口露出鷄油般的黃肉更加誘人。我取出一粒，剝掉殼，把板栗往嘴裏一塞，笑着對她說：

「表姐，我一定盡力，不在妳面前丟人。」

「咪咪——」黃老師突然吹起開賽的哨子，我連忙跑到場中，兩隊已經一字擺開，我剛好趕上去參加握手。

黃老師把一枚銅板向上一拋，決定了彼此攻守的球門，隨即各就各位。

校長和黑天鵝隊長用英語寒暄了幾句，然後右脚把球一撥，球被對方搶到，一個長傳，就傳到左鋒。左鋒帶球跑了幾步，離門十碼左右，扯起一脚猛射，球如疾矢，幸好我們的守門員位置站得好，抱個正着。觀衆馬上為雙方鼓掌。

黑天鵝聲勢奪人，有點輕覷我們。

我們的二門把球踢到中場，我及時接住，辛浦生趕來大脚一鏟，我把球輕輕地撥給徐天祿，連忙閃過辛浦生。徐天祿的脚像塊吸鐵石，帶球跑了幾步，連蹦帶跳，閃過兩個人，把球傳給我，我撥給左內鋒，對方的二門衝過去，左內鋒劉向又傳給我。對方的二門是個大塊頭，像頭犀牛向我撞來。洋人和我們打球，慣於仗着身高體大，橫衝直撞，往往撞得我們人仰馬翻。我討厭他們這種以强欺弱的粗野打法，故意一個誤傳，把球踢到他的手上，造成一個hand ball，罰個十二碼。由我主罰。我向門角猛射，勁足角度也好，但對方的守門員人高手長，他向旁邊一撲，把球壓住。大家啊了一聲，有點惋惜。我自己更有點懊惱，這個死刑居然被對方救活了，眞不容易對付。

他們的守門員把球踢到中場，他們五鋒成W形推進，速度很快；幸好我們的二門把球搶了下來，踢過中線。徐天祿很快接住，快傳給我，我帶球跑了幾碼，辛浦生沒有追上。那個大塊頭怕再犯天條，被我閃過。我快傳左鋒，左鋒扯起一脚，球擦柱脚入網，觀衆馬上鼓掌歡呼。

他們先輸一個球，馬上展開反攻，五鋒並進，銳不可當。我們全體返防，用人牆阻擋，好不容易解圍，把球踢到中場。辛浦生搶到，一脚勁射，球應聲入網，觀衆啊了一聲，我們相顧失色。他這一脚表現了約翰牛的蠻勁。

我們並未氣餒，徐天祿表現了他的盤球功夫，球總是在他脚下滾，辛浦生也搶不到，遇到兩人夾攻，他又脚尖一撥傳給我，我們往往把球帶到對方腹地，想在亂軍中偷襲。上半時結束前三分鐘，徐天祿果然在門口撥進一個球，他們的守門員還不知道，引起觀衆大笑。

下半場易地再戰，他們先進一個球。不久我們的右鋒發角球，我在亂軍中用頭頂進一隻。這以後雙方都有點疲乏，拉鋸了很久。終場前一分鐘，我得到徐天祿一記妙傳，出其不意地一記高射，球從左角擦門檔入網。那個瘦竹竿守門員呆了一下，才把球撿起來，觀衆又大笑。

他們一陣快攻，可惜時間太少，中鋒在十二碼處起脚射門，球越網而過。我們以四比二贏了這場球。這出乎他們意料之外，輸了更不服氣，連手也不願意和我們握。他們的隊長向我說，如果下個禮拜不去漢口，還要和我們比賽一場，見個高低。我點頭同意，他才昂然而去。我們的長江變成了他們的內河，愛來就來，愛去就去。我們除了不和日本水兵比賽之外，英、法、義水兵向未拒絕，美國水兵不踢足球，沒有比賽過。

觀衆對我們歡呼，我們的同學甚至跑過來把我們舉起來。晚霞表姐，郁文大哥和彩霞表妹三人向我招手，我跑步過來，郁文大哥打了一個呵欠，彩霞望了他一眼說：

「大表哥，你又打呵欠？你看三表哥踢了一場球還是生龍活虎。」

「彩霞，我怎麼能和郁心比？」大哥有氣無力地回答。

「你少抽兩口兒不就得了？」彩霞輕輕白他一眼。

表姐望望大哥，看他眼淚鼻涕都快要流出來，馬上對我說：

「郁心，你快去換衣服，我們一道回去。」

我連忙跑回地下室，有的同學已經把衣服換好，夾起書包，準備回去。看見我走進來，開玩笑地說：

「郁心，今天我們能贏黑天鵝兩個球，全靠你表妹打氣。」

「別瞎扯。」我穿好制服，夾起書包，對他們說：「今天是戰略成功，大家肯拼肯纏，所以才能贏兩個球。」

「這一仗贏來不易，明天應該給我們一天假才對。」徐天祿說。

「你不打算升級？」我問徐天祿。他因爲踢球，已經留了一級，我也只能勉強過關，功課並不好。我們校隊替學校爭了面子，自己的功課却受了損失。

他不作聲，和我一道出來。

看球的人已經走光，只有表姐她們還站在大楓樹底下等我，我回頭對徐天祿他們說：

「對不起，我要和表姐一道回去。」

「你爲什麽不說和表妹一道回去？」大家笑着調侃我。

我沒有理會他們，向表姐這邊跑來。徐天祿他們從前門回去，我和表姐她們從後門回去，因爲後門離我們家近。

表姐把板栗交給我，我發現已經剝了殼，一顆顆黃肉，噴着又甜又香的味道。

「表姐，這是誰剝的？」我問。

「我們兩人剝的。」表姐指指彩霞說。

「我們看你贏了第一個球，就替你剝殼。」彩霞說。

「我要是輸了球，那不要剝我的皮？」我笑着說。

她們兩人也笑了。彩霞突然一臉正經地說：

「表哥，說眞的，我們受夠了洋人的氣，不能輸給他們。」

暮色蒼茫，楓葉如火，表姐在地上撿起一片漂亮的紅葉，往漱玉詞裏一夾，對我們說：

「好，現在我們回去。」

大哥一直沒有說話，像一隻病了的公鷄。藏青嗶嘰長夾袍子，在晚風中微微飄動，更顯得弱不禁風。我知道他發了鴉片癮，遞了幾顆板栗給他，他笑着接了過去，塞了一顆在嘴裏。我又遞給表姐和彩霞，表姐笑着說：

「我們吃過了，這是慰勞你的。」

「我吃板栗，你們聞香，不流口水？」我說。

表姐淡淡地一笑，彩霞笑着罵了一句：

「表哥壞死了！」

大哥嚼着板栗甜香四溢，我眞的差點流口水，連忙塞了一顆在嘴裏。

我邊走邊吃，炒房又噴着炒花生、炒板栗和烤紅薯的香味，彩霞輕輕說了聲「好香」，我塞給她兩顆板栗，她臉一紅，像園牆裏面楓樹頂上的紅葉，令人心醉。

青磚古屋人丁少

第二章　京劇胡琴樂趣多

大哥一回到家裏，就鑽進房間開燈燒烟，表姐服侍了一會才出來和我們一道吃飯。我們沒有分家，雖是兩房同居，却湊不滿一桌人。伯母，表姐，大哥是長房，只有三個人，郁芬姐已經出嫁。我這一房也只有三個人，父親母親和我這個獨子。再加上表妹彩霞，女傭何媽，總共才八個人。何媽習慣在廚房裏吃飯，十年如一日。伯母自伯父那年在濟南被日本人殺害之後，長年禮佛吃齋，也是單吃單開。所以我們兩房同桌吃飯的連表妹在內，經常只有六個人。姑爹家在鄉下，表妹在城裏讀書，一直在我們家裏寄住。我們一連三幢青磚到頂的大屋，臥房書房客廳總共有二三十間，大部份空着，父親又不肯租給人，表妹住在這裏正好湊湊熱鬧。

桌上飯香菜香，大哥房裏又透出大烟香。父親聞到大烟味，問表姐：

「郁文吃飯時怎麼抽烟？」

「他看了一場球賽，熬了癮，支持不住。」表姐回答。

父親雖然不贊成大哥抽大烟，可是又不忍責備他。因爲伯父慘死時大哥還小，他們兩兄弟又手足情深，加之伯母把大哥看成命根子，他更怕傷了伯母的心。其實他對大哥也有點溺愛。

他沒有再問大哥的事，轉問球賽情形如何？彩霞搶着說：

「舅舅，表哥今天踢得眞好，打敗了英國水兵。」

父親聽了很高興，用兩隻幾乎完全失明的眼睛望着我說：

「應該給洋人一點顏色。」

「爹，你別信表妹胡吹，球又不是我一個人踢的。」我說。

「郁心，你今天實在踢得很好。」表姐說：「要是我和郁文，別說和洋人搶球，撞也會被他們撞死。」

彩霞和我都笑了起來，彩霞望着表姐輕輕地說：

「姐，妳要是再讓大表哥抽下去，一陣風都會把他吹倒。」

表姐沒有作聲，黯然一笑。

我們吃完了飯，大哥還沒有過足烟癮。我隨着表姐走到他房裏看看，他正橫躺在床上，一手握着包着銀嘴的一尺多長的紫竹烟槍，一手用兩三寸長的小巧鐵籤在上烟泡。他看見我走進來，用脚指指床沿，要我坐下，他的精神已經好了很多。

他對着小烟燈，嗞嗞地吸了這筒烟，拿起烟燈旁邊金光閃閃的細瓷小茶壺，喝了兩口熱茶，坐了起來。表姐用瓷盤遞給他幾包酥糖，幾塊桃酥，又遞給我兩塊。大哥一面吃甜食，一面喝茶，吃飽喝足之後，有說有笑，隨後望望掛在牆壁上的白帆布胡琴套子，伸手取了下來，抽出胡琴，笑着對我說

「老三，我們來一段坐宮吧？」

他的胡琴拉得好，青衣是道地的梅派。他在上海唸大學時，票戲不知道花了多少錢？他說梅蘭芳曾替他說過「生死恨」，「祭江」，「春秋配」，此外就是染上了鴉片烟癮。「一、二八」滬戰，他大學還沒有畢業，伯母生怕他像伯父一樣，抗日出亂子，一再托病打電報催他回家。爲了留住他，一面替他和表姐完婚，同時讓他繼續抽大烟。她覺得只要留住大哥這條「根」，即使散盡萬貫家財，也不在乎。

我雖然討厭抽大烟，但我也是戲迷，在這一點上，我們兄弟兩人臭味兒相投。不過我覺得一個堂堂男子漢唱青衣，有失鬚眉氣概，因此我唱鬚生。以前我只是從唱片或是戲臺上剽學幾句，有點荒腔走板。他回家以後，我們朝夕相處，他發現我是塊料，如獲至寶，細心指點，教我揣摩唱片的行腔咬字，體會各家「韻味」。他從上海帶回三四百張百代公司的最新唱片，足夠我們兩人琢磨一輩子。他又不時帶我到銀行和商會人士聯合組織的「春秋票房」觀摩排演，練習身段臺步，因此我的劇藝和球技進步同樣的迅速。不但我，連晚霞表姐，彩霞表妹，也跟着愛上了平劇。彩霞本來以新派人物自居，但是近朱者赤，終於和我們臭肉同味了。

今天是星期五，一三五晚上我要去尙武國術館學兩小時國術，這對踢足球很有幫助。我能經得起洋人用肩膀撞，屁股掀，或是及時閃避，甚至和他們對撞，都是學了兩年國術的好處。我們很多同學爲了洗刷「東亞病夫」的恥辱，也利用晚上學兩小時國術，這和足球熱同樣形成了一種風氣。

「今天我要打拳，不能奉陪。」我搖搖頭說。

「老三，你打了一場球，不累？」大哥歪着頭望我。現在他的精神雖然很好，臉色還是青灰。

「吃飽了飯又有力氣。」我笑着回答。踢球在我是家常便飯，即使不比賽，每天下午一個鐘頭的體育課，我都在球場上奔跑，習慣成自然，一點不累。

「郁心，今天晚上你就休息一下，不要再去打拳，你的運動已經足夠了。」表姐輕言細語對我說。

大哥逕自拉胡琴，那聲音好像有一種魔力，把我吸住。彩霞聽見琴聲，也笑盈盈地走了進來。

「彩霞，妳來得正好！」大哥向彩霞點頭一笑，一面拉琴一面說話：「妳先和老三唱一段。」

「我荒腔走板，配他不上。」彩霞笑着搖頭。「還是你們兩人搭檔好。」

彩霞的嗓子甜，中氣也足，就是有點走板，咬字的功夫也不到家。表姐中氣不足，她只聽不唱。

「老三，那就請吧！」大哥把胡琴一停，笑着問我：「你說唱什麼？」

是去練拳？還是在家裏陪他唱戲，我抓抓頭皮，拿不定主意。

彩霞看出我的心意，笑着對我說：

「表哥，你別三心二意，索性休息一晚，過過戲癮。」

最近忙着月考、賽球，我已經兩個多禮拜沒有和大哥對戲，她這一提，我也心癢。我把制服的風紀扣解開，對大哥說：

「好吧，有道是曲不離口，我就陪陪你。」

大哥笑着把絃子緊了幾下，調侃地說：

「還是彩霞的面子大，我和你表姐都不成。」

「大表哥，你抽足了大烟，又胡說八道。」彩霞馬上白他一眼。

他笑着拉起胡琴，一面拉，一面問我：

「唱什麼？」

「先來一段南天門。」我說。這是一齣冷戲，我倒很歡喜老生的戲詞和唱腔。尤其是「虎口內逃出了兩隻羊」這一句，十分悲涼夠味。

我先咳嗽兩聲，清清嗓子。表姐馬上遞過金邊小茶壺來，我喝了一口，才知道是大哥喝的冰糖桂圓水。他長年四季當茶喝，我很少喝這些東西，因為味道好，我一口氣把它喝乾。大哥笑着罵我：

「老三，你眞饞！這是潤喉嚨的，你怎麼像鄉下人一樣牛飲？」

表姐和彩霞都笑了起來。表姐從我手上接過茶壺，對我們兩人說：

「我再去泡一壺來。」

「我要罰他多唱幾段。」大哥說，起勁地拉着倒板：「不准唱南天門，唱坐宮。」

他把調門拉得很高，我只好提神提氣唱：「未開言……」越翻越高，滿腔滿調，這句一唱完，他突然把胡琴一收，站了起來，拍拍我的肩說：

「老三，這壺冰糖桂圓水値得！你也是一條雲遮月的嗓子，我好久沒有聽到這種滿腔滿調的唱功，金繼譚趕不上你。」

我有點受寵若驚。金繼譚是正在長江戲院連唱三四個月寶座不衰的頭牌鬚生。他初來時曾親自登門拜會過大哥，招待我們看了三天打泡戲。他從上海一路唱上來，算得是個角兒。

彩霞聽見大哥特別誇獎我，也滿臉笑容。表姐捧着小茶壺趕了進來，笑盈盈地說：

「郁心，好在我們的房子高，不然瓦都要震掉。」

彩霞和大哥都笑了，我笑着對表姐說：

「表姐，妳的高帽子會壓死人。」

「你是銅頭鐵背，可以頂。」大哥說，又拉起胡琴：「把這段唱完。」

我只好接着唱「賢公主……」我唱完以後他又把胡琴一停，我要他唱「生死恨」，他從表姐手上接過小茶壺，喝了一口潤潤喉嚨，然後拉一齎倒板，唱「耳邊廂又聽得初更鼓響……」眞是梅調，梅味十足，難怪「春秋票房」的人稱他是「小梅蘭芳」。

我們屏聲靜氣地聽他唱，淒淒切切，令人廻腸盪氣，表姐泫然欲泣，彩霞鼓掌說：

「大表哥，你只有這一手兒還使我心服。」

我們這些人，最不諒解大哥的要算彩霞，她很少誇獎他，像這種話都很難得，因此大哥也有點受寵若驚，望着她一笑：

「彩霞，妳這句話抵得上幾口大烟。」

「大表哥，我就是討厭你年紀輕輕的抽大烟！」彩霞說。

「不抽大烟我怎麼能唱得出來？」

「他不抽大烟還不是雲遮月？」彩霞指指我。

「他的先天比我足，又沒有惹上嗜好，自然不同凡響。」

「你不可以戒掉？」

「妳說得倒很輕鬆！戒烟比戒飯還難。」大哥向她苦笑。

表姐向彩霞遞了一個眼色。又故意問我：

「郁心，你再唱段什麼？」

「隨大哥提調。」我望望大哥。

「老三，我們合唱罵殿吧？」

我點點頭，他又拉起胡琴，氣氛又輕鬆起來。

我們唱到十點，不敢再唱，怕影響伯母的睡眠。她和大哥，晚霞表姐住在後面這幢房子裏，比較近。我們住在前面那幢，中間隔了一幢大屋，兩個天井，不影響父親母親。

大哥把胡琴套好，掛在壁上，同表姐送我和彩霞走出套房，彩霞就住在他們對面的房間。

大哥書房簷下掛了兩個鳥籠，養了一隻鸚鵡，一對金絲雀。他站在籠邊逗逗牠們。我也站着不走。彩霞站在自己房門口，敞着喉嚨對我說：

「表哥，明天早晨你不上學？」

我只好離開。大哥向我做了一個鬼臉，他的臉在黯淡的燈光下，一片青灰，眞像個鬼臉。

表姐靠在他的身邊，笑着向我輕輕說了一聲：

「郁心，明天見。」

第三章　揚子江上軍容盛　甘棠湖邊柳蕭蕭

星期天下午沒有什麼事，秋高氣爽，我不願意躲在家裏，我邀大哥、表姐、彩霞出去走走。彩霞要去江邊看看輪船，我們自然同意。

我們沿着環城馬路向西門口走，這條馬路是拆掉城牆開闢的。本來我們家靠城牆有一個大荷花池塘，那是祖父點翰林以後和這三幢大房子一道修的。我記得小時候還看過滿池塘荷花，吃過新鮮蓮蓬和嫩藕，現在變成了公共垃圾場，池塘快塡平了，夏天有股臭味，那裏見得到一朶荷花？

天空沒有一片雲，藍得像甘棠湖的秋水。南風天早已過了，現在是西風當令，雖然沒有冬天的老北風那麽銳利，但吹在身上已經有點寒意。表姐和彩霞都穿了蜜蜂牌的毛線外套，大哥穿了毛背心，外面還穿着長夾袍。我身上像有一團火，還是穿的黃卡其制服。

江邊的大輪船很多，招商、太古、三北、日清的躉船碼頭都靠滿了。黃烟囱的，紅烟囱的，黑烟囱的，掛着英國旗的，美國旗的，太陽旗的，總共有十幾條，還有兩條大貨船停在江心。那艘英國驅逐艦黑天鵝還沒有開走，停在黑殼子的大貨船附近。另外有一艘法國軍艦，一艘日本軍艦，都是兩個烟囱，和英國驅逐艦一字排開，頭向西，尾向東，十分神氣。

江水已經退落了兩三丈，江面沒有夏天那麽寬，水流也沒有夏天那麽急，那麽渾濁。江北一片大平原，一望無際。東一堆，西一堆的村落，冒起幾縷炊烟，裊裊上升。

江邊倉庫裏，碼頭上的芝蔴黃豆堆成了山，碼頭工人一蔴包一蔴包地往大輪船上揹，揹一包在跳板頭上領一根小竹片籌碼。

濱江路兩邊擺滿了瓷器攤，景德鎭的瓷器精緻極了，上岸的旅客第一件事就是買瓷器，人朝洶湧，走路都走不動。

「這那像白居易琵琶行裏寫的『潯陽江頭夜送客，楓葉荻花秋瑟瑟』？」表姐對大哥說。

江邊已經沒有楓樹，沒有荻花，只有法國梧桐，黃葉正隨着秋風一片片飄落。表姐肩上落了一片，她拿下看了一眼，放在嘴上一吹，黃葉又飄飄下墜，一陣秋風把它捲到江邊，飄到水面，順流而下。

「現在更不是『住近湓江地低濕，黃蘆苦竹繞宅生』了。」大哥望望鋼筋水泥的洋房說。

「要是白居易生在今天，他就捨不得走了。」彩霞插嘴。

「要走，他也會帶點瓷器送人。」我說。

表姐嗤的一笑，彩霞望了我一眼。

一個戴着鴨舌帽，短裝，捲着白袖口的中國人，帶着一個滿臉鬍鬚的粗魯的洋人在攤子上選購瓷器。那洋人不會講中國話，那中國人會幾句洋涇濱，他儘量踩價，討好洋人，那賣瓷器的攤販火了，諷刺他說：

「老哥，鷺鷥不吃鷺鷥肉，我們小買小賣，賺洋人一點錢也不犯法，你何必托洋人的卵袋，踩自己人？」

「放你娘的狗屁！」戴鴨舌帽的馬上回嘴：「你獅子開大口，還把老子當洋盤？」

他一手叉腰，一手指着自己的鼻尖，手臂上露出一條青龍。

「我們做碼頭生意的，不賺過路財神幾個錢賺誰的？」小販坦白回答。

「瞎了你的狗眼，老子過的橋比你走的路還多，你也想敲老子的竹槓？」

「老子將本求利，買不買隨你！你不過狗仗人勢，你神氣個屁！」小販也沒有好言語回答。

戴鴨舌帽的罵了一句上海灘的粗話，朝瓷器攤上掃了一脚，哐啷一聲，茶壺、盌、碟，破了十幾個，他却帶着洋人揚長而去。

小販又氣又心痛，跳出來，追上一步，抓住戴鴨舌帽的衣領，打了起來。洋人從旁向小販揮了一拳，把小販打倒在自己的攤子上，又壓破了一堆瓷器，小販哭了起來。我看了有點兒不服氣，想去找那洋人和戴鴨舌帽的人理論，大哥和表姐連忙把我攔住，小販爬起來找站在路口的交通警察，要他去找那兩個人賠償，警察反而訓了他幾句：

「做生意和氣生財，你明知道他有洋人撐腰，還跟他鬥什麼嘴？這不是自討苦吃？」

小販垂頭喪氣走回來，一邊咒罵，一邊收拾爛攤子。

「眞掃興，碰到這種狗仗人勢的事。」彩霞說。

「妳別少見多怪，」大哥望望彩霞說：「我在上海見的更多。」

「大表哥，難道你就無動於衷？」彩霞問他。

「氣破了肚皮又有什麼用？」大哥兩手一攤：「爹不是白給東洋人殺了！」

「彩霞，我們是出來散心的，不要談這些事。」表姐委婉地對彩霞說。

「姐，你和大表哥眞是一對膽小鬼，樹葉兒掉下來都怕打破了頭。」彩霞揶揄地說。

「將來妳和郁心翻本好了。」表姐打趣地說。

彩霞拍了表姐一下，撅着嘴說：

「妳不要扯野話，我問妳，妳剛才怎麼攔住表哥？」

「這又不是踢足球，何必他作出頭的柱子？」表姐說。

「讓表哥教訓那洋奴幾句也是好的。」

「彩霞，那種白相人也不好惹。」大哥說：「老三還是讀書要緊，少管閑事。」

「大表哥，像你這樣說，我們這亡國奴是作定了？」彩霞瞪着大哥說。

「彩霞，妳是個角色！」大哥向她讓步：「可惜妳是個婦道人家。」

「你這個男子漢又怎麼樣？」彩霞兩眼逼視他，他連忙回過頭去。

表姐望望我，又向彩霞一笑：

「彩霞，怪我不好。下次遇到這種好機會，我一定帮郁心打架。」

彩霞看看她也是弱不禁風的樣子，不禁嗤的一笑。調侃她說：

「我的好姐姐，小心風把妳吹到江裏去了，妳還帮人打架呢！」

表姐被彩霞這一說，望望我也不禁失笑。

我們沿着江邊向龍開河走，江裏來往的帆船很多，順風順水而下的帆船特別快。江邊也停了很多帆船，從躉船邊上一直排到龍開河口，一條挨着一條，像螞蟻排隊。

我們過鐵橋到火車站去逛了一下，一列去南昌的火車靠着月臺，旅客正忙着上車。停在軌道上的幾節貨車，裝滿了輪船上運來的貨物。

車子開走之後，車站冷淸下來。我們離開車站，回到市區，沿着甘棠湖繞道回家。

甘棠湖的菱角已經採了一大半，還有幾個十三四歲的小姑娘坐着脚盆，在湖裏划來划去，採摘殘餘的老菱。湖心的水淸澈如鏡，烟水亭美麗如畫，亭子的八角像牛角尖向上翹起，角上的銅鈴在冬天的大北風中會發出淸吟。

走上山川嶺，眺望廬山如在眼前。現在的廬山不像夏天雲霧瀰漫，山上沒有一片雲，碧淸如洗，彷彿浴罷淡裝的美人。表姐特別歡喜山水，站在山川嶺的公園上，可以遠眺廬山，近看三面湖水。甘棠湖和南門湖由柳堤分隔，南門湖的面積更大，第四中學的堤路又把南門湖的湖汊隔成一個內湖，三面湖水，一樣顏色，比藍天更好看。她坐在長木椅上，留戀着不肯回家。

「惟願天下太平才好，不要糟蹋了這麼好的湖山。」表姐自言自語。

「東洋鬼子正兒着豆兒沒有鍋炒，遲早會出大亂子。」彩霞接嘴。

表姐臉上有點憂戚，她連雞都不敢殺，活魚也不敢刮鱗，看見血就會發暈，看見別人打架連忙躲開，歡喜和天眞的孩子在一起玩笑，歡喜山水，花草，金魚，小鳥。因此彩霞給她取了兩個綽號——「和平鴿子」和「人間仙子」。

「得過且過，天塌下來自然有人頂。甘棠湖是周瑜練水師的地方，周郎早作古人，甘棠湖還是甘棠湖，廬山誰又搬得走？」大哥望着表姐說：「人生不滿百，妳憂什麼？」

表姐聽大哥這樣說，又莞爾一笑。

「大表哥，你一點不像大舅。」彩霞輕輕白他一眼。

「爹太熱心，所以把命也送掉了，害得我和娘成了孤兒寡婦。幸好祖父留下這點兒產業，有細爹照顧，不然眞要喝西北風。」大哥說。

「因此你安心作大少爺，享淸福？」

「前人種樹，後人乘蔭，妳還不是享姑爹和你公公的福？不然還能進洋學堂？作大小姐？」

「你們放着眼面前的好山好水不看，在這裏磨牙鬥嘴，好沒來由。」表姐笑着打岔，故意望望我，指指廬山說：「郁心，你看，牯嶺的電燈都亮了。」

眞的，小天池到牯嶺街口的那個缺口地方，有幾盞燈光，不過不像夏天夜晚那麽多，那麽亮；夏天夜晚的牯嶺燈光，眞像正月十五玩龍燈，非常熱鬧好看。

彩霞也被表姐吸引過去，看了幾眼又對表姐說：

「天都快黑了，還不回去，山水能當飯吃？」

表姐笑着慢慢站起來，望望彩霞說：

「彩丫頭，妳倒教訓起我來了？」

彩霞嗤的一笑，領先跑下山坡。

晚風瑟瑟，有點寒意。長堤兩旁的柳樹，葉子已經枯黃，隨風飄落。有的落在湖上，有的落在我們的頭上，身上。彩霞的頭髮上落了一片，我伸手拿了下來，她說了聲「多謝表哥」，大哥馬上取笑她：

「彩霞，我也是表哥，妳對我一點不客氣，看來妳是兩樣的心腸。」

表姐嗤嗤地笑，彩霞紅着臉說。

「誰叫你爲大不正，不好好地做人？」

大哥打了一個呵欠，不敢回嘴。

「彩丫頭，你眞是一張利嘴，姐姐服了妳。」表姐笑着說。

「姐，就怪妳是個糯米團兒，大表哥才順着性子歪下去。」

「彩霞，老三可也不像我沒有一根刺，妳將來小心碰釘子。」大哥覷了她一眼說。

「你別葫蘆藤扯上絲瓜架！」彩霞馬上堵住他。

「彩霞，他這倒是一句好話。」表姐笑着說，又故意望望我。

「好『畫』在裱褙店裏。」彩霞兩眼望着天說。

我們都被她說得笑了起來。

回到家，黑漆大門頂上寫着「翰林第」的金字大匾，筆跡已經看不清楚。我順手摸摸門外的石獅子，冰冷透骨。

第四章　梅派青衣通戲曲　彩霞姊妹自開心

長江戲院新從上海聘來一位年輕貌美的梅派青衣花衫筱慧芳。我們四人去看了第一天的打泡戲全本「玉堂春」，唱做很好，完全梅派的路子，再加上年輕漂亮，立刻轟動了城裏城外，天天滿座。這兩年鄉下收成好，市面也特別繁榮，加之水陸空四通八達，來往的旅客很多，戲院的生意也越做越旺。自從筱慧芳來後，大哥每天晚上都去看戲。我和彩霞要做功課，不能陪他，表姐也只看了三天打泡戲就沒有再去。

大哥每天晚上回來都很晏，我和彩霞都睡了。表姐總是等他，有時等到深夜兩三點，她打打毛衣，讀讀詩詞，看看小說消遣，沒有聽她發過一句怨言。

我和彩霞要到中午放學回家吃飯時才能碰見大哥，他睡到這時才能起床，晚上放學時才和他有一兩個鐘頭相聚，因爲他不看開臺戲，要等筱慧芳的壓軸才去。

有天晚上我在尙武國術館打拳時，聽同學程雲鵬說，大哥和筱慧芳姘上了。筱慧芳住在花園飯店，他說大哥時常深更半夜留在她的香閨。程雲鵬是花園飯店的少東，這話不能不信。

九點多鐘打完了拳，我去長江戲院找他。戲院裏上上下下的人大多認識我，讓我進去。我在第一排的中間位子找到他，他看見我驚奇地問：

「你怎麼這時來看戲？」

「打完了拳沒有事，睡覺還早，今天的戲碼好，順便來看看。」我信口胡謅。

他信以爲眞，要我在他旁邊的一張空位子坐下，他說這是票房的一位朋友訂的位子，今天有事，不一定來。他們作興這個調調兒，要是自己喜歡的角兒，位子一直包到底。

今天的壓軸是「法門寺」。我來時筱慧芳正演「拾玉鐲」，體態婀娜，一步三搖，拾玉鐲時東張西望，眼神極佳，又羞又怕的心情，表現到家。大哥頻頻點頭。她乘機向大哥瞄了一眼，大哥得意地笑笑，歪過頭來對我說：

「老三，她把孫玉姣演活了。」

我心裏也很佩服筱慧芳的演技，可是嘴裏不說，我想看看大哥和筱慧芳到底有沒有那回事？

我一面喝茶一面吃瓜子，小販托着托盤從我面前走過，看見吃的東西我就覺得餓，打了兩個鐘頭的拳，龍騰虎躍，消化特別快。我買了兩大包酥糖，一大包有五小包，分了一大包給大哥，他歡喜吃甜食，但他只取了兩小包，他的食量很小。

他全神貫注地看筱慧芳。「拾玉鐲」的做表重於唱功，是花旦表現女兒態的好戲，大哥好像比上次看她的「玉堂春」更有興趣。直到她進場之後，他才開始吃酥糖，我已全部吃完了。

仇繼譚的趙廉也很不錯。「小傳朋他本是殺人兇犯」得了一個滿堂彩。劉瑾也差強人意。這是近年來搭配最理想的一個班子。

筱慧芳的宋巧姣，又是一番模樣。宋巧姣的唱腔比「三娘教子」，「生死恨」之類的青衣戲尖嫩，正合小女子的身份，筱慧芳唱得很好，贏得幾次彩聲，和趙廉的對白，更表現了得意刁鑽，大哥連連點頭。

散戲時大哥站起來輕輕地對我說：

「老三，你先走一步，我還有點事兒。」

「這麼晏了，我們一道回去。」我說。

他眼睛翻了幾下，過後無可奈何地說：

「好吧，我先到後台去看看。」

「我陪你去。」我緊跟着他。

他回頭望了我一眼，把長袍下擺一撩，低頭急步跑上後臺。

筱慧芳卸了粧，洗了臉，穿着墨綠絲絨旗袍，披着銀灰色短外套，坐在梳粧台前和飾劉媒婆的小丑談天。她看見大哥進來，連忙起立笑臉相迎。她和我見過面，笑着向我搭訕：

「三少，難得您今天也來捧場。」

「要不是功課緊，我會天天來捧妳筱老板的場。」我送個順水人情。

她開心地笑了，兩隻眼睛一瞇，十分迷人。

「三少，您和您大哥一樣會講話。」她瞄着我們兩兄弟說。

「我是莽張飛，比大哥差遠了。」

她黑眼珠兒向眼角一歪，打量我一眼，珠走玉盤地說：

「三少，難得您來捧場，我請您兩昆仲宵夜，您們貴處的夜點眞不賴。」

「抱歉，今天我要先走一步，心領了。」大哥說。

「您不陪我吊吊嗓子？」她望着大哥說。

「今天有點事，明天一定奉陪。」

筱慧芳又望望我，櫻唇微啓，低聲低氣地說：

「那天有空我陪您唱幾句對兒戲好不好？您大哥說您的鬚生戲唱的頂好。」
「別信大哥胡吹，我怎麼能和妳筱老板搭檔？」我望望她那種名角派頭，兩千包銀的身價，我怎麼配？
「三少，您何必太謙？」她向我一笑，又指指大哥：「您大哥唱得比我好，他說您唱幾句不比筱老板賴。」
「大哥，我要鑽地洞了，我們走吧！」我扯扯大哥的袖子說。
她掩嘴一笑。大哥向她告辭，她把我們送到後台門口，望着大哥輕脆地說：
「明兒請早。」
大哥點點頭，她又望望我說：
「三少，明兒您能不能來賞光？」
「筱老板，我不能先向妳許願，明天再看。」我說。
她笑着放下士林布的門帘，消失不見。
「筱慧芳眞的色藝雙全，就是在上海，她也能掛上頭牌。」走出戲院邊門，大哥感嘆地說。
「太哥，你對她好像有點兒偏愛？」我試探地說。
「我是包大人斷案，不偏。除了梅蘭芳以外，在『長江』唱過的坤角，沒有一個人趕得上她。」他搖頭晃腦說。
「大哥，我倒想問你一句話。」我奇峯突起地說。
他反應很快，怔了一下，望着我說：

「老三，你又弄什麼玄虛？」

「不是弄玄虛，我聽到一點兒流言。」

「什麼流言？」

「說你和筱慧芳有一手兒。」

「胡說八道！這是誰造的謠？」

「花園飯店的少老板。」

他楞住了，臉色發青，沒有作聲。過了半天，才有氣無力地說：

「其實也沒有什麼，她住的是臨湖房間，正好吊吊嗓子，琢磨唱腔，這樣我們彼此都有進步。」

「是不是情感也有進步？」

他嗤的一笑，又罵我一句：

「老三，你眞刁鑽古怪！」

「大哥，若要人不知，除非己莫爲。我不是外人，你不妨坦白告訴我，你是不是和她眞有一手兒？」

「就算有那麼回事吧。」他把頭轉過去，不敢看我。

「大哥，表姐對你那麼好，你怎麼還要拈花惹草？」

「老三，這種事兒難說得很。」

「你說說看？」

「我不是不愛晚霞，不過我和筱慧芳實在臭味兒相投。」

「表姐除了不會唱戲之外，你們不是也很相投？」

「老三，晚霞是大家閨秀，處處講個禮字。彼慧芳也知道分寸，不過她很會逢場作戲。」

「因此你就和她作露水夫妻？」

「老三，說眞的，我倒想討她作小。」

「你別做夢，表姐會同意？」我望着他說。深夜的西風一吹，他的臉色更加青灰。

「你表姐是個賢德人，她不會哭哭鬧鬧的，」他抓住了表姐的弱點。

「縱然表姐同意，彩霞可不會袖手旁觀的。」

我一提到彩霞，大哥倒抽一口冷氣。隨後又斗着膽子說：

「隔層棉布隔層紗，這又不是她自己的事，何必狗咬耗子？」

「她們同胞姐妹，她自然會替表姐打抱不平。」

「那我可以拿冠冕堂皇的理由抵她。」

「你有什麼理由抵她？」

「我和晚霞結婚三年，她並沒有生下一男半女。」他理直氣壯起來。

「大哥，你們又沒有七老八十，何況這又不是單方面的事？」

「彩丫頭是黃花閨女，她未必懂這一套？」大哥望着我一笑。

「她的頭腦比我還新，你還想在她面前翻筋斗？」我特別提醒他。

他抓抓後腦殼，思索了一會，又對我說：

「孔夫子說：不孝有三，無後爲大。我又是獨子，先討個小又有什麼關係？」

「我看彩霞那一關不好過。」我搖搖頭。「再說，我們家裏只剩一個空殼子，筱慧芳一個月就賺兩千包銀，你討得起她？」

「老三，瘦死的駱駝比馬大，討個筱慧芳大概還沒有多大的問題？」他揣摩地說：「既然她和我情投意合，決不會獅子大開口。」

「俗話說『婊子無情，戲子無義。』真到了那個節骨眼兒，恐怕還是袁大頭第一。」

「老三，你不要信那些鬼話，一竹篙打倒一船人。其實九流三教之中，多的是三貞九烈的人。」

店舖統統關了門，看戲的多半坐着黃包車回家，街上已經沒有什麼行人，本來我們也會坐黃包車回家，但越談話越多，坐着車子一前一後不便講話，索性走回家。

大哥在懷裏摸出一個錫紙包，前後左右望了一眼，看看無人，然後拿出一粒烟泡，迅速地塞進嘴裏。

他又談到筱慧芳，讚不絕口，最後作了一個總評：

「戲夠味兒，人也夠味兒。」

回到家裏，表姐還沒有睡，她正和彩霞在聊天，看大哥和我一道回來，驚喜地問大哥。

「今天怎麼回得這麼早？」

「老三去看戲，陪他回來。」

彩霞奇怪地望望我，以爲我沒有去打牌，我也懶得解釋，問她怎麼還沒有睡？

「姐姐一個人怪寂寞的，我只好陪她一會兒。」她回答我，又望望大哥：「大表哥，你天天半夜三更回家，到底在外面有什麼貴幹？」

「向名角兒討教討教。」大哥滿臉堆笑地回答。

「你又不吃戲飯，何必鑽牛角尖？」

大哥做賊心虛，連忙走進臥室。

「彩霞，他就喜歡這個調調兒，妳何必給他碰一鼻子灰？」表姐輕輕地對彩霞說。

「筱慧芳台上會做戲，台下自然也出色當行。姐，我是看妳阿彌陀佛，可憐巴巴，怕大表哥把妳賣掉。」彩霞故意提高聲音說。

「彩丫頭，妳眞人小鬼大。」表姐笑着罵她。

「姐，現在世道變了，人心不古。妳鰍魚腸子，會吃暗虧。」彩霞仍然大聲說話。

臥房和書房只隔一層桑樹板壁，大哥一定聽得淸淸楚楚。他沒有分辯，也不敢出來。我心裏好笑，他原先對我講的那套大道理，怎麼在彩霞面前出不了口？

「彩丫頭，妳的好意我心領了。」表姐拍拍彩霞的肩，輕輕地說：「好鼓不用重搥，不要再說，免得你大表哥下不了台。」

彩霞望着我，嗤的一笑。

賣糯米花鹽茶鷄蛋的小販，拖長着聲音在巷子裏叫賣；賣餛飩麵的小販敲打着竹梆。壁上的掛鐘噹噹地敲了十二下。表姐問我們要不要吃糯米花鹽茶鷄蛋宵夜？我們說要睡覺，一道離開他們的書房。

「彩霞，剛才妳將大哥的軍，難道妳聽到了什麼風聲？」走到天井，我輕輕問她。

「表哥，這種事兒還須抓着大表哥的小辮子？」她望着我一笑：「憑他那份德性，再遇上筱慧芳那種吃開口飯的女人，還會討教出什麼正經戲文？」

「彩霞，你眞是個靈姑。」她的慧黠，我不能不佩服。

「表哥，你可不能學大表哥的樣子？」她望着我，黑眼珠兒在暗淡的燈光下閃亮。

我不知道怎麼回答她好？抬頭望望天空，天上藍星閃爍，向我探望，彷彿彩霞的眼光。

第五章　[illegible]

晚飯後，我和彩霞一道去大中路逛書店，她想買幾本新出版的文藝書籍。上海出版的新書頂多一個禮拜就能運到。上海的大書店如商務、中華，在大中路都有分店，還有好多家本地書店，新書應有盡有。

彩霞不像表姐偏愛舊詩詞，她偏愛新文藝。小說、散文、新詩，只要是新出版的她都買，她的房間已經變成了小圖書館。她也偷偷地向外面投稿，偶然在本地的四開小報登過一篇兩篇，但是沒有稿費。投到上海去的大都如石沉大海。有一次被我發現退稿，她羞得滿面通紅，不敢再投，暗自發奮閱讀，希望一鳴驚人。我知道她好強好勝，絕口不和她談投稿的事，我自己對這種事是高山滾鼓，不通，不通！也毫無興趣。

華燈初上，書店裏擠滿了男女學生，六個中學的學生幾乎都有。服裝最好的是彩霞和我這兩個教會學校的學生，一般人把我們的學校當作貴族學校，把我們兩校學生也看成公子小姐。彩霞的學校校風特別好，功課也很出名；我們學校的足球和英語，簡直成了王麻子的剪刀舖，只此一家。因此我們走到那裏，別人都另眼相看。

因爲人太多，我們簡直擠不進脚。彩霞不想硬擠，要我另走一家。我們離開商務，轉到中華。這裏人很擠，我碰到好幾位同學，他們讓我們擠進去，他們都站着看免費書。書價相當貴，普通的一角多，貴的兩三角，有些同學買不起，利用兩三個晚上站着看完一本新書，書店老板伙計並不干涉。

彩霞對於歡喜的書一定要買，她身上經常保持十塊八塊零用錢，是個小財主。她自己選了三本新書，買了一本附有圖片的「足球攻守新法」送我。

我們不想擠在書店裏，出來逛逛街。順便走進匡廬裱褙店看看字畫。我忽然發現有幅古畫「獨釣寒江雪」像我家的。我走近看了又看，越看越像。我輕輕拉了彩霞一下，要她仔細看看，問她：

「我有沒有看走眼？」

「不錯，是外公收藏的。」她點點頭。

我把老板請過來，指着畫問他：

「請問這幅畫是那兒來的？」

戴着老光眼鏡的老板打量了我一眼，他不認識我和彩霞，不大高興地說：

「自然是買來的，還能偷到？」

「請問這幅畫要多少錢？」我裝作要買的樣子問。

老板不回答，取下老光眼鏡上下打量了我一眼，淡然一笑：

「老弟，看你年紀輕輕的，你會有這種雅興？」

「你別管我有沒有這種雅興，我問你這幅畫到底要多少錢？」我說。

老板伸出四個指頭，沒有作聲。我故意開他的玩笑說：

「四塊？」

他氣得臉紅脖子粗，瞪着我說：

「你嘴上無毛，不知道天高地厚！」

彩霞在我背後吃吃地笑，我回頭望了她一眼，也忍不住笑。再看看畫，上面只有一個穿簑衣，戴斗笠的漁翁，持着釣竿，彎着背，坐在一葉扁舟的頭上，在江心垂釣，兩岸是皚皚的白雪，天空還在下雪。這麼一幅簡單的畫，要是現代人畫的，也許四塊大洋還不值。因爲是一幅古畫，我想四十塊大洋一定足夠，因此我也伸出四個指頭：

「四十。」

「小子，你別和我窮開心！」老板雙脚一跳：「告訴你——四百塊大洋，一文不少！」

我倒退兩步，踩了彩霞的脚尖，彩霞喲了一聲，我沒有理會，呆頭呆腦地望着老板。四百塊大洋可以買上百擔米，五十擔黃豆，上十條大水牛，一幢三開間的磚瓦房屋，那有這麼貴的畫？

「老板，你別唬人。」過了半天我才說。

「唬人？」他望着我從鼻子裏哼了一聲：「明年暑天我帶上牯嶺，非八百塊大洋不賣！」

「老板，你豆腐賣成肉價錢，誰要？」

「有道是貨賣識家。你嘴上無毛，乳臭未乾，懂得個屁！」

老板刮得我好厲害，彩霞嗤的一笑。

「這種畫兒有什麼稀奇，我們家裏多的是！」我故意撇撇嘴說。

老板又取下老光眼鏡，背着手，從頭到脚，細細打量我，然後堆着笑臉說：

「老弟，你可是吹牛？」

「誰和你吹牛？」我趾高氣揚，用眼角掃了他一眼：「像這種畫兒，少說也有四五十張。」

他聽了一怔，望望我又望望彩霞，倚老賣老地說：

「老弟，不是我誇海口，我幹這一行，少說也有三四十年。談到古玩字畫，全縣只有裴翰林家收藏最多，我這一張就是婁翰林家賣出來的。」

「怎麼？是婁翰林家賣出來的？」我故作驚奇地說。

「一點不假，是婁翰林的孫少爺親手賣給我的。」老板賣弄地說。

「老板，他賣給你多少錢？」我笑着問他。

「對不起，這可不能奉告。」老板的光頭搖得像貨郎鼓兒。

「要是價錢好，我也可以賣幾幅給你。」

「這東西假的一文不値，我要看了貨色才能論價。」

「保險是眞跡。唐伯虎的畫你出多少錢一幅？」

老板楞了一下，又摸摸下巴，兩眼望着天花板沉吟地說：

「最少也値三四百。」

「你轉一下手要賣多少？」

「這是我的秘密。」老板搖頭晃腦地說：「幹我們這一行的，說不定三年不開張，開張吃三年。」

我已經知道這幅畫是我們家的，而且是大哥親手賣給他的，便不打算再和老板胡扯，向彩霞遞了一個眼色，邁步走了出來。

老板看我和他胡扯了一頓，有點摸不着頭腦。我走到門口，他忽然追了出來：

「老弟，你和我談了半天，我還不知道你貴姓？」

「那幅畫兒就是我家的。」我指指壁上那幅「獨釣寒江雪」說。

他啊了一聲，伸手把我往裏面一拉，陪着笑臉說：

「恕我有眼不識泰山，想必你也是婁翰林的孫少爺了？」

我點點頭，他又問彩霞的身份，我告訴了他，他一疊連聲地說：

「得罪，得罪！請坐，請坐！」

同時打發學徒倒茶，又向我們兩人陪個笑臉：

「恕我剛才賣老，想不到遇到兩位行家，眞是班門弄斧！」

彩霞好笑，我沒有作聲，其實我對字畫一竅不通，要是我，眞會把黃金當銅賣。

學徒端上茶，老板又諂笑地說：

「婁少爺，小號還希望你們多多光顧，府上要是有什麼字畫想脫手，我一定出最好的價錢，決不相欺！」

「老板，我大表哥一共賣了幾幅畫兒給你？」彩霞突然問他。

老板起先吞吞吐吐說很少，隨後又慫恿地對彩霞說：

「其實像他們兩位公子都是新派人物，留着這些老骨董也沒有什麼用處，與其讓蟲蛀掉，不如換成銀洋，千年不爛，以妳外公收藏的字畫來講，少說也值一兩萬銀子。」

我從來沒想到那些字畫會值這麼多錢，還有不少骨董，其中一塊有一尺口面大小的暗綠色漢玉盤子，不知道要值多少？

「老板，我們還不等着米下鍋，以後要是我大表哥拿字畫來賣，你最好別買，免得麻煩。」彩霞忽然鄭重地說。

老板望望她，歉然一笑：

「小姐，我們做生意買賣的人，可不管這麼多，只要不是賊贓，張三李四來賣，我們都買。」

「這幅畫兒你暫時別賣，我想辦法買回去。」彩霞指指「獨釣寒江雪」說。

「這倒使得，」老板咧嘴一笑：「我們生意人只要有錢賺就行，反正不想附庸風雅。」

我們出來時，老板隨便拱拱手，沒有送。

「大表哥眞不像話，居然做起這種事來！」走到街上，彩霞生氣地說。

「不然他拿什麼塞狗洞？」我笑着說。

「奇怪，舅舅重話兒也不說他一句？」

「爹一來看在祖父和大伯的面子上，二來他把世事看淡了，不想傷叔侄情感。」

「你怎麼也沒有主張？」她望着我說。

「反正我快高中畢業，要是時局好，上大學大概沒有問題，要是日本人打過來，我就考軍校。好兒不要爺田地，好女不穿嫁時衣，我還怕餓飯不成？」

「好，算你有志氣！」她揶揄地一笑。

走到西門口，看到長江戲院的紅紙大海報，戲碼是全部「四郎探母」，我問她要不要看？她遲疑了一下，隨後又點點頭說：

「去看看也好，看大表哥究竟和筱慧芳做什麼勾當？」

時間不早，開鑼戲可能已經演完，說不定「坐宮」上了場？我們匆匆趕到長江戲院，門口已經高掛「客滿」。守門的人是個足球迷，認識我。我塞了他幾個小錢，他替我們添了兩張圓櫈子，彩霞想窺探大哥的行動，不願意坐在前面，坐在十二排的過道中間。

「坐宮」已經上演了，筱慧芳剛出場，觀衆掌聲未落，她正開唱「芍藥開，牡丹放……」一身旗裝，雍容華貴，台風好極了，彩霞也不禁向我會心地一笑。

大哥仍然坐在那個老位子上，他的頸子又瘦又長，昂着頭望着台上，根本不知道我們坐在後面。筱慧芳的嗓子甜潤寬亮，眞的好聽，和四郎對唱快板時，贏得更多彩聲，大哥也用力鼓掌叫好，勁道十足，完全不像個烟鬼子。彩霞向我一笑，輕輕地說：

「大表哥要是不靠烟燈，整天有這個精神，那就了不起。」

「要是筱慧芳能代替大烟，我也贊成他討她做小。」我說。

「表哥，你也想助紂爲虐？」彩霞瞪着我說：「只怕他會越陷越深！」

我知道自己失言，連忙陪個笑臉，她幽幽地說：

「姐姐對你那麼好，你要是幫助大表哥做壞事，那眞沒有良心。」

「我是希望大哥成正果，怎麼會幫他作壞事？」我笑着解釋。

這齣戲緊湊得很，沒有冷場。四郎一人到底，十分賣力。回令後筱慧芳和四郎哭求太后的西皮散板如怨如訴，扣人心弦。「不該與兒配爲婚」和「兒的終身靠何人」兩句哀婉之至，令人泫然欲泣。

筱慧芳一進場，大哥就匆匆地趕到後台去。我和彩霞在人羣當中，慢慢走出鬧門，注意小巷出來的黃包車。人快要散盡，還不見大哥出來。彩霞把我拉到戲院旁邊一家糖果店屋簷的陰影下面貼牆站着。我們估計筱慧芳正在卸裝，大哥可能是在等她。

沒有多久，兩部漂亮的黃包車從巷口衝出來，坐在前面的正是筱慧芳，她披着猩紅的披風，手裏拖着一隻雪白的小獅子狗，一副名角兒的派頭。大哥坐在她後面一部黃包車裏，圍着白圍巾，雙手抄在長袍的袖筒裏面，翹着二郎腿，嘴裏輕輕地哼着西皮慢板「莫不是思遊玩秦樓楚館」。他的車子一過去，彩霞就輕輕地罵了一句「該死！」我禁不住笑了起來。

「你看大表哥那份德性！」彩霞指着大哥搖頭晃腦的背影說：「我猜的該不錯吧？」

「早兩天就有人告訴我了。」我說。

「誰？」她連忙問。

於是我源源本本地告訴她，她艾怨地說：

「表哥，你既然知道，爲什麼還要我猜謎？」

「你是靈姑，我先告訴妳反而沒有意思，也不會看到剛才的戲文了。」

她又粲然一笑，隨手把我一拉，我們走在暗淡的燈光之下，影子拖得很長，脚步踏在空曠的長街上，特別清脆響亮。

回到家裏，表姐正在燈下爲大哥打毛線衣。青磚大瓦屋，非常清靜，她看見我們雙雙回來，笑容滿面。放下毛線衣，用熱水瓶裏的開水，冲糯米花給我們宵夜。

掛鐘敲過十二點，大哥還沒有回來。我和彩霞告辭，她指着彩霞手上的新書，笑着對彩霞說：

「妳先借給我看看，我好等妳大表哥。」

彩霞只好把書留下，語意深長地說：

「姐，妳早點睡覺吧，不要浪費精神。」

彩霞說完，逕自走回自己的房間。表姐迷惘地望着我，我也勸她早點睡覺，她笑瞇瞇地說：

「庭院深深，我睡了誰替你大哥開門？」

第六章　明窗獨坐讀殘文　璞玉難求感慨多

我和彩霞打開祖父生前的書房。

這房間深四丈，寬三丈，靠大天井的一面是一大排鏤花長窗。祖父作過一二十年京官，後來外放，作過兩任知府，六十歲退休，在這個大房間讀書自娛，欣賞字畫古玩，一共二十多年。他的大書桌太師椅，慈禧太后送給他的文房四寶，以及大書櫃，都保持原來的位置。線裝書有上萬册，我們都沒有看過，光是四部叢刊，二十四史，就夠我們啃多少年，但是祖父都看過，有些書還用硃筆圈點了。

字畫骨董都藏在一個大樟木櫃裏，字畫都捲好放着，用紅絨繩綑住。我和彩霞清點了一下，還有四十三幅，一點沒有損壞。那塊大漢玉盤子用棉紙層層包裹，其他的酒壺、酒盃、香爐、硯臺……都烏漆墨黑，看不上眼，要是我撿到這種東西，一定扔掉。

「幸好大表哥賣得不多。」彩霞把大木櫃鎖好，伸直腰對我說：「外公的這些東西應該好好地保存。我們看來一文不值，大表哥比我們內行，說不定他眞能變出一兩萬銀子？」

「既然他主意打到這上面來，那就很難保存了。」我說。

「我們最好告訴舅舅，要舅舅訓他一頓！」

「爹早已心灰意冷，何必再使他傷心？」父親的眼睛越來越壞，看不清對面的人，告訴他也不會罵大哥一頓，反而會暗自傷心。「我們不妨告訴表姐，要她勸勸大哥，這樣也可以顧全他的面子。」

「你想的倒好。不過姐姐是個糯米團兒，恐怕是鴨兒背上澆水，潑不進去。」

「不管潑不潑得進去，我們只能對表姐講。」我說。伯母成天關在房裏，對着觀世音瓷像唸阿彌陀佛，根本不問外面的事。別說大哥賣掉祖父的字畫她不會責罵他，大哥要挖她的心她也會給。我們這個家除了日常開支由母親負責，簡直成了無政府狀態。

彩霞把書房門鎖好，和我一道到表姐房裏。她把大哥賣畫的事從頭到尾告訴表姐，最後又敦促表姐說：

「姐，這件事妳千萬勸勸大表哥，傳出去了不大好聽，不知者還以為斐翰林家等米下鍋，其實是他一個人塞狗洞！」

「彩霞，妳不講我還蒙在鼓裏，妳大表哥怎麼這樣不爭氣？」表姐也覺得有點意外，她比我們更喜歡祖父的遺物，祖父的藏書也只有她翻翻，字畫也只有她能欣賞。

「過去的算了，以後不再丟人就行。」彩霞說：「大表哥這幾天晚上什麼時候回來？」

「老樣子，吃過中飯出去，不到晚上兩三點鐘不回來。」表姐黯然一笑：「昨天還害我空等一夜。」

「妳就讓他這樣下去？」

「我還能跟他打架？」

「我看大表哥就是看準了妳是個糯米團兒！」

「彩霞，我潑不起來，只好由他。」表姐無可奈何地說：「錢花光了，他自然會早點兒回家。」

「姐，妳倒會自己寬慰自己！」彩霞望望她又好氣又好笑：「只怕他得寸進尺，會把彼慧芳討回來！」

表姐起先微微一怔，隨後又坦然一笑：

「我不犯七出之條，他不能把我休掉。如果是討筱慧芳做小，只怕他沒有那個本事。」

「姐，妳眞是米湯裏洗澡！」彩霞好笑：「大表哥就只有這點兒本事，他已經和筱慧芳勾搭上了！」

「彩霞，這是兩回事。」表姐心平氣和地說：「要想討筱慧芳做小，不要一萬也得八千銀子，他拿不出來。」

「外公的古董字畫，還有藏書，恐怕不止這個數目？」彩霞說。

「那雖然是無價之寶，可不是金銀窖，一時叫不出錢來。筱慧芳是跑江湖的，還能等他三年六個月？」

「說不定筱慧芳和他臭味兒相投，不要錢呢！」

「哥兒愛俏，姐兒愛鈔，討戲子不花錢，那有這回事？」表姐笑了起來。

彩霞和我都睜大眼睛望着表姐。她秀才不出門，能知天下事。有些道理我還沒有想到，她早想到了。彩霞似乎比我更驚奇，她打量表姐一會，虛心地問：

「姐，妳眞斷定討筱慧芳非錢不可？」

「妳以爲她會像你們中學生談戀愛？你愛我，我愛你就行？窮得沒有被子蓋也不管？」

彩霞嗤的一笑，打斷了表姐的話，表姐喝了一口茶，又接着說下去：

「像筱慧芳這類的風塵女人，決不這麼簡單。她的父母師父會把她當作搖錢樹，現在正是她走紅的時候，還會輕易地嫁給你大表哥？再說，筱慧芳本人，也決不肯跟你大表哥喝露水，有錢的大爺多的是，你大表哥能算老幾？」

「姐，那我是替妳窮操心了？」彩霞不禁失笑。

「彩丫頭，有妳替我操心，我就可以米湯裏洗澡了。」表姐笑着回答。

彩霞往表姐身上一撲，揉着她說：

「姐，別人一片好心，妳把人家當猴兒耍，我不依你！」

表姐被彩霞揉得東搖西晃，笑得上氣不接下氣，只好向我求援：

「郁心，救救我，解解圍……」

彩霞這才住手，掠掠頭髮，指指表姐笑着說：

「想不到妳泥菩薩腹內還有機關？」

「姐姐無用，註定要吃虧，將來靠妳翻本。」表姐整整頭髮衣襟，望望彩霞說。

我們怕表姐寂寞，這天晚上在她書房做功課。大哥有一張大書桌，桌上擺了一列書，還空得很，足夠我們兩人使用。大哥也能做做詩，塡塡詞。因爲我們從小都跟黃貢生唸過子書詩詞，他和表姐讀的古書比我和彩霞讀的多，根基好。在沒有遇上筱慧芳之前，他養養鳥，玩玩蟋蟀，抽抽大烟，唱唱戲，看看書，興來時就做做詩，塡塡詞，和表姐相互唱和斟酌，倒過的是神仙日子。現在鳥兒他也不管，由表姐照顧，蟋蟀早已放生，只留着一個漂亮的瓮缸子。詩詞更不談，一心忙着和筱慧芳唱對兒戲了。

我先做完功課，隨手抽出一本「漱玉詞箋」翻翻，一翻就翻到如夢令，其中一首用紅藍鉛筆在石印字旁邊打滿了圈圈，上面還加了一個眉批：「此易安居士爲我寫照也」。我認得是表姐的筆跡，這首詞是：

「誰件明窗獨坐？我共影兒兩個，燈盡欲眠時，影也把人拋躱，無那！無那！好個淒凉的我！」

我把它悄悄地推到彩霞面前，她看了一遍，偷偷覷了表姐一眼。表姐正低着頭一心一意爲大哥編織新毛衣，彩霞用鋼筆在練習簿上匆匆地書寫，也悄悄地往我面前一推，我一看是：

「好個痴心的人兒！我若是她，定把大表哥的腦殼打破！」

我嗤的一聲大笑起來，表姐抬頭望望我，彩霞連忙把練習簿搶了過去，表姐笑着問她：

「彩丫頭，妳又弄什麼玄虛？」

彩霞伏在桌上吃吃地笑，笑得一身顫抖。表姐走了過來，搖着她的肩膀說：

「彩丫頭，妳和郁心打什麼啞謎？尋姐姐開心？」

彩霞把那頁練習簿紙一揉，往懷裏一塞，回過頭來望着表姐說：

「姐，妳爲大表哥打毛衣，他未必領情，不如打給我穿。」

「妳有毛衣，身上又是一團火，他是個瘦鴨子，經不起風雪。」表姐回答。

「姐，妳這就偏心，大表哥不是也有毛衣？」

「他血氣不足，比你們要多穿一兩件才行。」

「妳替他想得這麼周全，恐怕他這時把妳忘到九霄雲外了。」

「彩霞，黑處作揖，各憑良心，不管妳大表哥對我怎樣？我還是一竹篙到底。」表姐不慍不怒地說。

賣餛飩麵的小販又敲到巷子裏來，賣糯米花鹽茶蛋的小販正拖長着聲音叫喊，表姐連忙問我們吃什麼？彩霞說要餛飩麵，表姐又問我：

「都心，你呢？」

「也來盌餛飩麵。」我說。

「好，你們倒一唱一和。」表姐風趣地一笑。

彩霞在她手背上拍了一下，推了她一把，她笑着跑去打開邊門，叫賣餛飩麵的小販過來。

「大表哥眞該打，辜負了姐姐海樣深情。」彩霞從懷裏摸出那張紙，撕了幾下，往桌下的字紙簍裏一塞，輕輕地說。

「打破了腦殼會出人命。」我笑着說。

她也嗤的一笑。

表姐進來，看我們兩人都在笑，她也笑問：

「你們是不是撿了發財票？」

「表姐，彩霞要打破大哥的腦殼。」我說。

「彩丫頭，那可使不得！」表姐連忙搖手。

「姐，妳放心！不關我的事，我何必做那個惡人？」彩霞拖聲曳氣地回答。

「卽使是妳的事，也犯不着。同船過渡前世修，何況是夫妻？」

「姐，妳眞像個老古板。」彩霞望着她好笑。

「我的頭腦自然沒有妳的新，老古板倒也未必。」表姐笑瞇瞇地說。

其實表姐只大我們五六歲，她也是高中畢業，在長輩眼中倒是個新派人物。

「那妳對大表哥怎麼還是用老法子？」彩霞問她。

「老法子不一定不好，妳要知道，我們血濃於水，親上加親。」

「好，妳有道理。」彩霞自己退卻。

小販用托盤端了三盌餛飩麵進來，熱氣騰騰，小心地放在桌上，我們三人靠在書桌上吃，餛飩皮薄的像鷄蛋殼，內餡子又嫩又多，味道特別鮮，不知道是怎麼弄的？

吃完麵，壁上的掛鐘敲了十二下，大哥還是沒有回來，我們多坐了一會才去睡。

第二天晚上九點多鐘，我打拳回來，在巷口碰到大哥，他看見我有點畏畏縮縮，和平時不大一樣。我發現他脅下挾了一個棉紙包的東西，我馬下想起那隻漢玉盤子。我打量了一眼，他的臉孔微微一紅，我故意搭訕：

「大哥，你脅下挾的是什麼東西？」

他吞吞吐吐，一時答不上話來，我索性頂上一句：

「是不是那隻玉盤？」

他知道無法撒謊，只好點頭承認。

「大哥，這樣貴重的東西，你晚上拿出去不怕人搶？」

「老三，我拿去給一個朋友看看，他是上海來的，很內行。」

「大哥，這明明是塊漢玉，還假了不成？」

他知道我清楚這塊玉的底細，抓抓後腦殼，紅着臉說：

「老三，不瞞你說，我最近手頭緊得很，想變幾個錢應急。」

「大哥，我們還不等米下鍋，你的黑飯也沒有斷過，你何必動祖父的遺物？」

「老三，我的漏洞太多！」他又抓抓頭皮：「好兄弟，希望你能體諒大哥的苦衷。」

「大哥，我並不是計較錢財，不過這是紀念品，最好保存。」

「老三，現在時局緊得很！」他故意壓低聲音說：「說不定東洋人那天打來？他們的飛機大砲厲害，與其將來好給敵人，不如乘早賣掉，再說，炮聲一響，骨董也就一文不值。」

他的見識自然比我廣，這種東西本來就不好賣，眞的打起仗來，逃命都來不及，誰要這種老骨董？

「你出來告訴爹沒有？」

「老三，這怎麼能告訴細爹？」他向我一笑：「他們老人家，竹頭木屑都是寶貝，希望一代代傳下去，怎麼捨得賣？」

「表姐知不知道？」

「老三，打開天窗說亮話，這是我們兩人的事，與其他的人無關。本來我要告訴你，偏巧你不在家。現在正好，我當面向你說開，要是賣得掉，我分一半給你好了。」他拍拍我的肩膀。

「大哥，不管你賣多少錢？我分文不要，不過最好不要賣。」

他望望我，有點爲難，脚在地上畫來畫去，低沉地說：

「老三，要是你不鬆口，我決不敢賣。」

「大哥，不是我潑你的冷水，筱慧芳你玩不起。」

「老三，不單是她的事，我還有別的開銷。」

「大哥，我說實話，我不想賣祖父的東西，既然你有急用，也希望下不爲例。」

「好，好！聽你的話，這是最後一次。」他連忙點頭，又壓低聲音說：「不過這件事兒你千萬要守口如瓶。」

「我不會講，但是若要人不知，除非己莫爲。日後追查起來我可不能負責。」

「這你倒不必躭心，我有辦法應付。」他挾着玉盤邊說邊走，走了幾步，看見一輛黃包車，把手一招，車夫跑了過來，將把手往地上一放，他輕快地跳了上去，車夫扯開兩脚就跑。

不知道他到什麼鬼地方去？

他在外面兩天沒有回來，表姐一聲不響。彩霞却憤憤不平，我心裏明白幾分，但不便講。

他回來的這天，和我們一道吃飯，這是近來少有的事，表姐很高興。

飯後休息了一會，我去尙武國術館練拳，他從房裏趕了出來，親熱地說：

「老三，我同你一道走。」

「今天晚上回不回來？」表姐也趕到書房門口問他。「說好了也免得我兎兒望月。」

「回來，回來。」她向表姐點點頭，說話的聲音很愉快。

他去戲院和我去國術館本來不同路，但也跟着我走，我奇怪地問他：

「大哥，有什麼事嗎？」

他伸手在長袍裏面的西裝褲口袋裏摸摸，摸出一疊嶄新的交通銀行的十元大鈔，數了一下，一共十張，往我手上一塞：

「盤子我脫了手，這一半給你。」

我連忙把錢退回他，他身子一縮，不肯接。

「大哥，我說了不管你賣多少，我分文不要。」

「老三，如果你不肯接，那就是嫌少。」他用話來壓我：「現在時局不對，這個價錢還是賣了一點兒老面子。」

「大哥，既然只賣這點錢，你能作什麼用？乾脆你統統拿去，反正我沒有什麼開銷。」

「老三，人是英雄錢是膽，這種時局說不定那天爛？你這麼大的人了，也該留幾個活錢，以防萬一。我見的錢多，只要應了急就行，不在乎這百把塊錢。」

他講的倒是眞話，日本人在華北鬧的烏烟瘴氣，浪人到處橫行，簡直沒有把我們中國人看在眼裏。再要出事決不是「九、一八」「一、二八」了。這一百塊錢在我是個大數目，在他眞不算一回事。他在上海唸書，爹一滙就是三五百，一年總得花三五千。回家以後，除了抽大烟之外，他花的零錢也比我唸書的錢多，姑姑有時還貼他幾十幾百大洋，這一百塊錢說不定對我眞有用處。

他看我不作聲，笑着走開，走了幾步，又回過頭來對我說：

「老三，這是我們哥兒倆的私事兒，表姐面前不必提，彩霞面前更要絲風不漏。」

他兩手把長袍叉子微微向上一提，揷進西裝褲子旁邊的口袋，肩膀一聳一聳地走了，那樣子很像一隻青鷺。

那隻玉盤無論如何不止兩百塊錢，不說十倍，最少也値上千，因爲瀋陽骨董店裏一隻明朝玉鐲都標價五百，聽他最後的口氣，是想拿這一百塊錢塞住我的嘴，其實他用不着來這一套，我說話算話，他倒把我當小孩子。

我無心練拳，打了一個鐘頭就回家，表姐和彩霞看我提早回家，都有點奇怪，彩霞問我：

「大表哥和你一道出去有什麼事？」

「沒有什麼。」我搖搖頭。

她打量我一眼，似笑非笑地說：

「哼，我看你們哥兒倆勾結在一塊欺侮我們姐兒倆，是也不是？」

「彩霞，妳怎麼寃枉郁心？」表姐連忙接嘴。「他才不像你大表哥。」

表姐的話使我又感激又慚愧，我望望她，想說什麼又說不出口。她笑着問我：

「今天你怎麼提早回家？」

「表姐，我好像要生病？」我像吃了什麼髒東西，心裏有點作嘔。

表姐把手按在我的額上，她的手十分柔軟溫暖。我知道我不發燒，連忙低着頭逃了出來。

第七章　美籍老師人如花　中國歌劇程釋福

早晨起來，我心裏還不是味道，無精打彩。

彩霞對我比往日更殷勤，她親自替我打洗臉水，不假手何媽，又去巷口買了一盤剛出籠的包子回來，陪我吃了一道上學。

我們兩校的前門是並排的，平時我走學校後門進去，因爲路近。今天她要我走前門，陪她上學。

她一早起來就在察顏觀色，走到半路她突然盤問我：

「表哥，你到底生的什麼怪病嘛？」

她那幾分淘氣幾分憂愁的話，差點把我逗笑了。我們同年，她只小我幾個月，但她的心眼兒比我細，比我多。

「沒有什麼大不了，下午踢踢球，出身汗，自然會好。」我本來沒有病，自然不能再裝。

「你是不是生我的氣？」她望着我臉上說。

「我爲什麼生妳的氣？」

「昨天我冤枉了你。」

「那也算不了什麼大冤枉。」

「我因爲生大表哥的氣，所以也把你帶上一筆，」她笑着溜了我一眼：「其實我何嘗不知道你完全不像大表哥？」

「一個祖宗傳下來的，也差不了多少。」我說。

「我和姐姐是一個老子娘生的，性情就不一樣。昨天晚上你走了，姐姐還埋怨我呢！」她望望我又低下頭說：「其實她不知道我心裏有多懊悔。」

「那有什麼好懊悔的？」我看她那低着頭的樣子，還有幾分雅氣，不禁好笑。

「表哥，你說眞話，」他突然抬起頭來問我：「你是和大表哥一條線，還是站在我和姐姐這邊？」

我沒有想到她會問我這種話，眞不知道怎樣回答，過了一會才說：

「我們一家人，還分什麼派？」

「表哥，不是分派，」她笑着解釋：「大表哥這樣糜爛，胡鬧，我們要是不想法子抵制他，將來大家都會吃苦，姐姐尤其糟糕。」

「江山易改，本性難移。除了爹是一家之長，就算他大，我們總得讓他三分，還能以小壓大？」

「表哥，照你這樣說，我們只能眼巴巴地看着他糜爛下去了？」

「我們不妨勸勸他，其實他是聰明人，好鼓何必重搥？」

「表哥，他就是聰明反被聰明誤。」彩霞提高聲音說。

「看來男人還是像我這樣蠢一點好。」

她嗤的一笑。我們已經走到我的學校門口，我正要進去，她突然問我：

「表哥，密斯Flower約我們下午到她家去玩，你去是不去？」

密斯花在我們兩校兼課，教英文和音樂。她的人和姓一樣，眞像一朵花。她雖是美國人，個子却像我們中國女人一樣嬌小玲瓏。二十四五歲，還沒有結婚。她待人的態度特別親切，笑起來甜得很。

她因爲是初來中國，想多和中國人接近，每個週末都約學生到她家去玩，而且安排得非常好，每次都是五個男生，五個女生。這次彩霞和我恰巧排在一起，密斯花和密斯Chase一同住在我們附小的一棟洋房裏，我們叫Chase爲蔡老師。蔡老師四十多歲，德州人，個子又大又粗，肚皮挺得很高，像我們樂隊的大鼓。她平時對人倒很客氣，上課時卻特別嚴厲，不像密斯花一天到晚笑臉迎人，因此沒有密斯花那樣討人歡喜。幸好她只教初中，我們已經過了關了。

「密斯花有請，我們怎麼好意思不去。」我說。

「我知道你歡喜密斯花。」她向我做了一個鬼臉，笑着跑開。

下午四點，我們下了最後一堂課，我和其他四位同學一道去密斯花家裏。

彩霞她們先到，正在一片大草地上打羽毛球。密斯花也和她們一起玩，像個姐姐，不像老師。她們看見我們進來，停止打球，笑臉相迎，密斯花過來和我們一一握手，像待自己的弟弟一樣，親切得很，彩霞的同學不管識與不識，沒有一個敢和我們握手，連彩霞都不敢和我握手。

蔡老師也從屋裏走出來，歡迎我們。她的聲音特別響亮，笑起來一身肌肉直抖。我們都是她教過的學生。她統統認識。她在中國十幾年，會講中國話，但總是逼着我們講英語。莊吉利像個女生，非常害羞，又不會說話，訥訥不能出口，逗得彩霞的同學大笑。

她們兩人用了一個三十來歲的女傭，煮好了咖啡，屋裏傳來一陣香味。密斯花要男女生統統進去。

客廳很大，擺了一張長桌，一架鋼琴，兩邊擺了沙發，壁上掛了聖母像和耶穌受難的畫像，還有幾張油畫和美國風景照片，如紐約港口，國會大廈，費城獨立廳，白宮，大峽谷，以及尼加拉瀑布。

咖啡糖果擺在桌上，我們自己動手。蔡老師和所有教過我們的美國人，都鼓勵我們自立，不要倚賴別人，尤其不要我們使喚用人，他們彷彿都是林肯的信徒，反對奴役。

密斯花端着咖啡，指着那些油畫和風景照片，一幅一幅地向我們講解。我們聽不懂的地方蔡老師就用中國話解釋。密斯花只能講幾句簡單的中國話，但她的聲音十分柔和好聽，聽不懂我們也樂意聽。

密斯花又很巧妙地安排男女生互相交談。除了彩霞和我關係特殊之外，其他的男女生並不太熟，有的還是初次見面，不免有點拘束。我們不像美國老師和傳教師的兒女那麼大膽，他們十六七歲的男女孩子當着我們的面接吻不算一回事，我們誰也不敢。尤其是女生，彷彿生怕我們咬她們一口。今天我們男女生人數一樣多，又是在美國老師家裏，女生也大膽多了，不怕我們把她們吃掉。

彩霞的同學幾乎都認識我，有的去過我家，多數是在球場認識，但我不完全認識他們。彩霞又特別替我介紹一番，還讓一位長得相當漂亮，只是臉上有幾點雀斑，叫做王秀英的同學和我交談。

「我時常聽彩霞談起你。」王秀英等彩霞和別人交談時，故作神秘地對我說。

「妳們是好同學？」我問。

「這還用問？」她望着我揶揄地一笑。

「怎麼沒有看見妳到我家裏去玩？」

「我去過兩次你都不在，只看見你大哥。」

「抱歉，大概我練拳去了。」

「你的身體這麼好，還練什麼拳？」

「免得洋人說我們是東亞病夫。」

「你大哥倒有點像。」

「彩霞也和你談起我大哥？」

「不，是我看出來的。她從來不談他，只談你。」她又向我神秘地一笑。

我望望彩霞，她正和莊吉利談話。她態度大方，莊吉利却結結巴巴。

蔡老師替我們彈鋼琴，她的鋼琴彈得很好，每次兩校聯合做禮拜，都是她彈琴。

隨後密斯花拿着小提琴帶我們到外面來。她站在大楓樹底下，我們坐在柔軟的草地上，夕陽的餘暉照在我們身上，有十月小陽春的感覺。

她拉梵阿林的姿勢很美，聲音也很好聽，但我還是喜歡聽胡琴。我輕輕的告訴彩霞，彩霞笑着罵我一句「老古板」。

密斯花問我們有誰會拉梵阿林？我們十個人沒有一個會。於是她要我們每人來個節目助興。唱歌、跳舞、講笑話都行。女同學推男同學，男同學推女同學，密斯花看了好笑，她拉着彩霞和她合唱了一首英文歌。這才把僵局打開。

於是大家都唱歌。莊吉利什麼都不會，急得臉紅脖子粗，女同學看了都好笑。最後還是密斯花替他解圍。我不會唱歌，也不會跳舞，講笑話別人不笑，自己也覺得沒有意思，抓抓頭皮不知如何是好？

彩霞用手肘碰碰我，輕輕地說：

「你不妨唱段平劇。」

「那也行？」我瞪着兩眼望着她。

「湊合，湊合，免得作獃相公。」她笑着點頭。

我想了一下，唱了一段「擺放會」。

密斯花大概從來沒有聽過這種「歌」，睜大眼睛望着我，又驚又喜。我唱完以後，她笑着鼓掌，問我唱的是什麼歌？我向她解釋，詞不達意的地方就請蔡老師說明，她聽了連說幾句「枉得福」，笑得像一朵花。

她牽着我走進房子，她和表姐差不多高矮，年齡也不相上下，人又熱情隨和，我也不覺得她像個老師，沒有半點拘束。

麵包已經切好放在桌上，還有兩盤切成片的蕃茄，生包心菜，兩碟牛油，一瓶果醬。這就是她招待我們的晚餐。

她和蔡老師在麵包上塗點牛油果醬，再Ꮂ一片蕃茄，兩片包心菜，覆上一塊麵包一夾，就往嘴裏塞。我們爲了禮貌，也只好依樣畫葫蘆，但是沒有一點味，只有一股生氣，很難下嚥。彩霞望望我，皺眉苦笑，吞也不是，吐也不是，只好把麵包放在嘴邊做做樣子，故意和我談話，戲着一個機會，把麵包悄悄地往我制服大口袋裏一塞。我正不知道怎樣處理手上兩片麵包，這可開了竅，馬上偷偷地把它塞進另一個大口袋，我仍裝作看照片油畫，再也不敢走近餐桌。

密斯花走過來和我們談話，她說她很欣賞我的「歌」，我說要有中國梵阿林配合，再穿上戲裝，那更好聽好看。她要我們帶她去看一次「中國歌劇」，我自然滿口答應。

隨後她和我談到時局，她說她路過上海時住了幾天，看到日本人對我們中國人很不禮貌，她有點生氣，她就心日本人會侵略中國。

「要是眞的打仗，妳回不回國？」我問她。

「不，」她搖搖頭，「我喜歡中國，我決定在中國傳教。」

「妳不怕日本人？」彩霞問她。

「他們對我們不敢無禮。」她自信地回答。

彩霞望了我一眼，她似乎很羨慕密斯花這個強國之民。

密斯花要我們再吃，我們婉謝。她很聰明，笑問我們：

「是不是沒有你們中國東西口味好？」

我們連忙說「不」，她也不再勉強，笑着去和別人周旋。

天黑以後，我們告辭。密斯花和蔡老師送了我們一段路。

「希望你們常常來玩，我想多學點中國東西。」密斯花客氣地說，而且用中國話說了聲「再見」。

彩霞的同學都笑了起來，因爲她的「再見」說的十分生硬。

大家都匆匆忙忙趕回家去吃飯。彩霞回到家裏直叫肚子餓，表姐奇怪地問我們：

「你們不是在洋老師家裏吃過飯嗎？」

「姐，別提，我差點兒嘔出來。」彩霞笑着搖頭。

我從口袋裏掏出那兩份麵包，往桌上一放。表姐聞了一下，笑着說：

「洋老師請你們吃這種生東西？」

「姐，花小姐的情義重，吃的東西可不敢領教。」

「大槪是他們剛鬧過經濟恐慌，還有點兒寒酸相。」表姐打趣地說。

彩霞要何媽把兩份麵包拿走，何媽放在鼻尖上聞了一下，直搖頭。又笑着對我們說：

「我炒兩盌香椿蛋炒飯給兩位吃。」鹹香椿的味道也好，炒蛋，拌豆腐特別開胃。加蛋炒飯，帶着焦黃味，更是妙品，何媽知道我和彩霞都歡喜吃。

「多謝你，何媽。」彩霞笑着回答。

「郁心，你的病好了沒有？」表姐關心地問我。

我幾乎忘記昨天晚上裝病的事，她這一問我倒有點尷尬。彩霞覷了我一眼，敞開喉嚨說：

「姐，表哥是生我的氣，一榔頭也打他不死，他會生什麼病？」

我不禁失笑，表姐打趣地說：

「彩丫頭，妳要是眞的把他氣跑了，看妳害不害相思病？」

彩霞笑着把頭往表姐懷裏一頂，像羊兒打撞，撞得表姐倒退好幾步，笑的喘不過氣來。

第八章　爲水兵輸球感慨　爲部份學生憂傷

江裏又停了一艘法國驅逐艦。

上午，學校公佈欄裏就貼出足球比賽的通告，要正選球員和預備球員下午四點準時到體育器材室集合，聽候調遣。中午放學時黃老師特別把我叫過去，問那些人可以出場？那些人不可以出場？我把球員的近況告訴他，他馬上擬了一個出賽的陣容，只有兩個人調動，一是位置調整，一是副選上陣。

「黃老師，你知不知道這個法國隊的實力？」我問。

「不知道。」黃老師搖搖頭。「他們以前沒有和我們比賽過。」

「他們一路上來，也許在別的地方打過。」

我這句話提醒了他，他馬上翻閱上海的報紙，檢查體育新聞。上海的足球水準在長江一帶自然最高，我們往往能從外國兵艦足球隊在上海的戰績，推測對方的實力，判斷我們的輸贏。除了橫掃上海的球隊，我們都有機會贏球。

去年暑假，我們曾經遠征上海，結果三勝二和一負，使上海球隊大爲震驚。有一個球隊曾暗中和我及徐天祿、劉向三人接頭，邀我們加入，負責我們的讀書生活費用。我因爲不願意離開彩霞和表姐她們，沒有答應。他們兩人看我婉謝，也不答應。

黃老師查了一二十分鐘，才查出他們的戰績：一勝、三和、二負。他們負的兩隊和我們的戰績是一和一負；和的那兩隊都輸給我們。他們的實力在英國驅逐艦黑天鵝和我們之下，和上次慘敗在我們腳下的義國兵艦足球隊實力不相上下。

「我們可以贏他。」黃老師掛起報紙，肯定地說。

我輕鬆地回到家裏，彩霞和表姐正在等我吃飯。彩霞問我怎麼回遲了半個鐘頭，我告訴她賽球的事。

「表哥，你應該多吃一盌飯，不然下午跑不動。」彩霞笑着說。

表姐馬上拿出她的私房錢，要何媽替我去切盤滷牛肉滷猪肝來。

「表姐，下午我要是輸了球，妳的私房錢不是白貼了？」我說。

「你的氣力還沒有長足，吃下去總有好處，貼給你又不是貼給外人。」表姐說：「輸贏我倒不在乎。」

「表姐，妳不在乎我可在乎。我情願少吃幾塊肉，一定要贏球。」

「洋人毛手毛脚，我就怕你受傷。你不要太猛。」

「姐，踢球又不是繡花，不猛還想贏球？」彩霞笑着說。

「表姐，今天下午妳去不去看？」

「我反正沒有事，去給你助助威。」表姐笑着回答。

「好，我一定好好地踢這場球。」我說。現在是冬天，這可能是今年的最後一場球。往後球場不是雪，就是冰，一直要等到春暖花開了。

彩霞不必問，每次有球賽她一定去捧場，到得比我還早，但她看我只問表姐不問她，好像受了冷落，眼睛翻了兩下，酸溜溜地問我：

「表哥，你不要我當啦啦隊？」

「妳怎麼能不去？妳不去我一定輸。」我笑着回答。
她嘴角一揚，左頰上露出一個小小的酒渦。
何媽切了滷菜，再去前面請父親母親吃飯。母親看另外添了滷菜，笑問我們：
「誰請客？」
「表姐。」我說。
「晚霞，妳請誰？」母親問。
「表弟。」表姐把嘴向我一呶。
「郁心是不是月考成績好？」母親望望我說。
我臉一紅，十分慚愧。月考太糟，都在危險邊緣，數學只有五十五分。平常踢球、看戲、打拳，看書的時間太少，總是臨時抱佛腳，考試前開夜車。
「舅母，表哥下午要賽球，姐姐先給他加加油。」彩霞看我殺了威，瞄了我一眼，笑着對母親說。
「郁心，不是娘潑你的冷水，」母親望着我說：「你不要只在球場上逞英雄，在書本兒上你也用點心啥！娘並不希望你考頭二名，我們世代書香，你考到十名以內，我們的老臉皮也好看些。你祖父在你這種年紀，已經點了翰林啦！」
母親的這番話，更使我無地自容。她平時不婆婆媽媽，找到了題兒就大做文章，比父親厲害。
表姐連忙替我解圍，望了我一眼，向母親陪個笑臉：
「舅母，妳不要躭心表弟的功課。他的天分高，只要稍微加點兒油，考頭二名也不是什麼難事。

不過讀死書，變成個書呆子，也不是好事，身體也很要緊。」

彩霞望了我一眼，眉開眼笑。父親接着說：

「晚霞的話也有道理。現在時代不同，像郁文一根線兒吊得起來，挑不起千斤擔子。如果東洋人打來，還是郁心這種人能抵一陣。」

我心裏暗自高興，望望父親。他的眼睛有層重膜，渾濁不清。伯父慘死時他流了太多的眼淚，後來又害了一次眼疾，越來越壞。現在上了年紀，走路都要人牽，他已經看不清我是高矮胖瘦。只能憑我的聲音推斷，聽我說話聲音洪亮，中氣十足，他就摸摸鬍鬚微笑：

「這點倒趕得上公公。」

據說祖父說話，三進大屋都能聽見。他活了八十三歲，眞是富貴壽考。

「不要呆頭呆腦，快點吃飯上學。」母親又自己轉彎，叫我吃飯。她先挾了一塊豬肝放在我的盌裏。

彩霞看了吃吃地笑，刁鑽地說：

「舅母，妳這眞是慷他人之慨，晚上該妳請客。」

「他要是贏了球，明天我買隻豬肘兒給你們吃。」母親笑着回答。「不過妳要負責他的功課，他考不到前十名，惟妳是問。」

「舅母，妳算盤打斷了橋！」彩霞大聲笑着說：「一隻豬肘兒又要表哥贏球，又要他考前十名，那有這麼便宜的事兒？妳最少還得加一條大鱖魚。」

「彩丫頭，妳別敲舅母的竹槓。」母親望着彩霞說：「舅母現在窮了，要是往年，加十條大鱖魚也使得。」

「舅母，妳別在我面前哭窮，瘦死的駱駝比馬大。聽說妳房裏有地窖，一條鱖魚還吃得妳垮？」

彩霞的刁鑽，使大家都笑了起來，表姐和母親都笑出了眼淚，母親扯出脅下的手帕，拭拭眼睛，又笑着對彩霞說：

「彩丫頭，舅母就是有金銀山，還不是好了你們兩人，何必一頓吃掉？」

彩霞滿臉羞紅，身子扭了一下，叫了一聲「舅母——」，又沒有下文，母親馬上安撫她：

「乖，快吃飯，舅母依你的，明天再加一條大鱖魚就是。」

彩霞又望望我得意地一笑，隨後想起什麼似的，馬上對母親說：

「舅母，妳要說話算話，不管球賽輸贏。」

「彩丫頭，妳這話又說得不夠聰明。」母親望着她笑：「反正我不會去看球，妳說輸就輸，妳說贏就贏，我閉着眼睛吃毛虫，不就得了？妳何必還要穿釘鞋，柱拐棍？」

彩霞噗哧一笑，噴出兩粒飯，連忙用手絹掩着嘴笑。表姐也笑彎了腰，望着母親說：

「舅母，妳何必耍猴兒？」

「好，舅母，妳教我說謊，以後我決不對妳講眞話！」彩霞忍住笑說。

母親望望彩霞，喜在心裏，笑在臉上。

母親又望望我這一方，不見大哥，再望望表姐，輕輕嘆口氣：

「郁文眞是有福不會享，一家人在一塊兒多快活？偏要去姘戲子，塞狗洞！一旦床頭金盡，人家不轟他才怪！」

父親不作聲，表姐也沒有講話，我和彩霞平時講得太多，也不想再炒冷飯，我還怕牽出那隻玉盤來。

吃過飯，我和彩霞要趕去上學。我想起表姐一個人在家裏實在寂寞無聊，應該出去散散心才好，因此我又叮囑她：

「表姐，四點半開賽，妳一定要去替我打氣。」

「放心，我一定去助威。」表姐笑瞇瞇地說：「我也想吃紅燒肘兒，糖醋鱖魚。」

「表哥，說真的，這場球你一定要打贏，我不好意思向舅母撒謊。」彩霞望着我，似笑非笑地說。

「彩霞，說不定這是我最後的一場球賽？」我認真地回答：「拼了命我也要贏這場球。以後我要專心讀書，我的功課這麼差勁，娘不刮我，我也沒有臉作婁翰林的孫子。」

彩霞和表姐聽了都一怔，她們都沒有想到我會說出這種話。我一向是應付考試，從不認真讀書。彩霞睜大眼睛望着我說：

「表哥，你又何必矯枉過正？你的足球是從小學磨出來的，踢到你這個樣子也不容易。大表哥是小梅蘭芳，你也是小李惠堂。如果大表哥能歸正，你們都不愧是外公的好子孫。」

「郁心，舅母不是真心貶你，她只希望你稍微用點兒功，你比大哥強多了。」表姐故意捧我。

「表姐，我不是三歲兩歲，娘還好意思打我的屁股罰我的跪？我要是抽大烟，比大哥差遠了。縱然妳把我捧到天高，說不定有人要打破我的腦殼。」

我一說完，彩霞就噗哧一笑，白我一眼。表姐不知道是怎麼一回事？望望我又望望彩霞說：

「你撒什麼典故？」

「姐，表哥越來越壞，難怪舅母刮他。」彩霞頭一低，笑着跑了出去。

「表姐，等會去看球，不收門票，這是我最後一次獻醜。」我一面說一面退出來。

彩霞在巷口等我，看見我出來，又笑着跑開。我看看掛錶，只差三分鐘上課，決定走後門，抄近路，不去趕她，反正等會她要去看球。

我跑到後門時，校工正在搖鈴上課。我沿着光溜溜的水泥路走，路旁是兩丈高的扁柏和銀杏，左邊是第二足球場，右邊是第三足球場，草地剪得平平整整。第一足球場已經用石灰畫好了白線，校工正在球門上掛網，兩個鐘頭以後，我要在那廣濶的草地上奔馳。我決定今天要踢一場漂亮的球，能贏多少就贏多少，決不放水。以往我們遇到較弱的外國球隊，黃老師總是暗示我讓一兩個球，給洋人一點面子，免得挨揍。我心裏很不舒服，這等於黑旗軍在安南打了勝仗，清廷還要賠償求和。我決定以後不再打球，好好地讀書。打球只是替學校爭面子，對我自己沒有好處。校隊的同學有幾位留了三級，黃老師表面安慰他們，替他們弄個半工半讀。實際上校長非常高興，因為培植一個好足球員並不簡單，一畢業就後繼無人，必須有新人補上才能保持王座，我沒有留級已經萬幸。和洋人踢了幾十場球，受夠了洋氣，輸了作龜孫子不說，贏了也弄得灰頭灰臉，彷彿我們是天生的劣等民族，應該受欺。今天母親的幾句話提醒了我。踢球像當窰姐兒，賣的是青春年少，年紀一大就是一隻爛草鞋，不如多讀一點書在肚子裏實在，七老八十都用得着，婁家世代書香，我不能成個大草包。

走進課室時，歷史老師徐立正在上課。黃老師雖然很重視我，一般同學也恭維我，可是有一肚皮學問、教書最嚴的徐老師，對我這位「校腳」並不賞識，因為我的歷史課從來沒有考過六十五分以上，別人都是八九十分，甚至一百分，在他的眼裏，我更相形見絀。
他講得正起勁時我走進課室，溜到自己的位子上，他突然停止不講，兩眼盯着我。我正想坐下，他却低沉地說：
「你站在那裏聽，我叫你坐時再坐。」
說後正眼也不看我，逕自講課，不給我半點面子。我一肚子氣，但又不能發洩，因爲他是一位人品學識都好，最孚衆望的老師。我心裏也很敬佩他，想來想去只怪自己不該打球，影響了功課。
四點多，我帶着一肚子悶氣走進球場，同學們圍着我會商戰略，原則上決定和上次對付黑天鵝一樣打法，但是我特別叮囑大家：
「盡量贏球，能贏多少就贏多少。」
「一個也不讓？」有人問我。
「爲什麼要讓？」我反問他。
「這是老規矩，贏了要讓。」
「今天我要立個新規矩，天王老子也不讓！」
「要是輸了呢？」
「輸了我投長江！」我斬釘斷鐵地回答。
於是大家一聲不響地散開，開始練球。
法國球隊也隨後進場。他們的身材平均沒有黑天鵝高，但比我們高多了，而且結實粗壯。
觀衆很多，球場四周站滿了人。表姐和彩霞站在中線邊上，向我微笑。

看法國隊的射門情形，並不高明，不準，不狠，野球太多。他們的踢法很粗，自己人搶球也亂碰亂撞。我們和不同的法國球隊打過十場球，他們和義大利人一樣，容易衝動，優越感太重，對我們的態度惡劣，我們對他們也沒有好感。

開球幾分鐘之後，我們就試出了他們的實力。速度不高，控球的功夫也差，他們脚上的球往往被我們的球員剷掉，或是攔奪下來。徐天祿帶着球能一連閃過他們三四人，再傳給我。

我接到球後，右手向前一揮，說聲「快上」，於是四鋒並進，我閃過二門，把球撥給劉向，劉向在球門前四五碼處，扯起一脚，勁射入網，清脆漂亮。觀衆熱烈鼓掌。

他們發球，又被我躍起用胸脯接住，徐天祿疾衝十幾碼，我長傳給他，他一直帶球衝到門口，做了一個假動作，守門員中計衝出，他一撥入網，先後兩個球，不到兩分鐘，法國水兵像鬼摸了頭，都瞪着眼睛望着我們這個前鋒。

他們再發球時小心謹慎，三角短傳，好不容易帶進腹地，又被我們的二門大脚勾消。他們後方空虛，我們如入無人之境，左鋒把球帶到底線，他們的二門趕過去，左鋒反身一脚，把球傳到正中，我不待球落地，凌空一脚，清脆入網，辟辟拍拍的掌聲響個不停。彩霞摟着表姐，高興得雙脚直跳。

他們連輸三個球，動了肝火，故意撞人，把球往我們身上踢，膽小的同學不敢從他們脚下搶球，他們佔了十分鐘的攻勢，兩次射門，一次越網而過，一次被我們的守門員抱個正着。

上半場終了，三比〇。

易地再戰，我們一陣快攻，又一連射進兩隻球。法國水兵更粗野，黃老師傳話給我：「多盤少射。」我知道他要「放水」，法國水兵又猛撞我一下，差點把我撞倒，我一氣，大聲地說：「快攻！」

四鋒如飛，人隨球進。以後我決定不打這種窩囊球，今天可要痛快地 beat 法國水兵一下。

劉向脚上的球被對方二門剷掉，徐天祿又從法國水兵脚上摳到球，摳得很漂亮，大家鼓掌。他帶着球蹦蹦跳跳，腿上彷彿裝了彈簧，兩脚把皮球盤得滴溜溜地轉，彷彿有根線兒把皮球吊在脚上。他左衝右閃，一直把球帶到腹地。一個法國水兵像滑滑板一樣，雙脚一剷，球沒有搶到，徐天祿從他身上跳過去。這種打法很危險，我們決不採用。

那個法國水兵爬起來，在他屁股後面追趕，他帶着球往旁邊一閃，法國水兵衝了過去，再回身來搶時，徐天祿扯起一脚，球應聲入網。那個法國水兵惱羞成怒，揚起毛茸茸的拳頭要打徐天祿。徐天祿往我身邊跑，躲在我的背後，那水兵像踢球一樣，朝我小腹一脚踢來。觀衆驚叫一聲，我就地一滾，他一脚落空，再衝上來。我順勢掃他一脚，他跌出一丈多遠，身高體重，跌得不輕。我剛爬起來，四五個法國水兵圍着我打，我打倒兩個，但他們的人越來越多，我們的同學却嚇得抱頭鼠竄。

以後的事我不大清楚，只覺得身上像擂鼓，有人把我搬上搬下。等我睜開眼睛時，正躺在醫院的手術台上，一身骨頭好像散開了，肌肉彷彿釘了千萬顆釘子，痛得難受。

穿着白制服的醫生護士圍在我的旁邊，我認識「費洋人」，他是美國人，是這個教會醫院的院長，和我們學校的關係很深，時常到我們學校去。老百姓都把他當作活菩薩。因爲他的醫術高明，醫德尤其好。當面叫他費醫生，背後叫他「費洋人」，這表示尊敬親切，沒有一點敵意。他帶着兩個中國醫生，替我檢查診斷，敷藥，包紮，打針。他們說我左邊肋骨受傷最重。

表姐和彩霞站在手術室門外，我一推出手術室，她們就趕過來握住我的手，含着兩眶眼淚，一句話也沒有講。黃老師和徐天祿他們也圍攏來，幫助護士把我推進病房，抬到床上。

黄老師講了一些安慰我的話，同學們有點抱歉，沒有幫助我打架。他們很坦白說打不過法國水兵，同時也怕闖禍。

「打球我不怕他們，打架我不是他們的對手。」徐天祿說。

「不要再談打架的事，」黄老師阻止他們：「讓宴郁心安靜地休養。」

「黄老師，以後我再也不打球了。」我說。

他望望我，半天沒作聲，最後又安慰我：

「你的傷三兩個禮拜就會好的，反正今年不會再有球賽，明年春暖花開，你又是生龍活虎了。」

「黄老師，好了我也不再打球。說眞話，我不想再受洋氣。」

「你們不聽我的話，要是讓他們一兩個球，也許不會發生這種事。」

「黄老師，那算什麼比賽？」我反問他。

「以前還不是讓了？」他向我一笑。

「因爲以前讓洋人太多，所以這次我不想再讓。」我生氣地說。

「好，我們不談這些，」他向我陪個笑臉。「你安心養傷，醫藥費我向校長商量，想個辦法。明天我再來看你。」

他帶着同學們退出病房，走到門口又回頭對表姐和彩霞說：

「偏勞妳們兩位。」

表姐向他點點頭，欠欠身子。他穿着運動裝的健壯的背影，隨即消失，走廊的水泥地上響起雜遝的脚步聲。

「郁心，我沒有想到會打架，眞嚇死人！」表姐坐在床沿，握着我的手說：「現在好些沒有？」

「一身撓痛。」我說。

彩霞痴痴呆呆望着我，沒有作聲。突然望望表姐自責地說：

「姐，我眞不該敲舅母的竹槓，想吃紅燒肘兒糖醋鱖魚。」

表姐噗哧一笑，我的笑聲剛爆發出來，肋骨的痛楚又把笑逼住，却痛出兩顆眼淚。彩霞從脅下抽出手絹，替我輕輕揩掉。她自己的眼淚却像珍珠似的滾了出來。

第九章 [illegible]

醫院的飯菜不合我的胃口，就像那天在密斯花家中吃的麵包夾生蕃茄生包心菜一樣淡而無味。表姐叫彩霞陪我，她回去吃飯，同時送點飯菜過來給我們吃。

本來我是想好好地贏一場球，出出當選校隊以來和洋人比賽的一口惡氣，然後退出，專心讀書。這一受傷，最少十天半月不能上課，想到這裏我十分着急，反而忘記了一身痛楚。

「彩霞，這次我眞會留級了。」她的功課一直很好，這一來我更羨慕。

「表哥，這是什麼節骨眼兒？」她向我一笑：「養傷第一，你還記掛功課？」

「要是妳畢業時我畢業不了，我怎麼有臉見人？」我們從小學開始就是同級，功課不相上下。上中學以後，我因爲打球、練拳、學戲，功課就趕不上她，但年年升級，還落個表面光。這一曠課，畢業是凶多吉少，尤其是數學，新來的王老師教法特別，他不主張塡鴨子，常常出些課外的習題，考試時也要另外出一兩題，他要我們自己多用心思，不要靠老師和書本。他的課只要一個禮拜不上，準考鴨蛋，以後也跟不上，我怎麼不急？

「其實多讀一年也沒有關係，你又沒有七老八十。」她安慰我：「你們球隊的同學，不留級倒是稀罕事兒。」

這倒是眞的，有一位同學初中讀了五年，高中讀了六年，讀到二十三歲，還是不能畢業，他自己也不好意思再讀，去年離開學校，由黃老師介紹他去唸體專。現在球隊的這些同學，一半以上是留級生，因爲一有空他們就在球場練球，禮拜天也很少例外。

「我要是留級，娘會把我看成臭狗屎！」母親是個愛面子的人，雖然只有我這麼一個獨子，可是她並不溺愛，決不准我做丟人的事。

彩霞輕輕一笑，翻翻眼皮說：

「那我陪你多讀一年好了。」

「天下那有這種事？」

「這叫做陪着公子趕考。」她粲然一笑，又勸我安心養傷，不要想這些事。

表姐和父親母親一道來。她手上提着五大層洋瓷盒子的飯菜。父親眼睛看不清楚，他只能伸手摸摸我。母親不是一個感情脆弱的人，她不哭哭啼啼，很鎮靜地看看我的傷勢，沒有責備我一句。

「還好，不像傳說的那麼厲害。」她對父親說。

父親這才放心下來。叫我以後不要打球，免得吃洋人的虧。我把我的意思告訴他，他點點頭。母親亦莊亦諧地說：

「看樣子你練的三脚貓兒還有點兒效，不然洋人會把你打成柿餅。」

表姐和彩霞都嗤的一笑。彩霞已經把飯盒子打開，表姐扶我坐起來，我又感到一身痠痛。

飯菜足夠我和彩霞兩人吃，有紅辣椒炒牛肉絲，煎蛋，煎鯽魚，十分可口。

「我許的願要兌現，」母親在旁邊看着我吃。「明天的菜是紅燒豬肘兒和糖醋鱖魚。」

「舅母，就是紅燒豬肘兒和糖醋鱖魚害得表哥挨打。」彩霞笑着說。

「那倒不見得，」母親搖搖頭：「我想他是好勝，多贏了法國人幾個球。」

「娘，妳眞是諸葛亮，未卜先知。」母親一語破的，我不能不佩服她。

「我從小把你盤大，你的心眼兒我還不淸楚？」母親笑着說。
「舅母，那我猜錯了？」彩霞笑着接嘴。
「嗯，妳還夠猜哩！」母親看着彩霞和我一道吃飯，眉開眼笑。
表姐好笑，彩霞的臉緋紅。
他們在我床邊坐了很久，九點多鐘才一道回去。
第二天淸早，彩霞就帶着葱油餅和烤紅薯來看我，這是我們常吃的早點。
他的眼皮有點浮腫，似乎是睡眠不足。
「妳昨天開了夜車？」我問。
「沒有。」她搖搖頭。
「那妳的眼皮怎麼腫了？」
「眞的？」她笑着揉揉眼皮：「我倒不覺得呢。表哥，你睡得怎樣？」
「昨天太累，睡的很好。」我說。每次賽球後，晚上都睡的特別甜，昨夜還痛醒了一次，但很快又睡着了。
「昨夜我沒有睡好。」她輕輕地說。
「爲什麼？」
「我夢見你被洋人打成柿餅，駭得不安神。」
「哭了沒有？」我笑着問她。
「表哥，人家替妳躭心，你倒尋人家開胃。」她微微白我一眼。

「要是眞的打成柿餅，那倒白送了一條性命。」我忽然覺得那不像和自己人打架一樣，外國老百姓我們都不敢動一根毛，何況兵艦上的水兵？我眞的被他們打死了，還打得起官司告得起狀？

「表哥，說眞的，昨天你有點懵！怎麼能和法國水兵打架？」

「人逼懸樑，狗逼跳牆。要不是我躱得快，不早被他一腳踢死？」

「只怪我們是弱門。」她自怨自艾地說。

她的聲音很輕，輕得幾乎聽不見。

她替我倒好了漱口水，洗臉水，又匆匆地趕上學。

十二點多鐘，表姐替我送飯來。使我感到意外高興的是，好多天不見的大哥，和表姐一道來了，他手上提了一小簍南豐橘子。

他顯得更瘦，更長，臉色灰黯。我笑着問他：「大哥，什麼風把你吹來的？」

「老王，本來早晨就該來看你，可是怎樣也爬不起來。」他笑着把橘子放在我的床頭邊。

「你昨天晚上回家了？」我問。

他點點頭。表姐似乎很愉快。

「老王，幸好是你，」他打量我一會，笑嘻嘻地說：「要是我，洋人一拳就要我翹辮子。」

「虧你也是個男子漢大丈夫！」表姐嗤的一笑：「還有臉說這種話？」

「哥兒倆說話，還怕丟人？」大哥望望表姐說：「說不定老王練過金鐘罩，鐵布衫？」

「大哥，你別聽胡扯！」我笑着對他說：「我不過會幾手三腳貓兒，那有那種火候。」

「老王，別說我，就是換了別人，吃了這頓拳脚，不死也會脫層皮。」

「大哥，我挨了一頓好打，你還尋我開心！」

他笑着解開饅饔，遞了幾個橘子給我。這種橘子小而甜，無子，據說從前是進貢的，現在一般人也捨不得買，大哥能買幾斤這種橘子送我，這份情義倒也不輕。

「郁心，吃了飯再吃橘子。」表姐已經替我把飯菜擺在床邊的几子上，又扶我坐起來。

母親眞的沒有食言，蹄膀燒成醬色，糖醋鱖魚的肉有寸把厚，這是酒席上的一道名菜，我們江裏湖裏出得多，並不稀罕，大哥說在別的地方眞的當龍肉鳳肝。

「郁心，這兩樣菜你應該感謝兩個人。」表姐笑着對我說。

「那兩個？」

「一是舅母，這是她親手做的。」

「二呢？」

「二是彩丫頭。」表姐粲然一笑：「要不是她刁鑽古怪，舅母不會無故添菜的。」

「表姐，還有一個。」

「誰？」她一楞。

「多謝妳替我送來。」

「郁心，難怪彩丫頭歡喜你。」表姐眉開眼笑：「昨天晚上她沒有睡好覺，今天中午這兩樣菜她又捨不得吃，還不都是爲了你？」

「老三，你挨這頓打也値得。」大哥突然插嘴。

表姐笑着白了他一眼，我也好笑，把大拇指和小指一翹，放在嘴上比比：

「大哥，你是不是抽足了這個？」

他笑而不答，拋了一個剝了皮的南豐橘子進嘴裏。

我吃完飯，表姐又替我收拾好盌筷。我過意不去，要她以後不要自己送來，叫何媽送來就行了。

她笑瞇瞇地回答：

「你是鐵打的身體，沒有三病兩痛。平時表姐沒有機會服侍你，這是千載一時的機會。有朝一日，你拍拍翅膀飛了，表姐捧着豬頭還找不到廟門呢？」

表姐的話實在感人。我希望我們這種生活永遠不變，我怎麼捨得離開她，離開家庭呢？

「表姐，妳放心，我不會離開妳們。縱然有人請我當皇帝，我也不會去呢！」

「現在這種時局，一切難說的很，疤總有一天要穿頭的。」表姐悠悠地說。

「老三，希望你快點復原，出來看看我的紅鬃烈馬。」大哥說。

「大哥，你要登台？」我高興地問。

「最近我要票一次，」他笑着回答：「王寶釧一人到底。」

「大哥，你吃得消？」

「到時候多抽兩口。」他壓低聲音說。

「大哥，我一定捧場，說不定我請密斯花一道去看。」

他問我密斯花是誰？我告訴他。他問：

「她懂京戲嗎？」

「我在她面前獻過醜，她說『枉得福』。」我把那天在她家的情形告訴他。

「好，我送她一張票，到時候我一定卯上。」大哥高興地說：「讓洋人見識見識我們的國粹，我才不佩服西洋歌劇。」

「你是癩痢頭的兒子自己的好。」表姐笑着接腔。

「京戲可不是我創的，這是多少代人的智慧心血，豈同電影文明戲？」大哥紅着臉，額上暴出青筋：「縱然洋槍大炮我們不如人家，在這方面豈可妄自菲薄？」

表姐看大哥咬文嚼字，那麼認眞，望着我一笑，又轉向他說：

「我看你是當局者迷！」

「我不是科班出身，不靠戲吃飯。」大哥說：「世界上倒眞沒有任何東西能這樣使我入迷。我也唸過一點西洋戲劇，可就是沒有味兒，迷不住我。胡琴一響，我就靈魂兒上天，老三，你說對不對？」

我笑着點頭，我也有這種感覺。

「好，你們兩兄弟一拉一唱，京戲萬歲。」表姐笑着插嘴。

這一席話比吃藥打針還有效，我一點也不覺得痛了。

直到黃老師和幾位同學來看我，他們才離開。

我同黃老師談到曠課留級的問題，他有點爲難，抱怨其他的老師不肯和他合作，通融通融。

「球踢得好是學校的面子，又不是我一個人的。但體育課的時間太少，你們不額外練習怎麼行？可是考試起來你們就考不過別人，我講情也沒有用。別的老師都把我當作粗人，這樣體育怎麼搞得好？像你這樣的球員是沙裏淘金，你要是留級我自然抱歉，你不踢球，那是學校的損失，不是那一個人的。」

想不到黃老師也有一本難唸的經，向我訴起苦來，這倒使我不好再談這個問題了。

他們站了一會就走，同學們要趕去上課。我不能上課，心裏不是味兒，護士小姐又忙，不能陪我聊天，只好睡覺。這一睡就睡到天黑，直到彩霞送飯來，才把我叫醒。

「睡這一覺比吃紅燒豬肘兒還夠味。」我笑着回答。平時下午第一堂課總打瞌睡，可就沒有機會好好睡一覺，剛才這一覺睡得特別舒服。

彩霞輕輕一笑，指指我的眼角說：

「看你還像三歲小毛頭一樣，眼角睡出兩粒麻雀糞來。」

我想找洗臉手巾揩揩，她却從脅下抽出雪白的小手絹遞給我。我聞着一股花露水的香味，不忍糟蹋，笑着對她說：

「這麼香噴噴的手帕兒，粘上麻雀糞，那眞罪過。」

「別秀才先生酸溜溜的，髒了我不會洗？」

我在眼角上抹了兩下，她接過手絹，挿在藍士林布制服的脅下紐扣上。

我端起杯子裏的冷水漱漱口，吐進床頭的痰盂裏，然後開始吃飯，我已經能自己坐起來。

下午的菜是一條大鱖魚和炸菜炒肉絲。鱖魚又肥又嫩，在長江所有的魚中，我最喜歡吃的還是鯿魚。牠比鱖魚鮮，鯿魚雖鮮，却有點羶。

彩霞坐在床邊看我吃飯，我隨手在籐簍裏摸了一把橘子塞在她的手上，她看了一眼，笑着問我：

「表哥，這是誰送你的稀罕物兒？」

「大哥。」

「他倒捨己。」

這種橘子一塊大洋五斤，和肉一般價錢，五斤橘子要抵兩斗糙米，也只有大哥這種公子哥兒捨得。

「這才叫做兄弟。」我說。又輕輕地問她：「他昨天晚上回家沒有？」

「兩點多才回來，姐姐還像接聖駕一樣呢！」彩霞微微嘟起嘴，那樣子是三分淘氣，七分可愛。

「大哥娶了表姐，不知道是幾世修來的？」我眞羨慕大哥的福氣，表姐這種新思想舊道德的女性，也只有姑爹那種世家，和姑姑那位翰林的女兒才培養得出來。

「還不是祖先的餘蔭？大表哥是享現成的福，他修了什麼？」

「我們也不要看輕大哥，他今天和我談的一番話，倒有斤兩。」

「大表哥還發什麼高論？」彩霞有點奇怪。

大哥平時除了抽大烟、唱戲、養鳥、鬥蟋蟀之外，從不高談濶論。因此有些親戚街坊，認爲他的書是白唸了，白花花的袁大頭是白花了，還有不少人在背後罵他是敗子。彩霞可能也受了一點兒影響。

我把大哥的那番話說給她聽，她也有點動容。

「也許他有道理？可是誰聽他那一套。」

「因此只好我們兩人捧捧他的場，他登台的那天，妳一定要去。」

「看白戲我自然去。」她刁鑽地一笑。

「我還要請密斯花去，妳也帮着翻譯翻譯。」

「我們兩個臭皮匠，那有資格作這種翻譯？」她自嘲地說。

「比她瞪眼看靑天總好些。」

她點頭同意。

我吃完飯，她連忙把盌筷收好。她和表姐作得一樣好，動作更快，表姐始終是從從容容，和風細雨。

幾個南豐橘子本來我可以一口氣吃完，但想留點給彩霞吃，同時一個人住在醫院裏也太無聊，只好細水長流。飯後自然要吃幾隻。這種甜而無子的小橘子，比我們校園裏那種大花旗橘子好吃得多。那麼大的校園，什麼果樹都有，就是沒有南豐橘子樹，寧可從加利福尼亞把樹苗運來栽種。

吃着，吃着，捨不得放手停嘴，我一口氣吃了十幾個，剩下的不多，我從彩霞脅下扯下手絹，把橘子包好，要她帶回去吃。

「大表哥是買給你的，我怎麼能分肥？」她不肯接受。

「我一個人吃了也不長肉，妳要是不好意思帶回去吃，就在這兒吃掉好了。」

「你嘴饞得很，我看你還沒有吃足，不如在這兒吃完算了，免得大表哥和姐姐笑話。」她又把手絹解開把橘子攤在床上，先剝了一個給我。

「飯後吃南豐橘子，神仙也不想做。」我說。

「我就知道你嘴饞，」她望着我一笑：「還獻假殷勤？」

「饞歸饞，我可是捧着猪頭進廟門。」

「還不是和大表哥一様，說的好聽？」

我懶得和她分辯，她口才好得很。全縣中學生演講比賽，她得過第一名。我除了在球場上算得一「脚」之外，嘴巴不是她的對手。

她坐到九點鐘還不肯走，我怕躭擱她自修，影響她的成績，因此對她說：

「妳再不回去做功課，明天會考個大鴨蛋。」

「我誠心陪着公子趕考。」她笑着回答。

我臉上一陣熱。自己要是眞的留級，只好認了；如果再拖着她留級，那眞該打三百板屁股。我囑咐她明天給我帶書來，準備自己啃，同時催她回去。她望着我不想走，我故意唬她：

「妳再不回去，大哥表姐眞會笑話了。」

她一驚而起，提着飯盒一步一回頭，最後頭一低，碎步跑出去。

第十章　教師爺挖碑成輸　老姑媽妙語如珠

我住在醫院裏很不方便，天天要表姐和彩霞送飯也不好意思。我是傷不是病，住了幾天好多了，只要按時吃藥，好好地休養就行，其他表面損傷大致都好了，只是左邊肋骨還痛，也不是一天兩天能好。我想起尚武國術館沈壽人老師跌打損傷膏藥很有效，但是住在醫院裏不便貼他的膏藥，回去以後就可以找他。再則一個人住在醫院裏也太寂寞，表姐中午送飯來和我談一會；彩霞晚上送飯來陪我一下，我怕誤了她的自修，不敢多談；母親三寸金蓮，我不要她來；護士小姐忙上忙下，我即使想和她窮聊，她也沒有這種雅興。看書看不進，病人的不斷呻吟，使我無法安心。

住了五天，我就帶着醫生的三天藥出院。

這是禮拜天下午，表姐和彩霞來接我。她們攙着我走到醫院門口，黃包車已經等在那裏，我要她們先陪我到尚武國術館去一下，於是三部黃包車魚貫出發。

國術館設在王氏宗祠裏面，圍牆內有一個青石板地的大場子，祠堂裏也有一個能容納十來個人練武的廳堂。沈老師夫婦兩人和一個獨生女兒就住在祠堂的廂房裏面。

沈老師是北方人，他歡喜我們這個地方，就在這兒落了籍，三十歲時才娶了王家的姑娘，接着在王家祠堂開了尚武國術館。

據說當時他在這兒開國術館並不容易。有幾位名武師想砸他的招牌，曾先後來「請教」過。第一位是姓馬的，是個回子，原來也是外鄉人，在城裏開了個清眞館子，兼賣牛肉，晚上收些市井之徒，傳授武藝。他看沈老師公然打起招牌開國術館，怕搶了他的生意，決心給沈老師一個下馬威。他眼睛長在頭頂上，單人匹馬走進來，找沈老師講話。他是大塊頭，殺牛的，樣子十分威武。看沈老師不過中等身材，面貌淸瘦，像個書生，心裏十分輕視。伸手和沈老師一握，就想把沈老師的手骨揑碎，沒想到兩隻手一搭上，姓馬的就面青面紫，額上冒出黃豆大的汗珠，那麼高的大塊頭，身子慢慢矮下去，終於雙脚一跪。沈老師雙手把他扶起，陪着笑臉說：

「馬師傅，請坐，請坐。」

姓馬的屁都不敢放，夾起尾巴溜走，沈老師哈哈大笑，對新婚的師母說：

「我過州過府，還沒有遇見過這樣的大草包。」

第二次是江北姓嚴的兩兄弟專程過江來「請教」。江北嚴家是有名的武把子世家，連長工丫頭都會幾手，這兩兄弟的祖父是前淸的武擧人，不是等閒之輩。

「沈舘長，今天我們兩兄弟過江來是特爲請敎的。」

沈老師早巳打聽出江北嚴家的底細，不敢怠慢，更不願意得罪他們，一再謙遜地說：

「兄弟設舘授徒，不過是爲了餬口，多請兩位包涵。兄弟在振興舘子接風，請兩位喝杯水酒，決不敢在兩位面前獻醜。」

嚴家兩弟兄以爲他眞是銀樣蠟槍頭，堅持要「領敎幾手」。沈老師無奈，只得對他們說：

「我們練武的最忌出手，萬一有失，非死卽傷。兩位如果一定要指敎，院子裏有靑磚，請兩位先露幾手給兄弟見識見識，然後我再獻醜，這樣才不傷和氣。」

兩兄弟同意，沈老師叫徒弟搬來二十塊靑磚，嚴老二要徒弟把五塊靑磚疊起，然後他把袖子一挽，揚起手像刀一樣直斬下去，五塊靑磚從頂到底斷爲兩半。

「好硬的功夫！」沈老師馬上拱手抱拳，向他道賀：「兄弟佩服得很。」

嚴老二得意非凡，要沈老師試試。沈老師謙讓，請嚴老大先試，嚴老二馬上接嘴：

「家兄和我是一個師父傳下來的，路數一樣，功夫也是半斤八兩。我們學武的不是酸秀才，你請吧！」

沈老師叫徒弟疊上六塊青磚，然後雙手抱拳，向他們兄弟兩人一拱：

「恕我獻醜，包涵包涵。」

於是他屏聲靜氣走過去，伸手往青磚上一按，看不出用了什麼力氣，六塊青磚也原封未動，不見一點損傷。兩兄弟看了大笑起來。

「兩位先別見笑，請拿起磚頭看看。」沈老師笑着對他們說。

嚴老大走過去伸手一拿，磚頭拿不起來，却抓了一手粉末，他大驚失色，望了沈老師一眼，又伸手一拂，從上到下，都是粉末，連磚頭底下的青石板，也四分五裂。

兩兄弟互相望了一眼，臉上一紅，雙手一拱，一揖到地，老大慚愧地說：

「我們兩兄弟這才知道人外有人，天外有天。請館長恕我們有眼不識泰山。」

「剛才獻醜，兩位兄台不要見笑。」沈老師抱拳還禮。客氣地說：「現在請賞兄弟一個薄面，去老振興喝杯水酒。」

兩兄弟喜出望外，老大爽快地說：

「好，我們兩兄弟今天就叨擾館長幾杯，改天再回敬館長一席。」

從此以後，沈老師的大名傳開了，沒有人再來砸他的招牌，他平平安安地教了二十多年國術。現在五十出頭了。

祠堂的廳堂裏兩旁的木架上，插滿了刀、槍、劍、戟十八般兵器。表姐和彩霞是初次來到這裏，望了一眼，微微一怔。

沈老師穿着長袍大掛，在院子裏散步。我向他行了一個禮，他笑着點點頭。他望了表姐和彩霞一眼，我連忙向他介紹。他笑着說：

「好，都不是外人。」

他打量了我一會，突然笑起來，笑得我摸不着頭腦。他摸摸下巴說：

「想不到你還是銀樣蠟槍頭，被洋人打成這個樣子！」

「老師，你知道了？」

「你丟了我這麼大的人，我怎麼不知道？」他笑着回答。

「老師，他們人多圍着我打。」

「我平時教你的幾記殺手，你怎麼不使出來？」他望着我說：「對自己人不可毛手毛腳，對强橫霸道的洋人就不必客氣。」

「老師，我也打倒了他們兩個，只怪我的火候不夠。」

他這才點點頭，表姐接着說：

「沈館長，洋人實在太蠻，他們一窩蜂圍上來，表弟雙拳難敵四手。」

「他的同學呢？」沈老師問。

「他們更不是洋人的對手，都駭得東逃西散。」

「孬種！孬種！」沈老師搖搖頭：「可惜我不會踢足球，不然我倒要替你們出這口氣。」

沈老師曾經在江邊打過抱不平，打過幾個外國水兵。

彩霞聽了好笑，表姐對他說：

「沈舘長，我表弟的肋骨傷得不輕，現在還沒有好，想請你看看。」

「怎麼不早來？」他望着我說。

「當時表弟被洋人打暈了，學校把他送到醫院去的。」表姐向他解釋。

「好，隨我來。」他向我們說，領先走進家裏。

他招待表姐和彩霞坐下，她女兒連忙倒茶。他要我把上衣脫下，把綳帶紗布解開，看看我受傷的肋骨，用指頭按按，說聲「傷得不輕」，隨即拿出一瓶高粱，倒了一兩多在洋瓷缸裏，放在炭火旁邊煨熱，把指頭在酒裏蘸蘸，立刻替我推拿起來。

他一推，肋骨又痛的厲害，我咬緊牙關，不哼一聲，因爲他最瞧不起怕痛流淚的男人。

他推拿了十多分鐘，貼上一張特大的膏藥，替我把綳帶綁好，又拿了一張大膏藥送我，在我背上一拍：

「貼完這兩張膏藥，包好。」

我聽了十分高興，表姐和彩霞相視一笑。表姐問沈老師：

「沈舘長，我們應該怎樣謝你？」

沈老師望望表姐，笑着回答：

「少奶奶，要是別人，我要他一百塊大洋。他是我的徒弟，免了。」

表姐知道他不肯要錢，一再多謝。我們告辭，他送到門口，亦莊亦諧地說：

「我眞不該收你這個草包徒弟，下次可不能在洋人面前丟我的人。」

我紅着臉鞠躬而退。

國術館離我們家不遠，經沈老師推拿之後，又貼上膏藥，比原先好多了，走路也不覺得痠痛。表姐要叫車子，我要她們陪我走回去。

「表哥，你要是有你這位教師爺一樣的本事，那天就不會吃那個大虧。」彩霞望望我說。

「那我會把那些法國水兵打得落花流水。」

「郁心，沈館長的本事到底有多大？」表姐問我。

「我們拿鐵條打他的腦殼、肋骨，鐵條打彎了，他一點也不在乎。法國水兵的球鞋，那不是替他抓癢。」我說。

「表哥，你別胡吹，他眞有那麼大的本事？」彩霞半信半疑地說。

「那還假得了？我們五六個學了兩三年的徒弟，向他圍攻，他在我們中間穿來穿去，讓我們自己撞蘿蔔，我們近不了他的身，怎麼打他？」

「表哥，你能不能學到他那種地步？」

「這一輩子別想。」

「爲什麼？」

「我一天打漁，三天晒網，他從五六歲開始，三更燈火五更鷄，大雪天也打赤膊練，幾十年如一日，妳以爲好容易？」

「哎喲我的天！」彩霞嘆口大氣：「那比我們十載寒窗辛苦多了。」

表姐聽了好笑，望着彩霞說：

「彩丫頭，你們一派公子小姐味兒，辛苦什麼？」

「我們那有大哥舒服？」彩霞笑着回答：「我看他皇帝也不想做。」

「皇帝也要早朝，他才不想坐金鑾殿呢！」表姐笑嘻嘻地說。

我們邊走邊談，不知不覺走到了家。

姑姑聞聲走出，好幾個月不見，我又驚又喜，走上前去低頭彎腰問她：

「姑，妳什麼時候來的？」

「我上午就來了，一心等你回家，你怎麼還不知道？」姑姑奇怪地問我。

彩霞在我背後吃吃地笑。我轉身望望她和表姐，笑問：

「表姐，妳們怎麼瞞着不讓我知道？」

「表哥，讓你驚喜一下還不好？」彩霞接嘴：「娘還帶了兩隻老母雞來。」

我高興得說不出話來，表姐站在旁邊抿着嘴微笑，姑姑笑着搖頭：

「這麼大的人了，還在淘氣！」

「娘，有妳這塊大天牌，我們總是小毛頭。」彩霞笑着說。

姑姑的兩鬢又添了幾莖白髮，不過臉色紅潤，還不出老，精神也好，說話的聲音還是那麼清脆響亮。我打量她，覺得彩霞越長越像她。

「妳不認識姑姑了？怎麼這麼傻頭傻腦的望我？」姑姑笑着罵我。

「姑，我看妳又多了兩根白頭髮。」我故意扯野話。

「姑坐五望六了，還能返老還童不成？」姑姑慨嘆地說。

「娘，我替妳拔掉。」彩霞走過去，伸手想拔姑姑鬢邊的白髮。

「娘怕痛，不想再充少年。」姑姑捉住彩霞的手：「反正妳爹也老掉了牙，我不怕他變心。」

表姐和我都大笑起來。彩霞伏在姑姑的肩上，笑得花枝顫抖。姑姑自己却一點不笑。

「娘，妳一來就笑壞了人！」彩霞搖了她兩下，搖得姑姑東倒西歪。

「彩丫頭，看樣子妳又長了幾斤力氣。」姑姑望望她說：「舅舅舅母沒有刻薄妳。」

「娘，她在這裏是天上的星，誰敢刻薄她？」表姐笑着接腔。

「唉，我只顧跟妳們兩姊妹胡扯，冷落了郁心，他一定會說我偏心。」姑姑突然把話題一轉，又逗得我們發笑。

她把我牽到表哥的書房，自己坐在黑漆嵌木圓椅上，要我站在她面前，仔細打量我，突然一笑：

「早知道你還是這麼生龍活虎，我眞不該帶兩隻老母鷄來。」

表姐和彩霞又大笑起來，我也好笑，彩霞頂着姑姑說：

「娘，妳也不怕丟人？兩隻老母鷄算什麼？妳還好意思後悔的！」

「娘是鷄販子（註），妳表哥平安無事，白白地吃我兩隻生蛋的老母鷄，娘自然心痛。」姑姑笑着回答。

「娘，表哥是吉人天相。妳要是當時在場，看見表哥被洋人打得死去活來，妳不哭才怪！」彩霞說。

「妳哭了沒有?」姑姑笑着問她。

她滿臉紅雲，往姑姑身上一撲，一連叫了幾聲「娘」！姑姑樂得大笑。隨後又問我傷在什麼地方?要我讓她看看。我說剛貼了一張大膏藥，不礙事，過幾天就會好的。

「弱國無外交，你何必跟洋人踢什麼球?」姑姑說。

「學校要和洋人比賽，出出鋒頭，我們還能不踢?」我說。

「爲了一隻球搶來搶去，搶得打架，多沒有意思!」

「娘，妳眞外行!」彩霞笑着接嘴：「那是比賽，不是搶球，贏了才有面子。」

「郁心贏了球，結果挨了一頓好打，又有什麼面子?」

彩霞答不上話，表姐和我也無話可說。

母親和伯母走了進來。伯母很少離開她的房間，特地出來看看我。她頭髮灰白，容顏蒼老，項下掛着一串黑得發亮的唸珠，那串珠子比我的年齡還大，每一粒珠子她每天都要捻過無數次，一年三百六十五天，她捻了二十年。

姑姑馬上起來讓伯母坐，伯母不坐，她摸摸我的頭說：

「祖上有德，觀音菩薩保佑，我每天替你兩兄弟唸經，請觀音娘娘給你們添福添壽。」

「多謝大媽。」我說。

她站着和姑姑談了幾句，又回到她自己的房間。

「大娘也眞可憐，守了一二十年的寡，郁文要是再不爭氣，她眞是白守了。」伯母走後，姑姑忽然感慨地說。

提起大哥，我們都不敢作聲。姑姑來到現在，還不見大哥的影子，禁不住問表姐：

「郁文那裏去了？」

我以爲表姐一定要向姑姑訴苦，想不到她却輕描淡寫地說：

「這兩天他的戲癮發了，正忙着彩排吊嗓子。」

彩霞望了我一眼，搖搖頭，輕輕嘆口氣。

註：「雞販子」意即小器鬼。

第十一章　妙姑媽旁敲側擊　裝瘋子作賊心虛

姑姑在娘家住了兩天，日夜不見侄兒兼女婿的影子。表姐雖一再替大哥掩飾，但姑姑是何等聰明的人，表姐還能翻過她的手掌心？因此她以審問的口氣問我：

「郁心，你說實話，你大哥到底在外面搞什麼鬼？」

自然我不能說實話，因爲我知道姑姑的性格。平時她對表姐、彩霞和我們兩兄弟十分隨和，有說有笑，有時爲了使我們高興，還裝老天眞。可是誰犯了錯，她一定要教訓一頓。像大哥偷賣字畫玉盤，和筱慧芳窮泡，如果告訴了她，她很可能動家法。幸好我住了幾天醫院，我便以此作擋箭牌。

「姑，妳知道我剛從醫院出來，幾天前他和表姐去看過我一次，說要票戲，此外我和妳一樣，什麼也不知道。」

對於我的謊話，她似乎相信；但對於大哥夜不歸家，還是不諒解。她盯着我說：

「票戲也要吃飯睡覺，他白天既不回家吃飯，晚上又不回來睡覺，難道他票成了野猢猻？」

「姑，我又不是大哥，妳怎麼把我當犯人審？」我故意愁眉苦臉。

彩霞嗤的一笑，姑姑也好笑。但她馬上臉色一整，盯着彩霞說：

「彩丫頭，郁心住醫院，妳該沒有住醫院吧？大表哥的事妳該知道。」

彩霞望望表姐，表姐以目示意，要她不要講。她肚子裏頭打官司，停了一會才說：

「娘，妳這又問道於盲了！我這麼大的人，還好意思跟大表哥亂闖亂撞？他去得的地方我也去得？縱然他要搞什麼鬼名堂，還會讓我知道？不怕我打小報告？」

彩霞的話比我的趣冠冕堂皇，她這份刁鑽，我們沒有一個人趕得上。

可是姑姑反而起了疑心。她望望彩霞又望望我，彷彿要看透我們的心肝，她從鼻子裏哼了一聲，問：

「你們是不是串通了瞞我？」

「娘，大表哥的事與我何干？我們何必串通瞞妳？」彩霞高聲說。

「彩丫頭，我知道妳小猴兒嘴强。」姑姑又好氣又好笑。「娘耳不聾，眼不瞎，你們誰也別想瞞我。要是我查出來你們蛇鼠一窩，看我剝不剝你們的皮？」

姑姑這幾句話很有斤兩，彩霞不敢再逞嘴逞强，她望望我，又望望表姐，姑姑對她說：

「彩丫頭，妳不要打無線電。你們不說，我自己去查，我打算在娘家住三年六個月，我總要查個水落石出。」

姑姑使出了殺手鐧，我們誰也擋不住，外人也要買她姑奶奶三分賬，她要認眞查起來，三天兩天就會現底。

「娘，你審我和表哥有什麼用？」彩霞望着姑姑說，語氣輕柔得多。「大表哥的事，照理姐姐比我們淸楚。」

「彩丫頭，妳自己抵不住，又往我身上推！」表姐笑着罵她。

「姐，這年頭各人自掃門前雪，休管他人瓦上霜。」彩霞笑着回答：「大表哥的事我們管不着。」

「彩丫頭，娘下了金牌令，千斤擔子妳也不能讓我一個人挑。」表姐分明是向彩霞求援。

「妳們這兩個綉花枕頭！」姑姑指着表姐和彩霞笑罵：「兩個人四隻眼睛，還能讓郁文在妳們面前做手脚？」

表姐和彩霞被姑姑罵的哭笑不得，姑姑又以命令的口氣說：

「妳們今天一定要把郁文找回來，讓我當面盤問他。」

「娘，他是花脚貓，妳叫我那裏去找？」表姐故意苦笑，更顯得楚楚可憐。

「九江不是上海，妳挨家挨戶也可以把他找出來。」姑姑說。

「娘，妳說夢話。」彩霞笑着接嘴：「像三馬路那種鬼地方，我和姐姐也去得？」

姑姑被彩霞問住了。表姐高興地一笑。彩霞得意地望了我一眼。姑姑楞了一會，又把眼光移到我的身上，慢吞吞地說：

「郁心，你是男子漢，妳替她們兩個綉花枕頭打頭陣，把你大哥找回來。」

表姐和彩霞都好笑，我覺得這種差事真不好幹，猛抓頭皮，不好作聲，姑姑笑着罵我：

「你頭上生了蝨？」

彩霞嗤的一笑。我又拿傷來作擋箭牌：

「姑，我的傷還沒有好，不能走路。」

「剛才我還看見你蹦蹦跳跳，怎麼現在路都不能走了？」姑姑白了我一眼。

表姐和彩霞都笑了起來。我也好笑，覺得自己太不聰明，謊話被姑姑當面揭穿，要是彩霞，決不會當面出洋相。

「郁心，我點破你。」姑姑指着我說：「養兵千日，用在一朝，姑姑疼了你這麼多年，連這點小事兒也不能做，那兩隻老母鷄也是白吃的？」

表姐彩霞大笑起來，我也忍不住笑。姑姑既然說出這種話，我還好意思再推？只好對她說：

「姑，吃人的嘴軟，我吃了妳兩隻老母鷄，只好替妳跑趟路。是表姐同我去？還是彩霞同我去？請妳吩咐。」

「娘，我懦弱無用，還是請彩霞同郁心一道去好。」表姐說。

「姐，妳的太極拳打得好，眞會推！」彩霞白了表姐一眼。「妳自己看不住大表哥，害得我替妳跑腿！」

「他是男子漢，大丈夫，我總不能把他繫在褲腰帶兒上？」表姐笑着回答。「看妳將來怎樣看住郁心吧？」

我想早點交差，拔脚就走。彩霞啐了表姐一口，腰一扭，跟着我出來。姑姑大聲地傳過話來：

「我告訴你們，別想揑着鼻子哄嘴巴；找不到郁文，就別回來見我。」

「嗨！娘眞厲害！」一走出門口，彩霞就笑着搖頭。隨後又憤慨地說：「讓娘訓他一頓也好！他風流浪蕩，把姐姐丟在一邊，實在太不像話。」

「我們不能告訴大哥，說姑姑要罵他，不然他不會回來。」

「誰會那麼笨？」彩霞望着我一笑：「哄死了人不償命，騙也要把他騙回來，不然我們交不了差。」

我猜想大哥多半在花園飯店，和「春秋票房」。花園飯店近，又是順路，因此我們決定先去那邊。

走到花園飯店門口，我要彩霞和我一道進去找大哥，彩霞不肯。

「人言可畏。我和你一道進旅館，難免沒有人捕風捉影，我在外面等你好了。」

我沒有想到這些嫌疑，她的心思實在細密。

她站在人行道上一棵樹下等候，我獨自進去。

花園飯店我也常來，茶房知道我是少老板程雲鵬的同學，又是足球隊長，因此對我十分客氣。我問筱戀芳住在那個房間？他笑而不答，把我拉在一邊，故作神秘地說：

「你是不是找大少爺？」

我點點頭，他笑着說：

「三少爺，你該不是來捉姦吧？」

「我不管大哥的閒事，姑姑要我來找他回去。」我說。

他帶我走了幾步，向面湖的一個偏僻漂亮的房間一指：

「三少爺，就是那個三十二號房間，你自己去，我不便打擾他們。」

這是一家高級旅館，沒有一般飯舖客棧那種嘈雜，安安靜靜，環境又好。一走近窗口，我就聞到一股大烟香，對於這種氣味，我的鼻子特別靈敏。我從關着的窗縫，向裏面瞄了一眼，大哥和筱戀芳正面對面地橫躺在床上。床上擺着一個紅漆金邊的托盤，托盤上放着烟燈和繪着山水襯着金邊的小茶壺。他們的頭枕在疊成長條的龍鳳被面上的長枕頭上，一條大俄國毛毯蓋在他們兩人的腿上，筱戀芳正在替大哥燒烟，她的手指比表姐的還纖秀，眞的十指尖尖，有點像古畫中仕女的纖手。左手的無名指上戴着一顆鑽石戒指，閃閃發亮。大哥一面和她談話，一面用手指打着拍子，彷彿是在琢磨唱腔。

筱慧芳突然停止燒烟，嘴裏輕輕地哼着，大哥在她手背上一拍，點頭一笑。

我在窗外輕輕咳嗽一聲，筱慧芳連忙把烟燈吹熄，準備收攤子。我大聲叫了一聲「大哥」。大哥聽出是我的聲音，向筱慧芳一笑，掀開腿上的毛毯，翻身下床，向窗口問了一聲：

「是老王吧？」

我應了一聲「是」，他迅速地走過來開門，我走了進去，他隨手把門一關。筱慧芳坐了起來，向我笑臉相迎，珠走玉盤地說：

「[illegible]，您好。」

「謝謝您，筱老板。」我向她微微一鞠躬。「我是外甥打燈籠，照『舅』。」

「[illegible]，以後別這麼客氣，叫我一聲大姐好了。」她笑盈盈地說：「聽說你踢球受了傷是不是？」

「筱老板，豈止受傷，差點兒送了性命。」我說。

「洋人眞可惡，仗勢凌人。」筱慧芳說。

她指指床沿叫我坐，大哥又往床上一躺，笑着對我說：

「老王，剛才我和慧芳琢磨『坐宮』的唱腔，我把梅老板的唱詞改動了兩個字，你聽聽看好不好？」

「改動了那兩個字？」我問。

「我把『莫不是思故土意馬心猿』，這一句的『故土』改爲『骨肉』，這樣更合情理，你以爲如何？」

我想了一下，點點頭。大哥對筱慧芳說：

「慧芳，請妳哼給老三聽聽。」

筱慧芳拿起小茶壺，抿了一口，輕輕地哼起搖板，「骨肉」兩個字她咬得十分淸楚，聽起來不像「故土」那麼含糊，而且合情合理。我輕輕鼓掌，筱慧芳十分高興，拉着我說：

「駙馬，來，我們接唱一段快板。」

她的盛意難却，我也有好多天沒有開口，何況能和她對唱幾句，也是難得的榮譽。我笑着點頭。

「駙馬，您請。」她把右手纖纖的食指向上一挑。

我咳嗽兩聲，淸淸嗓子，先來一句道白「公主呀！」接着唱：

「我和妳好夫妻恩愛不淺，賢公主又何必禮義太謙。楊延輝有一日愁眉得展，誓不忘賢公主恩重如山。」

她接着唱：

「講什麼夫妻情恩愛不淺，咱爲你隔南北千里姻緣，因何故終日裏愁眉不展，有什麼心腹事你只管明言。」

我們對啃到「你對蒼天也表一番」爲止，大哥馬上鼓掌，筱慧芳向我一笑：

「駙馬，你眞是一塊上好的鬚生料。」

「筱老板，妳太誇獎。」我嘴上謙虛，心裏着實高興。

「慧芳，那天妳陪他在台上亮一亮？」大哥抓住機會說。

「好！」筱慧芳向大哥點點頭，又對我說：「駙馬，你先練練身段，到了那個節骨眼兒，我一定奉陪。」

「衩老板，謝謝妳的美意，再要唱戲，我準留級。」我說。

唱戲練身段台步，也頂耗時間。票友在台下往往認爲滾瓜爛熱，一上台看見台下黑鴉鴉的人頭，心一慌，連詞兒也會忘記，站在台上眞是寸步難移，變成了僵屍。我那有許多時間玩這玩藝？

「你用不着吃開口飯，還是功課要緊。」她笑着點頭：「要是像你大哥一樣清閒，玩兒票倒也使得。」

「老三，今天什麼風把你吹來的？」大哥這才問我。

他這一問，我脚一頓，駡了自己一句「該死！」我竟把姑姑要我來找他的重責大任，忘到九霄雲外去了！

「大哥，你跟我回去一下。」我說。

「什麼事？」大哥連忙坐起。

「姑姑來了。」

「什麼時候來的？」

「前天。」

他楞了一下，然後對衩慧芳說：

「慧芳，我和老三回去一趟。」

衩慧芳點點頭。

大哥下床，衩慧芳把我們送到房門口，清脆地說了聲「再見。」

「老夫，姑姑罵我沒有？」走了幾步，大哥輕輕地問我。他是聰明人，反應很快。

「沒有，她只想看看你。」我只好穩住他，生怕他不跟我同去。

彩霞等了很久，在槐樹底下不耐煩地走來走去。一看見我和大哥，就似笑非笑地對我說：

「表哥，怎麼你們兩兄弟都是見了姐姐就忘了妹妹的賈寶玉？」

她的話使我啼笑皆非，一句話也回答不出。大哥搭訕地說：

「彩霞，我不知道妳也來了，妳怎麼不進去？」

「大表哥，我何必進去做蠟燭？」她沒有好氣地回答。

大哥尷尬地一笑。

我們經過一家水果店門口，大哥望了幾眼，摸摸口袋，走了進去，買了五斤南豐橘子。

「大表哥，你買南豐橘子送誰？」彩霞明知故問。

「請姑姑嚐嚐新。」

「難得你一片孝心。」彩霞說。

「姑姑兼丈母娘，自然要格外孝敬。」大哥自我解嘲。

彩霞望了我一眼，對大哥刁鑽地說：

「大表哥，我看你是做賊心虛。」

大哥怔怔地望着她，尷尬地一笑：

「彩霞，大表哥在外面規規矩矩，守身如玉，妳千萬不能亂開玩笑？」

彩霞噗哧一笑，我不禁大笑起來，大哥臉上更加尷尬，彩霞看他那副樣子，有點幸災樂禍。

「大表哥，明人面前不說暗話，虧你好意思撒謊？」

大哥抓抓頭皮，向彩霞滿臉堆笑，低聲下氣地說：

「彩霞，就算大表哥有點兒男人的小毛病，等會在姑姑面前也拜托妳方圓幾句，千萬不能火上加油。」

「你不做虧心事，堂堂正正，何必要我方圓？」彩霞又將他的軍。

「彩霞，說眞的，人非聖賢，孰能無過？子見南子，子路尚且不悅，我和筱慧芳琢磨琢磨，姑姑一定誤會。妳和郁心是第三者，一言九鼎，因此我不能不特別拜托。」

「大表哥，娘不反對你票戲。」彩霞有板有眼地說：「她想不透的是怎麼票得夜不歸家？半夜三更，你票給誰看？」

大哥被她問得臉紅脖子粗，我忍不住笑，他又轉而求我：

「老土，我們是手足，你可不能鎖江樓（註）上看翻船？」

「大哥，姑姑疑惑我們蛇鼠一窩，恐怕我也幫不上腔？」

「老土，你該沒有挖我的牆脚吧？」大哥緊張起來，我知道他是耽心玉盤和字畫的事，怕我撤了他的底。

「大哥，你放心，我要是挖了你的牆脚，嘴上長疔。」我回答。

他像吃了顆定心丸，頭一昂，神氣起來。彩霞打量我們一眼，望着我說：

「你們打什麼啞謎？」

大哥得意地看了她一眼。彩霞鼻子裏哼一聲，錚錚地說：

「大表哥，別神氣！你以爲我眞不知道你葫蘆裏賣什麼藥？」

「妳知道什麼？」大哥笑嘻嘻地問她。

「匡盧被褙店裏的『獨釣寒江雪』是那兒來的？」彩霞反問他。

大哥面如死灰，像黃鼠狼吸了血，楞頭楞腦地望着彩霞，隨後又望望我，以爲是我告訴彩霞的。

彩霞馬上點破他：

「大表哥，你不要疑神疑鬼。若要人不知，除非己莫爲。裴翰林家誰又是糊塗虫？你自己心裏也放明白一點。」

彩霞的話擲地有聲，大哥像泥巴菩薩見了水，不成一尊。他愁眉苦臉地望着我，可憐巴巴地說：

「老三，我不回去了，拜託你把這簍橘子帶給姑姑。」

他把橘簍交給我，我不肯接。他往地上一放，就想溜走，我一把扭住他，向彩霞遞個臉色。彩霞看他像一枝曬軟了的蠟燭，抿嘴一笑，露出一個小酒窩，又斂聲對大哥說：

「大表哥，你要我少吃四兩猪肉都行，可別以爲我不認識秤！告訴你，你賣畫兒的事娘不知道，你放心回去好了。」

大哥用手帕揩揩青筋暴露的額角，吁了一口氣，望着彩霞一笑：

「彩丫頭，妳把大表哥當猴兒耍？」

「誰教你把姐姐當糯米團兒揉？」彩霞眉尾一挑，嘴角微微一翹，蹦出這句話兒。

「老三，我眞替你耽心！」大哥望望我，拖聲曳氣地說。

「你別狗咬耗子！」彩霞馬上堵住他。

他笑着搖搖頭，走在前面，提着橘簍有點兒吃力，我接了過來。

一走過邊門，彩霞便大聲對姑姑說：

「娘，我們不辱使命，大表哥遠回來了，看妳怎樣發落吧？」

大哥連忙從我手裏接過橘簍，向姑姑面前一揚，親親熱熱地叫了一聲：

「姑，妳來了。」

「嗯，我來了三天了！」姑姑上下打量他一眼說：「你的架子可眞不小，要郁心和彩霞接駕，你才回來。」

「姑，恕我失迎。」大哥謙卑地回答，把橘簍往姑姑面前一放：「請吃幾個南豐橘子嚐嚐新。」

「你別想買通我！」姑姑白了他一眼：「姑姑不是來吃橘子的。」

大哥哭笑不得，彩霞嗤嗤地笑，表姐同情地望着他。

「你坐下來！」姑姑指指書桌旁邊的椅子對他說：「我想問你幾句話。」

大哥把長袍微微提起，規規矩矩地坐下。

「你夜不歸家，到底有什麼貴幹？」姑姑捧着白銅水烟袋，正襟危坐。表姐站在她的後面，像是護駕。

大哥被姑姑這種氣勢鎮住，望望我和彩霞，像要求援。我也不敢作聲，彩霞却抿着嘴笑。大哥只好硬着頭皮回答：

「姑，我正在排『紅鬃烈馬』，剛好在刀口上，忙得不可開交。」

「難道你不眠不休，一天二十四小時都在排『紅鬃烈馬』？」

大哥抓抓頭皮，望了表姐一眼，胡謅起來：

「姑，說真的，我晝夜顛倒，吃睡都沒有定時。」

「你為誰賣命？一個月拿多少包銀？」姑姑冷峻地問。

彩霞嗤的一笑，大哥臉紅，半天才說：

「姑，這是為了興趣。」

「為了興趣，就不要家室？」姑姑用手向後指指表姐：「你在外面風流浪蕩，要她在家裏守活寡？」

大哥詞窮理屈，低着頭不敢作聲。彩霞心裏高興，滿面光彩。表姐同情他，替他打個圓場：

「你就向娘認個錯唷！娘又不會殺你一刀！」

大哥彷彿得了啓示，連忙站起來，把長袍袖子向下一抖，彷彿在戲台上抖水袖，然後雙膝一跪，向姑姑拜了幾拜，伸直腰說。

「姑，請妳海量包涵，以後我照常回家就是。」

姑姑適可而止，不再追問。可是卻把我和彩霞扣住：

「你們兩人聽清楚了沒有？這是他親口講的話。以後要是他再浪蕩不歸，我不但不會饒他，你們兩人也逃不脫干係！」

「娘，妳怎麼娶媳婦帶姨子，賣豬肉搭蹄子？把我和表哥都拉上！」彩霞笑着抗議。

「不給你們一道緊箍咒，你們不是蛇鼠一窩，就是各人自掃門前雪，妳姐姐還是會被他打入冷宮。」姑姑說。

「姑，妳不要多心，沒有那回事。」大哥站了起來，坐回原處。

「這是我親眼看見，你還想巧辯？」姑姑白大哥一眼：「以後我說不定三朝兩日來娘家走走，你小心再犯在我手裏！」

大哥望着姑姑苦笑。表姐解開篋簍，抓了一把南豐橘子往姑姑衣兜裏一放，笑着解圍：

「娘，妳吃幾個橘子嚐嚐，他對妳總是一片孝心。」

「妳倒會作好人！」姑姑望望表姐又好氣又好笑：「恐怕他不領妳這個情。」

「娘，黑處作揖，各憑良心。管他領不領情？」表姐笑着回答，瞄了大哥一眼。

大哥有點兒慚愧，不敢望表姐。

我和彩霞幫着姑姑吃橘子。彩霞替姑姑剝橘子皮，姑姑仔細打量她，忽然展眉一笑：

「幸好兩粒胡椒有一粒辣，妳的事兒將來用不着娘操心。」

彩霞連忙把一顆剝好的橘子往姑姑嘴裏一塞，姑姑再也作不得聲，彩霞卻笑着說：

「娘，妳少說話，多養養神！」

我和表姐大笑，表姐扶着椅背笑彎了腰。大哥也好笑。姑姑笑也笑不出來。

晚飯後，大哥坐臥不安，想出去又不敢，急得像熱鍋上的螞蟻，在書房走進走出。姑姑不時盯他一眼，表姐看了好笑，彩霞有點幸災樂禍。大哥不時望望我，像要求援。

終於他覷着了一個機會，輕輕地對我說：

「老弟，你去告訴慧芳一下，說我晚上不能來。」

我不知道他和筱慧芳有什麼約定？有什麼重要事情？沒有機會問他。他要我傳這麼一句話，我不能不去。我藉口說去國術館請沈老師推拿一下，再討一兩張膏藥，要出去一會。姑姑不疑有他，表姐隨口問了一句：

「郁心，你的肋骨還沒有好？」

「大概傷得太重，偶爾還有一點痛，我想再推拿一下。」我說。其實我的肋骨已經好了，用手按按都不痛。那張膏藥貼下之後，當天晚上睡一覺，第二天早晨就好像沒有受過傷。

我繞了一條彎路拐到花園飯店，淩慧芳剛吃過飯，正在房裏練習台步，一步三搖。她穿着紫色緞面旗袍，裏面吊着白羊毛，上身套着花團錦簇的滾着金邊的短襖，短襖領上又鑲着白狐毛。脚上穿着薄底黑緞面的綉花鞋。她身材窈窕，不走台步也搖曳生風，走起台步來更像凌波仙子。她看見我馬上停步粲然一笑：

「藍少，有什麼事兒嗎？」

「淩老板，我特爲來傳一句話：大哥今天晚上不能來。」

她哦了一聲，兩眉微微一鎖，隨後又展顏一笑，像在戲台上那麼善於表情。

「藍少，你知道什麼事兒絆住了他的脚？」她細聲細氣問我，我聞到一股脂粉和香水的特別香味。這種香味在表姐身上聞不到，表姐不用香水。

「姑姑很久不上街來，要大哥陪陪她。」我信口回答。

「您姑姑喜不喜歡看戲？我請她。」她爽朗地說。

「謝謝妳，姑姑還沒有想到看戲。」我說：「要是她心血來潮，我和大哥會陪她來看妳的拿手好戲。」

「王少，您眞會說話！」她故意誇獎我，隨後兩隻葡萄般的眼睛眨了幾下，輕輕地問我：「聽說您大嫂是您表姐是不是？」

我點點頭。

「聽說她很賢慧？」

「表姐知書識禮。」

她聽了似乎很高興，笑着對我說：

「您表姐要是有空，也請她賞光。」

戲院派人來接她，她從衣架上取下紅披風，抱歉地對我說：

「對不起，王少，快上戲了，我不能夠多陪您談談。」

「上戲是正事，妳請便。」我向她告辭。

「您同我一道去好不好？」她笑盈盈地說：「今天是春秋配。」

「謝謝妳，我要趕回去做功課。」

她和我一道走到花園飯店門口，一輛鋼圈鋼絲發亮，把手鑲着銅頭，裝着喇叭，坐墊雪白的漂亮的黃包車，停在人行道邊等她。她從從容容地踏了上去，坐定之後回頭對我說：

「[illegible]謝謝您傳話。請您提醒您大哥一下，後天晚上他上紅鬃烈馬。」

車夫拖着黃包車急跑，喇叭按得啵啵響，行人連忙讓路，我只望見她一頭烏黑的秀髮，白毛衣領和紅色的披肩。

我在瑟瑟的晚風中呆立了一會。如果我是大哥，在表姐和筱慧芳之間，我也不知道如何是好？

註：「鎮江樓」在九江岳師門下，實塔廟宇臨江而建，其勢峻險。長江由此分爲南北流，水流亦較「黃鶴樓」江面湍急，覆舟多在此處江面。其下爲長江中的大洲張家洲，江水至湖口始再合流。據云天氣晴朗時登「鎮江樓」實塔，可遙望武漢三鎮。

第十二章 姑媽設易扮女裝

美人看紅鬃烈馬

由於大哥挽留姑姑看他的「紅鬃烈馬」，姑姑只好多住兩天。

我帶着大哥送密斯花的戲票上學。我曠了上十天課，對於學校的環境既親切，又有點陌生的感覺。水泥路邊上的長青樹，剪得整整齊齊，剛好有我的腰高。銀杏已經落光了葉子，扁柏還是那麼青葱，大楓樹還像英雄般地拱衞着第一球場。我記得西邊球門右前方七八碼處是我被法國水兵打暈的地方。現在球場一片寧靜，草上舖着濃霜，彷彿洒上一層銀粉，早晨的陽光照在上面閃閃發亮，比夏天晶瑩的露珠更加可愛，像沒有發生過任何事情一樣。我嘴裏呼出白氣，手指頭凍得有點兒僵硬。

同學們又高興又驚奇地望着我，和我聊天。很多人認爲我沒有打死，已經稀奇，好得這麼快，更出乎他們的意料之外。

在路上我碰見密斯花，她看見我十分高興，笑得很甜很美。她也去[illegible]醫院看過我，發覺我又和平常一樣，連說了幾聲「枉得福」。

我掏出戲票交給她，請她晚上去看中國歌劇，說我們的位子在一塊，她高興得很。

我問她要不要我去接？她笑着回答：

「不要，我曉得。」

她的中國話學得很快，女傭也是她的老師，只是講得慢，聲音生硬，和她說英語那麼流利、輕柔、動聽，剛好相反。

因爲她住的地方離我家遠，要是我吃了晚飯再去接她，時間來不及。我對她說我和彩霞在戲院門口等她，她點點頭。

隨後她又問我和彩霞是什麼關係？我告訴她是cousin，洋人對於cousin 這類字的觀念太籠統，我費了一番唇舌，她才弄清楚我們是姑表兄妹。她又說「枉得福」。

她對彩霞的印象很好，她認為我們中國女孩子特別美麗，文靜優雅，尤其是彩霞。她說她們美國女孩子太野，連她都看不慣。

「妳要是看見我晚霞表姐，妳會覺得她更文靜優雅。」我對她說，

她又問晚霞和我是什麼關係，我告訴她晚霞是彩霞的姐姐，也是我的大嫂，她又笑着說「枉得福」，她特別歡喜用wonderful這個字。

她的皮膚很白，在美國女人當中算是細琢細磨的精品，但比起表姐和彩霞來還有點粗製濫造的感覺。她的皮膚沒有她們兩人細膩，言談舉止更沒有她們兩人的含蓄蘊藉。彩霞雖然不像表姐那麼古典，但她即使發脾氣罵人也看不出一分潑，一份野，而是威中有媚。不過密斯花比蔡老師是文雅細緻多了。蔡老師手肘以下盡是黃茸茸的汗毛，毛孔又粗又大，說話也是大聲太氣，她的個子比一般中國男老師還高，體重有兩百多磅，腰有一般中國男人三四個粗，我不太喜歡她就是因為她不像個女人。

密斯花的鼻子被清晨的冷空氣凍得通紅，她嘴裏也不停地呼出熱氣，我們並肩行走，熱氣在空中相遇，像屋頂上兩道炊烟纏在一起。她一看見這種情形自然而然地又說「枉得福」。她好像有音樂家和詩人的氣質，她不但梵阿林拉得好，也歡喜在課堂裏唸莎士比亞的詩，她對「羅密歐與朱麗葉」佩服得五體投地。

「中國歌劇有沒有「羅密歐與朱麗葉」這類的戲？」她忽然問我。

我看過「羅密歐與朱麗葉」的中文譯本，那是彩霞買的。京戲裏多的是公子小姐私訂終身之類的故事，「紅鬃烈馬」就是一齣遭家庭反對的婚姻悲喜劇。不過大哥今天不演「彩樓配」、「三擊掌」，是從「別窰」開始「大登殿」結束，和「羅密歐與朱麗葉」的情節不一樣，結局也不相同。據我的同班同學熊佛東告訴我，他哥哥就以翻譯的全本「王寶釧」紅遍了英國哩！

「今天請妳看的就是這類的戲，不過情節結局不同。」我說。

「眞有那麼好？」她有點不相信。

「妳要是完全看得懂，聽得懂，才能比較好壞。」我說。

「紅鬃烈馬」這齣戲，故事曲折感人，唱腔有原板、搖板、散板、倒板、流水，……既好看又好聽。莎士比亞是英國人，熊佛東的哥哥能以這齣中國戲紅遍英國，就可以證明它的故事情節不在「羅密歐與朱麗葉」之下，如果英國人懂得我們的唱腔，那更會入迷。

「我到中國來已經發現了不少奇妙的東西。」她笑着說：「可惜我不是賽珍珠，不是生在中國。你們有五千年歷史，我要留心學習。」

我們邊走邊談，走得很慢，就擱了不少時間。還沒有走到石階，上課鈴就響了。她在樓下上課，我要上二樓上國文課，我們只好分手。

國文課是我最不就心的課，老貢生教我們的比這深得多，我不懂的地方表姐也能解釋清楚，我的作文雖然比不上彩霞，在班上還是頂兒尖兒的，有時還能賣弄幾句四六句兒。雖然有點酸氣，那些沒有唸過古書的同學，都敬我三尺。

數學課却要我的命，十來天不上課，簡直摸不到邊。我借了同學的筆記簿，準備在家裏照抄照做，看有沒有辦法補救？

這天下午的最後一堂課又是體育，有些不喜歡體育的同學，在管體育簽到簿的同學那裏劃了一個到，就三三兩兩偷偷溜回家去，這是老法子。我因爲決心不再打球，傷勢又是剛好，向黃老師講了一聲，便大搖大擺地走開。在球場上練球的那些同學，看我不參加練習，也顯得無精打彩，連上衣都懶得脫。

好久沒有從大門出進，我想從大門散步回去。這一向我很少活動，既未踢球，也未打拳，散散步活動活動筋骨也是好的。

剛出校門，就碰見彩霞。她挾着一大包書，和王秀英一道，邊走邊談，悠閒得很。看見我就笑着打招呼。

「怎麼妳也沒有課？」我問她。

「有一堂體育課，」她笑着回答：「弄得一身髒兮兮的怎麼去看戲？」

「密斯特婁，聽說你傷得很重，怎麼就好了？」王秀英問我。

「密斯王，妳不希望我好是不是？」我反問她。

她嗤的一笑，責怪我說：

「你怎麼硬給人家戴帽子？誰說我不希望你好？」

我不好再開玩笑，女孩子逗不起，雖然是高中學生，一不對勁還會淌貓尿。再則彩霞又挺在身邊，她說過我和大哥見了姐姐就忘了妹妹，要是和王秀英講多了話，又怕她不高興。男人很不好作。

王秀英看她兩句話就堵住了我的嘴，望望彩霞得意地一笑。我們和她分手時，彩霞對她說：

「對不起，我和表哥走這邊回去。」

「哼，有了表哥就不要同學了？」王秀英故意在鼻子裏哼了一聲。

「該死！妳說什麼渾話？」彩霞笑着罵她。

她格格笑地跑了。

女生都有點瘋瘋癲癲，好起來好得結壳，下午放學回家往往妳送我，我送妳，送來送去，在路上兜圈子；壞起來在路上碰見了誰也不理誰，把頭望着旁邊，裝作沒有看見。王秀英對彩霞是不是這個樣子？我不敢說，但她不願意和彩霞分開似乎是眞的，她們本來還可以走一段路，在另一個路口分手，但我選擇了這條近路，彩霞自然跟我走。

彩霞問我怎麼不上體育課？我說我決定不再打球，正好藉着這個機會裝下去。

「表哥，你眞的下了決心？」她望着我說。

「君子一言，快馬一鞭。我說了不打球就不打球。」我說。

「你這眞是狗兒斬尾巴。」她輕輕一笑。

「我不想再挨洋人的打。」江裏兵艦的大砲，可以打到我們的球場，聽說那次我挨打之後，有些老師氣憤不平，要校長提出抗議，校長大事化小，小事化無，結果我白吃了一頓苦頭。

隨後她問我吃了晚飯要不要去接密斯花？我說只要在戲院門口等，不必去接。

姑姑看我和彩霞雙雙回來，眉開眼笑地問：

「你們是不是逃學？怎麼回得這麼早？」

「娘，妳說的話眞教人好笑！」彩霞接嘴：「我們這麼大的人了，還好意思逃學？」

「本來嘛！鄉下人像你們這麼大，已經圓房生兒子了。」姑姑笑着打趣：「還會揹書包上學？」

彩霞臉一紅，挾着書包跑回自己的房間。

大哥不在家，姑姑放他的特別假，讓他去排戲，免得砸在台上。

吃過晚飯，姑姑、母親、表姐、彩霞和我五個人，坐着黃包車去長江戲院，伯母從不看戲趕熱鬧，她古井不波，一心向佛。父親看不見，不去。平時是由我或彩霞放唱片給他聽。

長江戲院越唱越旺，街上貼了紅紅綠綠的海報，用墨筆何體寫着「紅鬃烈馬」四個大字，還特別註明「倚紅館主」的王寶釧，筱慧芳的代戰公主。「倚紅館主」是大哥票戲的藝名，筱慧芳演代戰公主，作他的配角，眞算捧他。

不少黃包車向戲院那個方向奔跑，走路去的也三三兩兩談談笑笑，大概是談着戲碼和「倚紅館主」是婁翰林的孫兒之類的話。筱慧芳的捧場，更抬高了大哥的身份。

到達戲院，我和彩霞陪姑姑母親她們進去，一方面安頓她們坐，一方面看看密斯花來了沒有？

捧大哥的人不少，「春秋票房」的朋友不但自己來看，還代銷了二百多張票子，都是前五排的好位子，大哥一個錢不要，還送了文武場的紅包，請琴師和當家鬚生金[illegible]吃了酒席。

我們的位子在第二排中間。密斯花沒有來，我和彩霞照顧姑姑母親坐下之後，就把她們兩人交給表姐，連忙趕到戲院門口接密斯花。

看戲的人陸續進場，男人多是長袍大褂，有的圍着圍巾，有的戴着絨帽；女的旗袍大衣，有的圍着貂皮圍巾，有的捧着熱水袋。

密斯花坐着黃包車來，看見我和彩霞在門口等她，高興得很。彩霞代她付了車錢，她說了幾聲謝謝，挽着彩霞進去。

院子裏已經黑鴉鴉一片人頭，賣了一個滿座。密斯花是唯一的洋人，又生得嬌小玲瓏，大家都望着她，本來洋人在我們這地方是司空見慣，不足爲奇，洋人看京戲倒是少有，因此大家覺得新鮮。

彩霞介紹她和姑姑、母親、表姐認識，她點頭爲禮，她知道中國老年女人不慣握手。她特別打量表姐幾眼，輕輕地對我稱讚了表姐幾句，她一連用了 pretty，nice，wonderfnl 這幾個形容詞。

爲了解釋方便，讓她坐在彩霞和我之間。母親和姑姑不算外行，又有表姐坐在她們中間，隨時可以說明，表姐對於歷史方面的知識，比我和彩霞强多了，她已經看完了二十四史，演義之類的小說那更不在話下，她坐在家裏不爲考試看書，更有心得。

開台戲是「南天門」，是兩位硬裏子唱的，這種戲碼一點也不含糊。

「紅鬃烈馬」先上場的是「平貴別窰」，省了彩樓配，三擊掌等幾折，我和彩霞特別把故事的原委解釋了一番，作了一個交代，免得密斯花摸不着頭腦。

當家鬚生[illegible]，肯演別窰的薛平貴，對大哥也算捧場。他一出場亮相，就有人鼓掌。

大哥一出場，一批特別來捧場的觀衆，馬上劈劈拍拍鼓掌。他的扮相很好，只是個子高了一點，姑姑和母親看了瞇瞇笑，表姐更是喜在心裏，笑在臉上。彩霞指着台上的大哥用英語對密斯花說：「那是我大表哥，也是我姐夫。」

密斯花大爲驚奇，特別打量大哥一眼，問他是不是職業演員？彩霞對她解釋說完全是爲了興趣，業餘貼錢玩票，她又說「枉得福」。

大哥身上的戲自然趕不上筱慧芳，可是並非羊毛，一舉一動，完全是梅派路子。

別窰裏的青衣唱腔只有「聽一言……」的西皮倒板和流水「平郎夫……」等比較精彩，和分別時拉拉扯扯的身段比較好看，這幾處都有人鼓掌。

「武家坡」就精彩了，金繼灝的西皮倒板「一馬離了西涼界……」就贏得一個滿堂彩。

平貴別窰時沒有鬍子，一轉眼之間就長了鬍子，密斯花問是怎麼回事？彩霞說已經過了十八年，密斯花掩着嘴笑了起來。

大哥唱西皮倒板「鄰居大嫂一聲喚」，接唱慢板「武家坡前來了王氏寶釧……」，唱得細膩、甜潤，梅腔幾可亂眞，得了一個滿堂彩。姑姑笑出了眼淚。表姐抿着嘴笑。彩霞忘情地鼓掌。密斯花望着我點頭微笑，她也聽出這段唱腔夠味，她說大哥的音色好，音量寬。平貴調戲王寶釧，大哥水袖一抖，裝作生氣的樣子，她也看得懂，發出會心的微笑。姑姑笑着說：

「虧他男子漢大丈夫，做得眞像！」

「大表哥就只有這點兒本事。」彩霞笑着接腔。

以後的二簧以及罵平貴的快板「……買白布，作白衫，買紙錢，作白幡……」，咬字淸楚，唱得輕俏，都得了彩聲。

薛平貴下跪賠禮時，密斯花又會心地一笑。

大登殿是「紅鬃烈馬」的高潮，熱鬧緊湊，大哥盛裝出場亮相，就得到彩聲，他的寶釧和筱慧芳的代戰公主，眞是紅花綠葉，筱慧芳的靈活和大哥的雍容，相得益彰。

姑姑不知道大哥夜不歸家，是因爲筱慧芳的緣故。筱慧芳不但台風好，演公主的扮相比台下更漂亮，姑姑還向表姐稱讚她。表姐也跟着說好。

這場戲密斯花看得很滿意，散場時她要我和彩霞陪她到後台向大哥道謝致賀，表姐先同姑姑和母親回家。

我們到後台時大哥已經取下了頭上的鳳冠，正在卸裝，看我和彩霞帶着密斯花來到後台，有點兒驚喜。他能和密斯花直接交談，密斯花表示了謝意，祝賀他演出成功。

筱慧芳不會英語，我們三個臭皮匠替她翻譯，密斯花握着她的手捨不得放，一再打量她，誇獎她演得好，人長得漂亮，又抬起她纖纖的白嫩的手，說了兩聲「枉得福」。

密斯花告辭時，我悄悄地問大哥：

「回不回去？」

他瞄了彩霞一眼，又望望筱慧芳，輕輕地說：

「我等一會兒。」

觀衆已經走光了，黃包車也很少，我們在大街上找到一部，讓密斯花先坐回去。

我和彩霞邊走邊談，寒風吹在身上很冷，但我們的興趣還很高。彩霞學着大哥的「武家坡來了王氏寶釧……」的一段慢板唱腔，她的聲音也很甜潤，但沒有到大哥那種火候，唱不出那種韻味。京戲的唱腔就是講究那麼一點味兒，不是瞎吼胡叫的。

回到家裏，姑姑表姐都沒有睡。姑姑看我們兩人回來，不見大哥，問他怎麼沒有同我們一道回來？彩霞說他等會就來。我故意問姑姑對大哥的戲看法如何？她笑着說：

「好是好。不過男子漢大丈夫，唱那種娘娘腔，走路風擺柳，沒有一點兒鬚眉氣，把你的人都丢了。」

我和彩霞都笑了起來。表姐笑着說：

「娘，他就只做了這件正經事兒，妳再貶他，他眞做不得人了。」

姑姑望望表姐，既讚賞又同情地一笑。

今天是星期六，明天不必上學，姑姑決定明天回去，我們索性陪她談談。

賣糯米花鹽茶鷄蛋的小販又在巷子裏叫喊，表姐替我們一人叫了一盌糯米花，兩個鹽茶鷄蛋。姑姑怕吃了鹽茶鷄蛋睡覺不消化，分給彩霞和我一人一個，她只吃開水冲糯米花。

彩霞說她吃不了許多，又把鷄蛋給我，我索性把兩個鷄蛋一起交給表姐，要她留給大哥吃。

十二點半，大哥還沒有回來，姑姑望望壁上的掛鐘，又望望表姐說：

「郁文怎麼搞的？我還沒有走，他又浪蕩不歸了？」

「娘，妳別性急。」表姐笑着回答：「他只能在我面前耍花招，還敢在妳面前翻筋斗？」

「他不要以爲請我看了一場戲，就可以風流浪蕩，我照樣不會饒他？」姑姑也笑着說。

「娘，大表哥就是想向妳討好賣乖，妳偏偏不領情，以後誰請妳的客？」彩霞望着姑姑說。

「我只有兩個女兒，還有誰想買通我？」姑姑掃了我一眼，又問彩霞：「妳說。」

表姐好笑，彩霞摟着姑姑亂搖：

「娘，妳老糊塗了，又說溜了嘴！」

「娘才不糊塗呢，娘心裏明白得很。」姑姑似笑非笑地望着她說，又向我擠擠眼睛。

彩霞紅着臉，用力搖了姑姑幾下。

姑姑開心地大笑。

一點左右，大哥才回家。他看姑姑還在和我們談話，細聲細氣地問她：

「姑，妳還沒有睡？」

「要是你不回來，我就準備坐一夜。」姑姑望着他說。

大哥一臉的尷尬，接着打了一個呵欠，掉下一滴淸鼻涕。我馬上替他打氣：

「大哥，你今天唱得眞好！」

「老王，聽到你這句話，死在台上我也高興。」大哥笑着回答，又滚出兩顆眼淚。不知道是癮發還是另有感慨？

第十三章　圍爐取暖天倫樂　大雪飄飛人未歸

因爲晚上睡得特別晏，早晨也起得特別遲。

我被父親的咳嗽聲吵醒，他上了年紀，一到冬天早晨就會咳嗽。

太陽已經幾丈高，晒到大門口的石獅子上。城裏不比鄉下，看不到太陽起山。冬天，當它晒在石獅子上時，總在九點左右，平時已經上完第一堂課了。

我用力呼口氣，我的嘴像個煙囪，噴着白煙，瓦上的濃霜還沒有融化，陰處的瓦溝裏像鋪着一層薄雪。麻雀在屋簷上縮着頸子唧唧叫。

我去廚房打水洗臉，彩霞先在廚房，她睡了一覺，臉色更加好看，兩頰微紅，像初熟的蘋果。她端着大洋瓷臉盆，正在鍋裏打熱水，看我走過來，先替我打了兩瓢。

何嫣比平常多買了幾樣菜，其中有一個兩三斤重的大鰱魚頭，預備和豆腐香菇作火鍋。這是一道好菜，鰱魚頭腦髓特別多，炭火沙鍋一燉，其鮮無比。

「中午我要吃五盌飯。」我輕輕地對彩霞說。平常我吃四盌，今天起得晚，沒有吃早點，多吃一盌是順理成章的事。

「表哥，你吃起飯來簡直像個鄉下人。」彩霞搖頭一笑：「姐姐和大表哥兩個人也抵不上你。」

「大哥吃黑飯，表姐太斯文，再加上妳才可以和我拉平。」我說。

「好在你生在魚米之鄉，」彩霞望着我說：「要是生在鬼不生蛋的地方，那會把你餓癟！」

「那我就揹着花鼓走四方。」我說，我們這裏常常有逃荒的男女，打花鼓，唱蓮花落，要錢要飯，渡過飢荒。

「[illegible]少爺，你一清早起來就講笑話。」何媽笑着接嘴：「你男子漢大丈夫，揹着花鼓像什麼樣子？」

我望望彩霞，要是她揹着花鼓，那就更俏。彩霞看我望望她，知道我的意思，笑着走開。

我漱洗完畢，從彩霞房門口經過，看見彩霞正在替姑姑捶背，姑姑叫我進去。

彩霞的房間既是臥房又是書房，乾乾淨淨，不像我的房間是個大狗窩。姑姑每次來都和她一床睡，母女兩人趁這個機會親熱一番。

我自告奮勇地要替姑姑捶背，姑姑笑着搖頭：

「罷了，罷了！姑姑風前燭，瓦上霜，你不要三拳兩拳把我捶死了！」

我和彩霞都笑了起來，彩霞停住笑對姑姑說：

「娘，妳簡直把表哥說成個兇手。」

「他練了三脚貓兒，又會踢球，起手落脚，不知道輕重。那像妳花拳綉腿？」姑姑笑着回答。

「娘，妳一起床就拿我開心，我不捶了。」彩霞扭着身子走開。

何媽送了一小壺茶來，壺是西瓜燈兒樣子的細瓷，上面繪了山水，十分素雅，姑姑接過茶壺抿了一口，又用手絹擦擦壺嘴，遞給我說：

「你嚐嚐看，這是冰糖桂圓水。」

「姑，我身强力壯，用不着喝這種東西。」我把茶壺交給彩霞：「彩霞替妳捶了背，妳應該賞她。」

「她身上一爐火，喝這種東西也不相宜。」

「娘，妳眞偏心，我偏要喝兩口。」彩鸞端起茶壺抿了一口，嗨了一聲，連忙用小手絹擦擦壺嘴，像擦金子一樣仔細，然後雙手捧着茶壺，交給姑姑。

「姑，妳多住幾天不好？何必今天回去？」姑姑已經決定吃過午飯回家，我想留她多住兩天。

「我已經來了好幾天，把你姑爹一個人丢在家裏，誰照顧他？」姑姑說。

「爹又不是三歲兩歲，有長工，有放牛的，還怕沒有人照顧？」彩鸞說。

「老小老小，妳爹越老越像小孩子，吃飯都想我餵。」

彩鸞笑了起來，望着姑姑說：

「娘，妳把爹說得像個棉花糖，其實他走起山路來我還趕不上呢。」

「歲月欺老不欺少，他再英雄也比不上你們向上長的人。妳們兩姊妹和他又會少離多，我怎麼能不給他作作伴兒？」

「娘，那我送妳回去住一夜，陪陪爹。」彩鸞說。

「妳要上學怎麼能陪他？」姑姑望望彩鸞說：「再說，女生外向，妳也不能陪他一輩子。」

表姐走了過來，向姑姑請安，姑姑問大哥起來沒有？表姐回答說他好夢正甜。姑姑輕輕嘆口氣：

「他人倒是個聰明人，就是不歸正。我要回去了，不能替妳看住他，妳自己也拿點兒主意出來啥？」

「娘，江山易改，本性難移，我還能把他殺了不成？」表姐笑着回答。

「娘，她皇帝不急何必急壞了我們太監？姐姐宰相肚裏好撐船，妳管她的！」彩鸞說。

「彩丫頭，現在該妳說風涼話。六親同命，將來看妳的？」表姐打量她說。

姑姑打量了我一會，忽然訓我一句：

「郁心，你千萬不能學你大哥。」

姑姑一認眞講話，我們都不敢回嘴，只能順着她。尤其是大哥的事，抽大烟、票戲、浪蕩、她一樣都不讚成。她曾經埋怨父親不管他，因此，她對我愛歸愛，常常有意無意之間，教訓我幾句，我知道她的心意，表姐也笑過她是司馬昭之心。

彩霞乖巧得很，她一聲不響，故意裝出置身事外的樣子。

吃午飯時，表姐叫了幾次，大哥才起來。姑姑訓了他幾句，說是鄉下人這半天砍了多少柴？耕了幾分田？種了多少地？大哥彷彿金人，三緘其口，偶爾向我苦笑一下。

沙鍋魚頭燉豆腐，也是大哥歡喜吃的菜，因此他吃了一盌半飯，多吃了半盌。我眞的吃了五盌，還像沒有塞飽似的，但是不好意思再吃，只好放下盌筷。姑姑指指我對大哥說：

「你應該像郁心一樣，能吃能跳。」

「姑，米珠薪桂，我們又沒有種田，像老弟那麼能吃，我眞怕餓飯。」大哥解嘲地說。

「只要你能吃，米我倉裏有的是。」姑姑說。她家裏的紅晚米，特別好吃，每年都要打發長工送一兩擔新米來。平時吃的米，也多半是她供應的。我們家除了我是個飯桶外，都只有一盌飯的量，米吃得很少。

飯後姑姑休息了一會，喝了一壺釅茶，我叫來一輛黃包車，讓她坐回家去。姑姑的家在濂溪墓附近，離城裏不過十多里路。

姑姑一走，大哥馬上一身輕鬆，輕輕哼了一句：「丫頭，打坐向前——」

表姐望着他搖頭一笑，彩霞指着他說：

「大表哥，你眞是江山易改，本性難移。」

「彩霞，說良心話，姑在這裏住幾天，我像戴了緊箍兒。」大哥說。

「下次我要娘多住幾天。」彩霞回答。

大哥望着她，作不得聲，隨後向我解嘲地說：

「還是你表姐好。」

表姐望了他一眼，向着我笑，她心裏明白，嘴裏不作聲。彩霞鼻子裏哼了一聲，望着我斂聲說：

「表哥，看樣子我和娘都是惡人？還是姐姐好，兩面光。」

表姐嗤的一笑，拉着彩霞的手說：

「彩丫頭，妳的舌頭眞的像把劍，兩面傷人。」

大哥悄悄地溜回房去，彩霞望了他的背影一眼，笑着對表姐說：

「姐，妳不要冲暈了頭，大表哥才是口蜜腹劍。」

「彩霞，我瞎子吃湯圓，心裏有數。」表姐在彩霞耳邊輕輕地說，擁着她走進去。

下午忽然刮起大北風，天上彤雲密佈，天氣越變越冷。大哥加上了表姐新打的毛線衣，還翻出新長皮袍子穿上，表姐也穿了黑子羔旗袍。彩霞和我只在制服裏面加了一件毛線衣。

晚飯後，大哥偷偷地溜了出去，表姐裝作沒有看見。

表姐房裏生了火盆，她要我和彩霞到她書房做功課，我正要請教彩霞幾題數學，這樣正好。

表姐把火盆端到書桌旁邊，讓彩霞和我都能烤到火。她又把鳥籠提進屋來，怕這小東西受不住外面的風寒。

鳥兒進屋以後，馬上在籠子裏蹦蹦跳跳，活潑多了，惹得黑貓瞪着眼睛貪饞地望着牠們。

表姐把黑貓抱在懷裏，坐在火盆旁邊輕輕撫摸。她沒有孩子，又歡喜小動物，大哥不常在家，我和彩霞白天又要上學，黑貓就像她的影子，尤其是冷天，更不離左右。

她不打擾我們，一面撫摸黑貓，一面看書，偶爾用銅火箸撥撥炭火，炭火旁邊煨了一瓦罐洋參水，預備留給大哥晚上喝。彩霞看了一眼，輕輕地對我說：

「姐姐眞是披着被窩上朝，苦盡忠。」

表姐裝作沒有聽見，低着頭抿着嘴笑。

彩霞幫我作了三個習題，便各自埋頭做自己的功課。將近十一點，我們的功課才先後作完。我望望窗外，忽然發現天井裏在飄着雪花。風已經停止了，雪花靜靜地落下，落在梅樹枝上，落在石階上。

我一說「下雪了」，彩霞連忙趕到窗口，向外張望，表姐也抱着黑貓走過來，她們看見今年的第一次雪，彷彿看見久別的朋友一般喜悅。

天空一片漆黑，像壓在屋頂上。房子裏的燈光，只能照到天井裏面，雪從黑暗的井口飄落，地上像落着片片梅花。

彩霞用手圈着表姐的頸子，談着打雪仗，和我在甘棠湖溜冰，跌得像滾西瓜的往事，兩人笑作一團。

戲該散場了，大哥還沒有回來，表姐要彩霞陪她睡，彩霞不肯，她怕萬一大哥回來，半夜爬起受罪。

「娘回家了，天又下這麼大的雪，他正好找着藉口不會回來。」表姐悵惘地望着天井的雪花說。

「要是大表哥回來了，妳不開門，我就陪妳睡。」彩霞說。

「風雪夜歸人，我還能讓他在門外凍一夜？」表姐望着彩霞一笑。

「妳既然狠不下心來，我也犯不着替妳煨腳。」彩霞晃晃頭說。

我不便管她們這檔子事，先回自己房裏去睡，經過天井時，我伸手接住雪花，雪花一落上掌心，就開始溶化。我張開嘴，讓雪花落進嘴裏，有一股冰涼的感覺。

她們倆人看了好笑，表姐隔着雕花的窗子對我說：

「郁心，你快要圓房的人了，還像三歲的毛頭？」

我回頭望望表姐，彩霞正用手搔她的胳肢窩，她躲躲閃閃，忍住笑說：

「彩丫頭，君子動口，小人動手……」

第十四章　教師爺家傳練武　金枝女蝴蝶掌花

我起得很早。

雪越下越大，屋上、天井裏已經積了兩三寸深的雪。雪光耀眼，房子裏也比平時明亮。雪實在白得可愛，我在天井裏抓了一把雪，在手上搓搓，冰冷澈骨。

冬青樹上蓋滿了白雪，梅樹枝上也積了一些。梅樹冬青都是祖父手植的，前後兩個大天井，一個天井各種兩棵，冬青還只有三四尺高，梅樹却有六七尺高了，樹枝有小兒臂粗，每年小年前後開花，繁花滿樹，清香撲鼻。

我在廚房裏洗好臉後，站在天井旁邊看雪，彩霞才從表姐房裏出來。我輕輕問他：

「大哥昨夜眞的沒有回來？」

「你說什麼渾話？」彩霞望着我好笑：「大表哥回來了我還能替姐姐纏脚？」

我不禁失笑，我就是這樣的笨瓜，只好搭訕地說：

「表姐的涵養眞好。」

「我看她是火燒烏龜肚裏痛。」彩霞指指表姐的臥房說：「這麼個大雪天，大表哥倒去替筱慧芳纏脚，你說該不該打？」

我不知道怎麼說好？索性裝啞吧。她看我不作聲，上下打量了我一眼，邊走邊說：

「我知道你肚子裏打什麼官司？」

她到廚房去了，我站在天井旁邊，呆頭呆腦地望着灰沉沉的天空。表姐悄悄地走了出來，笑着問我：

「郁心，你怎麼一大淸早站在這裏發呆？」

「表姐，我在這裏看雪。」我信口搪塞，指指天空：「你看，雪下得好大！」

表姐抬頭望望天空，雪光照着她瘦瘦的瓜子臉，顯得更加蒼白，但一臉的祥和，沒有一點不愉快。

「瑞雪兆豐年，明年的收成一定更好。」表姐點點頭說。

「姐，妳還不快去洗臉？獃在過風亭上幹什麼？」彩霞從廚房出來，珠走玉盤地對表姐說。又迅速地瞥了我一眼，逕自走回自己的房間。

我從她房門口的屋簷下走回前面的房間，經過雕花的大窗口時，她正在整理桌上的書籍，我停了一下，輕輕地對她說：

「大哥拋荒失業，該打四十軍棍。」

她嗤的一笑，連忙背轉身去，把腰抵着桌沿，低頭不語。

因爲天氣冷，何媽替我們煮了泡飯，隔夜的魚湯，凍成了魚凍子，像豆腐腦兒，用筷子可以挑起來，冰涼鮮嫩，十分可口。

飯後一身暖和，彩霞和我一道上學，我們不穿膠鞋，不打雨傘，雪落在身上，隨時抖掉，脚踩在雪上，留着兩三吋深的雪印，很有意思。彩霞故意在平整的雪上，東踩幾脚，西踩幾脚，像唸小學時一樣天眞淘氣。

家家關門閉戶，路上很少行人，只有兩三個比我們更早的學生冒雪上學，單人匹馬，低頭疾走。

不像我和彩霞兩人一道，邊走邊談。

天像一床大的灰色舊棉絮，壓到頭頂上來。雪如鵝毛，在空中互相糾纏，跌跌撞撞地落下。彩霞一頭黑緞似的頭髮，只要一兩分鐘不搖不擺，就變成了白髮蕭蕭的老太婆。

甘棠湖水不像平日那麼澄清，雪落在上面馬上溶化，變成一層水水漿漿的東西。長堤上兩行光禿禿的兩三丈高的柳樹，被大雪壓得彎腰駝背。屋頂上的雪，越積越厚，一片銀色世界。全城只有天主堂和我們學校的禮拜堂尖頂上的十字架，高高地突出在銀色的世界之上，顯得很特別。

空中格外寧靜，平時最多的烏鴉、喜鵲、麻雀，一隻也看不見，牠們彷彿一夜之間全被大雪埋葬了。

彩霞抽出腋下的手帕，遮在頭上，我替她把手帕四角拉伸，這樣雪就不會落在頭髮上。我戴了大盤帽，正好擋住雪，連頸子上也很少落到。

在巷口碰到王秀英，她撐了一把小花陽傘，要彩霞過去和她共傘，彩霞望望我一笑：

「表哥，你怎麼辦？」

「天塌下來我用頭頂，妳和她共傘好了。」我說。

「好大的口氣！」王秀英打量我一眼，笑着把彩霞拉到她的傘下。

「妳巴掌大的傘，能遮得住多少天？」我笑着問王秀英。

「能遮住我們兩個人就行。」她得意地回答。

「表哥，你走到課室，要變成個雪人。」彩霞望望我說，我懶得抖掉身上的雪，黑棉大衣上都是一層白。

我們在學校門口分手，我遇到不少同學，十之七八都沒有帶傘。

足球場上一片雪白，特別好看，已經有好幾位同學在足球場上打雪仗。初中的小鬼高興地在雪地上打滾。

密斯花撐着陽傘，穿着黑海虎絨大衣，站在一棵含羞樹邊看同學們在球場上玩雪，她滿臉堆着笑容，還有一片童心。

「要是聖誕節也下這麼大的雪就好了。」我走近她的身邊時，她向我說。

「妳放心，每年都有一個銀色聖誕。」我說。聖誕節前後，正是大雪紛飛的時候，幾乎年年如此。有一年禮拜堂的門都打不開。這不過是今年冬天的第一次雪。

她又問大哥還唱不唱戲？我說大哥是票友，只偶爾票一場，不天天登場，她說那天有好戲要我再帶她去欣賞欣賞，她對「中國歌劇」很有興趣，我說我樂意奉陪。

第一堂是她的課，我們一道走進教室。

她的手指凍得通紅，粉筆都拿不住。她要我們原諒她，不寫黑板。她總是那麼客氣，常常說：「excuse me。」

這和中國老師完全不同，他們好像永遠是對的，從來不請我們原諒，老是板着面孔訓我們。因此她的課大家都樂意上，有的同學說看看她那張笑臉也要多活幾年。

上午其他三節課，我沒有專心聽，一方面是冷，一方面要看看窗外飄着的雪花，這比三月的楊花更好看。放學時雪才漸漸停止，但積雪已經增加了兩三寸，球場上看不見足跡，連禮拜堂的十字架上也積了不少雪。

下午沒有下雪，但天氣變得更冷，連天上的灰雲也凍得像驢膏。

吃飯時，大哥還沒有回家，大概今天晚上他又不會回來。看看表姐，我有點同情，她越是不聲不響，我心裏越加起敬，我想把大哥找回來。

飯後，我在表姐房裏喝了一杯熱茶，加了一條圍巾，準備出去。彩霞問我到什麼地方去？我說去打拳，我好久沒有練拳，這是最好的藉口。

「這種雪天，在家裏烤烤火不好？何必去吃那種辛苦？」表姐望着我說。

「姐，表哥想當教師爺，報洋人一箭之仇，妳讓他去。」彩霞接嘴。

表姐望望她又望望我，不知是眞是假？我也懶得解釋，從邊門出來。

我決定先去國術館看看，一方面向沈老師道謝，他的兩張膏藥效用很大，我的肋骨已經復元。要是有同學在打拳，我也準備練一會，暖暖身子。

外面的寒氣很重，家家關門閉戶，沒有行人，連狗也見不到一隻。沒有路燈的小巷，現在也同白晝一般明亮。

國術館的院門是半開着的，我先探頭向裏面望了一眼，一個學生也沒有。

沈老師打着赤膊，穿着緊脚的黑長褲，腰上緊着一條白帆布板帶，腰束得很細，正在廳上打拳。他屏息靜氣，出拳彈腿，龍騰虎躍，却聽不見一點聲音。不像我們學生，跳起不到三尺高，脚步落在地上咚咚響。

他女兒金枝，穿着一身黑布短裝軍褂褲，緊腰緊脚，靜靜地站在廳角觀看。她今年才十六歲，拳脚功夫却比我高明得多，三兩個男子漢，已經不是她的對手。

我不敢驚動沈老師，站在門外不動，想等他打完拳再進去。他一收樁，就向我把手一招，他早已發現我。

我一走近，他就問我：「你怎麼不早點進來？」

「我不敢驚動老師。」我說。

「我早已看見你，你站在門外和站在這兒還不是一樣？」他輕鬆地說，一點也不喘氣。我穿着大衣還冷，他打着赤膊，穿着單褲，一點也不在乎。

金枝從長櫈上拿起長袍，替他披上。他問我是不是來練拳？我看一個學生也沒有，只說是特別來謝謝的。

「師徒如父子，你何必俗套？」他淡然一笑。

「要不是老師的膏藥，或許會多拖一兩個禮拜。」

「你知道老師不賣狗皮膏藥就好。」他笑着說，隨後又輕輕地嘆口氣：「可惜你們這些人都不認眞學，今天就沒有一個人來。這樣一天打漁，三天晒網，有什麼用？所以你也經不起洋人一擊。」

我自然無話可說，我要是有他兩成火候，都不會吃那個大虧。

他要金枝打沙包給我看。她平時很少同我們一道練習。只有一次沈老師要我們和她比比武藝，試試她的火候，結果十幾位男同學，沒有一個是她的對手。我們以爲沈老師藏私，對我們留了幾手。他說她每天要打兩三小時的拳才天亮，十年來從未間斷，大家才不作聲，因爲我們誰也沒有下過這番功夫。

廳堂裏除了刀槍劍戟……之外，還吊了好幾個幾十斤重的沙包。金枝走進四個沙包中間，雙手一揮，沙包就動盪起來，向她撞來撞去，她前後左右揮動雙拳兩肘，沙包都在半途彈了出去，一個也不能撞到她的身上，她越打越快，沙包飛來飛去，看得我眼花撩亂，突然她身子一閃，閃出圈外，沙包互相亂撞起來。

「你要是有她這一手，那天法國水兵還不是自己打自己？」沈老師望着我說。

我那有她這麼靈活的身手？她那雙手掌看起來很纖秀，一掌却可以擊碎三塊磚頭，我估量那些法國水兵沒有一個人經得起她一掌。

沈老師看我不作聲，又感慨地說：

「本來我想在你們當中挑一個人接我的脚，可是一二十年來，就沒有一個人有這樣的恒心，看樣子我只好傳給她了。」

我們這些人都學得遲，也沒有人真肯把全副精力放到這上面來，像這種雪天，就沒有一個人肯在這裏脫赤膊打拳，這就到不了西天。他女兒的資質很好，人不漂亮，身體却發育得十分勻稱，十六歲已經像個大人，即使趕不上他，但比我們這些人强多了。

我對他說下個禮拜再來練拳，今天有事。他要女兒送我。她穿着單衣單褲，陪我在雪裏行走，我問她冷不冷？她笑着搖搖頭。

「爹說你的天資好，可惜不專心。」走到門邊她突然對我說：「不然他倒想傳給你。」

「我心領了，可惜我一雙手按不住兩隻驚。」

「你們書香人家，自然還是功名要緊。」她很聰明，反應快得很。

「謝謝老師，我一定努力，走一程算一程。」我退了出來，她把門輕輕拴上，想想她那一身單衣，我不禁打了一個寒噤。

雪花又開始飄落，鼻尖、耳朵，冷得刺痛，空氣彷彿冰刀，呼吸都有點兒困難。

街上沒有戲院的海報，也許是大雪的關係，臨時停演。我決定就近去花園飯店看看，要是筱慧芳今天不唱戲，大哥準在旅館，我也免得跑那一大段路，雪深很不好走。

雪天，花園飯店顯得更加清靜，茶房也躲在房間裏。我直接去筱慧芳的房間，房裏電燈亮著，有說話的聲音，我知道大哥在裏面，我在門上輕輕敲了兩下。筱慧芳的耳朵很靈，馬上問是誰？我回答了一聲，她連忙過來開門。

我掀開厚厚的門簾，側身進來，筱慧芳立刻把門關上，房間裏像三月小陽春，銅火盆裏炭火熊熊，大哥正在火盆旁邊看大戲考。我在這種時候闖進來，他顯然有點驚異。

筱慧芳招呼我在火盆旁邊坐下。她穿着鑲着黑邊的紅緞短襖，綠緞長褲，像個新娘子。炭火照得她臉上紅紅的，像喝了幾分酒，眞的嬌艷欲滴。

她給我一杯滾茶，一紙袋五香瓜子，笑着問我：

「[redacted]今兒個大雪天，你怎麼有此雅興出來？」

我本來想說請大哥回去，但看她這份殷勤，大哥坐在火盆旁邊舒舒服服，外面大雪紛飛，話到口邊又縮回去，只說是到國術館練拳，順便拐過來看看她。

她聽了十分高興，笑盈盈地說：

「[illegible]多謝你這份美意盛情。」

「妳要老五別客氣，妳自己怎麼多禮？」大哥對她說。

「有道是——禮多人不怪。」她笑着唸了一句道白，十分甜潤清脆。

「老三，姑姑走了，你來又有什麼事？」大哥問我。

他這一問，我不便說。當着筱慧芳的面，我怎麼好意思叫他回去陪表姐？只好和他打個啞謎：

「大哥，你記不記得姑姑的話？」

「姑姑年紀大了，說過了不就忘了？你還眞當那麼回事？」大哥雲淡風輕地回答。姑姑不許他浪蕩不歸，還要我和彩霞連坐，他倒滿不在乎。

筱慧芳望望大哥又望望我，笑問：

「你們兩兄弟打什麼啞謎兒？」

「沒有什麼，」大哥搖頭一笑：「姑姑要我們下鄉去玩，這麼大的雪，妳說我怎麼能去？」

大哥的謊扯得又快又圓，我差點兒笑了出來。

「這種雪天只當圍爐烤火，如果沒有什麼急事兒，要你們等天晴以後再去不遲。」筱慧芳望望我說。

大哥的謊和她的話與我的意思眞是驢唇不對馬嘴，我只好不作聲。筱慧芳又問我要不要和她吊吊嗓子？她願意陪我唱一段「武家坡」，我怕吵了別的客人，婉謝了她的盛意。隨後她要我走走台步，做了幾個身段給她看看，她指點了幾下，教了我用馬鞭的訣竅。我看過她的荀灌娘，反串小生戲不但唱得好，身段尤其美妙，我心裏眞希望有一天她能陪我正式登一次台，那我會得到不少益處。

她又特別替我放了幾張余、言、馬三派的唱片，教我怎麼樣揣摩他們的唱腔，取長補短。室內溫暖如春，情調氣氛更好。直到大哥打了一個呵欠，我才想起應該回家。

我望大哥一眼，再向筱慧芳告辭，大哥往床上一躺，筱慧芳送我到門口，輕盈淺笑地說：

「再見等你放了寒假，我們再仔細琢磨琢磨。」

我謝謝她，退了出來，外面的嚴寒，使我打了一個大寒噤。

我獨自冒着大雪回家，頭腦完全清醒，我沒有把大哥叫回來，對表姐有點兒內疚。替我開門的正是表姐。起先她以爲是大哥回來，臉上有點欣喜，一看見是我，又粲然一笑，但這種明朗的笑和那暗自欣喜的表情有點差別。

「郁心，你怎麼也回得這麼晚？」她一面開門一面輕輕問我。

我不敢說實話，只好說沈老師說我荒疏久了，罰我多打了幾套拳。

彩霞走到表姐的書房門口，又欣喜又懷疑地打量我。隨後望望表姐輕盈淺笑地問：

「姐，你信不信表哥的話？」

「彩丫頭，妳又刁鑽古怪？」表姐笑着白她一眼：「郁心從來不講假話。」

「姐，妳忘記了近朱者赤，近墨者黑？」彩霞雙手搭着表姐的肩，覷了我一眼。

我不敢看她，逕自回房去睡。表姐笑着對彩霞說：

「彩丫頭，妳又得罪了郁心，還不過去賠禮？」

「姐，表哥作賊心虛，我賠什麼禮？」彩霞故意朗聲回答。

我又好氣又好笑，却不敢回嘴，奮力一躍，蹦過天井。彩霞打趣地說：

「姐，看樣子表哥眞的練了一身本事，可以打洋人！」

表姐笑着罵了彩霞一句，我也忍不住笑了出來。

第十五章　聖誕夜中西合璧　唱京戲平貴戲妻

下了半天兩夜的雪，積了上尺深，一連出了幾個花花太陽，雪還沒有化光，天卻變得出奇的冷。屋簷的冰溜，拖了一尺多長，一排吊着二三十根，十分好看。天井裏的梅樹枝椏，凍成了冰棍，眞像玉樹銀花。

湖水結了冰，長堤柳樹，拖着千萬條銀線，在刺骨的寒風中搖動，堤上的電線和烟水亭角的銅鈴，都發出淺嘯輕吟。

廬山變成了一座大冰山，一片雪白，從頂到脚，望不見一點綠色。

聖誕節前，又下了第二場大雪，我們的家庭不作興過聖誕節這洋玩藝。可是彩霞的學校和我的學校都像我們家過陰曆年一般喜氣洋洋。我們學校的禮堂，張燈結彩，牆壁上貼滿了Merry Christmas大金字，堂中放了一棵一人多高的柏樹，裝了紅綠紙條，棉花和小電燈泡，紮了一個大聖誕老人，綽號robber的事務主任和校工，一大清早就開始忙碌，因爲晚上「平安夜」兩校的同樂晚會，在我們學校禮拜堂聯合舉行。

這天恰巧是星期六，下午放假，我和彩霞都沒有上學。母親要我同何媽去西門口買魚醃，彩霞也要去。何媽戴了一個大斗笠，我和彩霞共着一把大雨傘，踏着雪去西門口。

長江冬天水淺，鈎船都下水作業，江裏幾十斤重的大鯉魚、青鯿、鱖魚、白魚，大批上市，從早到晚都有魚賣。這種雪天，正是作臘魚的大好時候，大戶人家，總要早點準備。

魚行裏的大魚都堆在地上，小魚裝在籮裏。魚全凍得硬綳綳的。我和彩霞都歡喜大魚，走了兩三家，才看到一條四五尺長的鱖魚，幾條三尺多長的鯉魚、青鰱。做臘魚是鯉魚和青鰱最好，何媽反對買那條大鱖魚，我們只好選了四條金鱗閃閃的鯉魚，兩條青鰱，一共一百九十多斤。我和彩霞都不會還價，何媽是此中老手，她和老板慢慢磨牙，讓了五毛錢，我們給她作外快，她高興得很，另外叫了一部黃包車，讓她把魚帶回家，我和彩霞去江邊看看。

江水淺了好幾丈，江面窄了三分之一。躉船碼頭旁邊靠了幾條大輪船，甲板上蓋滿了雪，一條黑殼貨船正在起貨，工人把一蔴袋一蔴袋的鹽往倉庫裏揹。

碼頭上沒有擺瓷器的地攤，行人也很稀少。對岸是一片銀色的世界，一望無際，看不見一個人，一條狗。

回來時經過花園飯店，我想進去看看大哥，他一連兩天兩夜沒有回家，彩霞很不滿意，當着表姐她還不大講，在我面前却毫無忌諱。她聽我說要去看大哥，不以為然地說：

「你去看他幹什麽？」

「請他回家吃魚子。」我想那六條大魚，總有十斤八斤魚子，凍豆腐魚子火鍋，是一樣美味，何媽一定會弄作晚飯菜。

「你眞好良心！」彩霞望望我揶揄地說：「你對姐姐要是有這樣好，她的心都會掏給你吃。」

「我要大哥回來吃魚子，不過是借着題兒作文章，其實是為了表姐。」我說。

她聽我這樣說，覺得也有道理，自忖地說：

「只怕他心裏只有個筱慧芳，不稀罕魚子。」

「妳的面子大些，我們一道去請他好不好？」大哥對我不大在乎，倒眞有幾分怕她，如果她肯出馬，他一定乖乖地回家。

「我才不長他的志氣，滅自己的威風，要去你一個人去。」

「妳等不等我？」

「你們兩兄弟一樣的毛病，我可不再久等。」她還記得上次的事，輕輕白我一眼。

「我快馬加鞭，去去就來。」我向她揚揚手，跑進花園飯店。

恰好我碰見同學程雲鵬，他是少老板，要留我玩玩。我說明來意，靈機一動，請他代我去請大哥，誑他說有客人在外面等他，這比我當着筱慧芳的面請他回家要好得多。程雲鵬很夠意思，眞的代我去請大哥，我避入賬房，不久程雲鵬帶着大哥過來，大哥一看是我，訝然地說：

「老五，是你？有什麼事？」

「請你回去吃魚子。」

大哥抓抓頭皮，我連忙把買魚的事誇張一番，他遲疑地說：

「我先去告訴慧芳一聲。」

我怕他一去不回，伸手挾住他的臂膀，對程雲鵬說：

「雲鵬，麻煩你去通知筱老板一聲，就說大哥今晚上有事，不能陪她。」

大哥想說什麼，我不由他分說，挾起他往外就走。他想掙扎，但他那是我的對手？我拖得他腳不着土，他結結巴巴地說：

「老五，老五，你這簡直是綁票嘛！」

「大哥，這可不犯王法。」我笑着回答。

彩霞已經走了十幾步路，大哥一望見她馬上規規矩矩地跟着我走，不再掙扎，我也不挾住他。彩霞回頭張望，一發現大哥和我走在一塊，調頭就走，走得更快。

「彩霞，這麼大的雪，妳不等我？」我大聲地說。

她脚步一停，我追了上去，她輕輕地說：

「一把傘怎麼能遮住三個人？」

「妳和大哥共傘，我不怕雪。」我說。

「我才不和他共傘，讓他打打雪，清醒一下頭腦。」彩霞說。

大哥弓着背走了過來，像隻縮頭縮頸的鷺鷥。彩霞迎着他說：

「大表哥，你的架子眞的越來越大了，不請就不回家？」

「彩霞，我正準備回家，恰好老王來了。」大哥滿臉堆笑地回答。

「誰信你的鬼話？」彩霞鼻子裏哼了一聲。

「老王不說假話，妳問老王好了。」大哥往我頭上一推。

「你們早串通好了，我何必多此一問？」彩霞打量我們一眼，眼光逼人。

我啞子吃黃連，有苦說不出，只好揹黑鍋。

大哥一身的雪，抄着手，弓着背，臉色青灰，鼻子在掉清鼻涕，彩霞把傘交給他說：

「快點兒走，別倒在路上。」

大哥尷尬地一笑，接過傘，低着頭急竄。

彩霞看了笑着搖頭。

表姐看我們三人一道回來，特別高興，把大哥服侍在火盆邊坐下。大哥連忙伸出鷄脚爪般的手，在火上烤烤。表姐在餅乾筒裏抓出一把桂圓，剝了殼，放進炭火旁邊的瓦罐裏，又丟了幾顆大冰糖進去，瓦罐裏的清水已經滾了。

「姐，妳這樣服侍大表哥，恐怕是雞婆孵鴨兒？」彩霞說。

大哥紅着臉，低着頭，表姐向彩霞遞了一個眼色。彩霞沒有再講，我趁機走開，去廚房看看。

何媽已經把魚剖開洗好，弄了兩大缽魚子，笑着對我說：

「亞少爺，晚上有你最愛吃的魚子燉凍豆腐。」

「何媽，妳多弄一點兒，大哥回來了。」我說。

「要是天天有魚子燉凍豆腐，說不定大少爺能捨掉那個女戲子？」何媽望望我說。

「何媽，妳多加點兒佐料，或者有效。」我笑着回答。

「大奶奶人也太好，她要是有小姨那點兒辣味，保險大少爺不敢明目張胆。」

我不想同何媽多談大哥的事，支吾地走出廚房，何媽却在後面送出一句話：

「亞少爺，我看你將來會棋逢敵手？」

我回到自己的房間做功課，何媽的話却使我一時定不下心來。

剛剛做好幾題數學，彩霞又站在門外叫我吃飯。

晚飯的菜好，加之大哥在桌上，氣氛也特別融洽，表姐心情愉快，臉上更笑容可掬。

飯後我想繼續溫習功課，彩霞却要我去參加「平安夜」的同樂晚會。她穿了一身新，像過年一般，她是教友，比我重視這個西洋節目。

「我不是教友，我要溫習功課，不想去湊熱鬧。」我對她說。

「密斯花講好了要我們去的，你怎麼好意思打退堂鼓？」彩霞說。

密斯花是晚會節目的主持人，早幾天就要我參加，我答應過她，彩霞不提我幾乎忘了。

大哥晚上不好意思再出去，晚飯他吃得開心，表姐又服侍得周到，他取下許久未曾動過的胡琴，故意拉了幾下，笑着對我說：

「老王，不要去參加那種洋玩藝，沒有一點兒意思，不如我們兩兄弟在家裏吊吊嗓子過癮。」

以前我也參加過「平安夜」的同樂晚會，除了吃吃糖果，講講故事，唱唱歌之外，沒有什麼。我既不會講故事，又不歡喜那種平淡無味的時代歌曲，尤其是那首唱膩了的「特別快」，聽了簡直作嘔。英文歌也沒有什麼好聽，糖果一毛錢可以買很多，更不稀罕，大哥這一說我真的不想去，我高興地回答：

「好！你難得在家，我們長久沒有唱對兒戲，我陪你！」

彩霞睜大眼睛望着我，兩頰緋紅，微瞋地說：

「表哥，你怎麼可以言而無信！」

「拜托妳向密斯花告罪一聲，就說我臨時有事，不能參加。」我陪個笑臉說。

「對不起，我不會撒謊。」她身子微微一扭，逕自走了出去。

大哥拉起西皮倒板，扣人心弦，我正準備敞開喉嚨唱「一馬離了西涼界」，表姐突然把大哥的右手捉住，琴聲戛然停止，她走過來笑着對我說：

「郁心，你快去參加『平安夜』晚會，彩丫頭心高氣傲，今天晚上又在興頭上，你不能失她的面子，掃她的興。」

我完全沒有想到這些，怔怔地望着表姐。她雙手把我往外推，急急的說：

「去！快去！」

我一腳跨到門外，三步兩步趕出去，雪花迎面撲來，我抬眼一看，彩霞快走到巷口，邊走邊用手絹揩眼淚。平時她單獨用小洋傘，現在她一個人罩在大雨傘下，更顯得小巧孤單。我叫她一聲，追了上去。

她聽見我叫，馬上把手絹塞在脅下，低頭急走。我很快地追上她，從她手中接過雨傘，向她道歉，她閃在一邊，不和我共傘，雪花紛紛地落在她的烏雲般的黑髮上。

「這麼大的雪，打濕了頭髮會生蝨子。」我搭訕地說。她愛乾淨，我打球出了汗，她常躭心我會生蝨子。

「隨它，我身上的蝨子不會咬你。」她又讓開一步。

「何必嘔氣？不是我不同妳去，我是怕大哥鬧小差，讓表姐一個人在家裏孤孤單單，所以才陪他吊吊嗓子。」我只好拿表姐作擋箭牌。她是最同情表姐的。

「鬼話！」她把頭歪在一邊。

「我分明是人，怎麼會說鬼話？」我又把傘送過去。

她沒有再躲開，只艾怨地說：

「不是我要你陪，人家密斯花最講信用，你言而無信，不怕在洋人面前丟人？」

她的話冠冕堂皇，我無法反駁，也不想反駁，只向她解釋：

「說實在話，我不會講故事，也不會唱歌，怕密斯花臨時拉我的伕，那才出洋相。」

「那當初就不該答應她？」

「我怎麼好意思拒絕？」拒絕密斯花那張甜蜜的笑臉實在是件困難而又殘忍的事，不但我不能拒絕，我想任何人也不能拒絕。何況好趕熱鬧，愛洋時髦的人不少，又何在乎我一個人？「再說，想參加的人多，我不去決不會冷場。」

「密斯花可不會這麼想，她一定會怪你失信。再說，你與其在家裏唱，不如在禮拜堂唱給大家聽。」她邊走邊說，罩在大傘底下。

「我一個人唱獨脚戲，又沒有胡琴襯，那有什麼意思？」

「我班上的貝麗雯會唱青衣，你不愁沒有人陪你。」

「她陪我唱，妳不多心？」我望望她，她的眼睛還有點紅。我不認識貝麗雯，不知道她是怎樣的人？

「只要各人的良心放在中間就行。」她兩眼望着前面說。

「醫生說我的心在左邊，不在中間。」我望着她的臉上說。

「不和你胡扯。」她偏過頭去一笑。

滿天的烏雲散了，我心裏輕鬆了許多。

她靠着我走，我們的脚印排成兩行，脚踩在雪上嗦嗦響。為了好玩，我把傘在空中旋轉，傘上的積雪向四面八方飛散，如萬朵銀花。

路上除了我們男女兩校同學，陸陸續續地走向我的學校之外，連黃包車也看不到一部。

彩霞恰好在路上碰到她的同班同學貝麗雯。貝麗雯撐着小花洋傘，穿着乾乾淨淨的制服，身材窈窕，十分漂亮，活潑。她一看見彩霞就揚着手叫：

「密斯俞！」

「麗雯，眞巧！」彩霞笑着回答。

我們走近，彩霞介紹我和貝麗雯認識。貝麗雯用那對會說話的眼睛上下打量我一眼，嫣然一笑說：

「久仰大名，今天幸會。」

她出語不俗，有點兒出我意外，原先我把她看成不讀書專出鋒頭的校花之類的人物。

我只和她客套了兩句，便不講話。她長得這麼漂亮，我怕彩霞多心。

「今天晚上妳擔任什麼節目？」彩霞問她。

「密斯花沒有硬性規定，隨便我自己來一個。」貝麗雯回答。

「這樣很好，」彩霞說：「妳可以和我表哥合唱一段京戲。」

「我只聽說密斯特婁會踢球，沒有聽說他還會唱戲？」貝麗雯笑着打量我。

「我表哥的鬚生戲倒唱得有板有眼。」彩霞替我捧場。

貝麗雯又打量我一眼，她要是登台，眼神一定不在筱慧芳之下。

「密斯特婁，你是學余、學言，還是學馬？」貝麗雯笑着問我，她的話很在行。

「我是剽學的，沒有名師指點，不能成家。」我說。

彩霞看我這麼謙虛，怕貝麗雯不肯和我合唱，馬上替我吹噓：

「我大表哥是拜過梅蘭芳的，見過不少角兒，大表哥時常指點他。」

「妳大表哥是誰？」貝麗雯問彩霞。

「倚紅館主。」彩霞回答。

貝麗雯哦了一聲，連忙點頭說：

「我看過倚紅館主的紅鬃烈馬，道地的梅派。有他指點，一定是京朝路子，不是海派。」

「等會請妳指教。」我摸不清楚她的米桶，只好客氣。

貝麗雯的態度比剛才謙虛，她說了一句「彼此彼此。」又遺憾沒有胡琴。

「胡琴我家倒有，不知道妳們同學有沒有人會拉？」我說。

她想了一下，笑着搖搖頭，彩霞輕輕地對我說：

「乾脆把大表哥請來，也免得他開小差。」

「妳這倒是一舉兩得，只怕大哥不肯屈駕？」我知道大哥是講派頭的，他還沒有替誰操過琴。加之他那種身體，恐怕也不願冒這麼大的雪到學校來？

「那我們兩人再回去一趟，」彩霞望望我說：「憑我們兩人的面子，未必搬不動他？」

其實有她一個人的面子就行，大哥要買她的賬，我一個人回去請他就不保險。

「只要妳親自接駕就行。」我說。

彩霞馬上要貝麗雯先去學校和密斯花安排一下，貝麗雯十分高興，她久仰「倚紅館主」的大名，沒有見過面，能夠得到大哥替她操琴，她認爲是胖子跳加官，好大的面子。

我和彩霞匆匆趕回家，表姐和大哥都有點驚奇，表姐還特別打量我和彩霞，生怕我們拌了嘴。待彩霞說明原委，她馬上高興地一笑，慫恿大哥去，大哥遲疑不決，她替他拿好圍巾，長大衣，笑盈盈地說：

「你歡喜這個調調兒，正好去湊湊興。彩霞從來沒有求過你，這個面子你得買。」

大哥聽到最後兩句話，不自禁地望望彩霞。彩霞頂他一句：

「大表哥，你日夜陪別人都陪了，也捧捧自己人的場如何？」

大哥無可奈何地站起來，我連忙取下胡琴，挾在脅下，彩霞對表姐說：

「姐，你一個人坐在家裏無聊，也去湊湊熱鬧。」

「我既不會拉，又不會唱，他們會歡迎我這個不速之客？」表姐審愼地說。

「姐，密斯花妳也見過面，這是同樂晚會，又不是宴會，密斯花歡迎還來不及哩！」

「照妳這樣說我也去得？」表姐望望彩霞笑瞇瞇地說。

彩霞笑着點頭，表哥對她說：

「彩霞，今天我們三個人都是爲了你這位小耶穌，不然一個也不會去。」

「大表哥，你不要替我戴帽子，這又不是做壞事。」彩霞馬上堵住他。

大哥望着我苦笑。表姐拿好了大衣，拿着洋傘，我們四個人一道出去。

來到禮拜堂，晚會已經開始。兩位男生和兩位女生正在台上吹口琴，化裝的聖誕老人正提着一隻大襪子分送糖果。聖誕樹上的紅綠小燈泡和禮拜堂的大燈泡再加上雪光，照得比白天還亮。

貝麗雯看見我們來了連忙和密斯花過來歡迎，密斯花特別高興，還向大哥說了好幾句謝謝。她要我們坐在前排。

大哥看貝麗雯長得惹人喜愛，他也高興。貝麗雯對他十分謙虛，完全不像在路上和我談話的神氣。眞是人的名兒，樹的影兒，我在這方面是遠不如大哥的。

貝麗雯請教大哥我們合唱什麼戲好？大哥問她會那些戲？她流水似地背出了許多齣，大哥和我都有點驚奇。大哥問她是向誰學的？她說是向她二姨娘學的，她二姨娘原來是唱戲的，被他父親娶作二房，平時無事就教教她，消愁解悶。他們原來是旗人，到我們這裏只住了幾年。

今天是平安夜，是快樂日子，大哥考慮了一會，問晚會什麼時間結束？貝麗雯說可以狂歡通宵。大哥對我們兩人說：

「那你們唱武家坡好了，這是一齣好對兒戲。」

「你的王寶釧唱得太好，我怎麼敢在你們面前獻醜？」貝麗雯說。

「戲在人演。京戲好在百看不厭，百聽不厭，會唱的人多，各有巧妙不同。」大哥說。

彩霞也鼓勵她，她摟着彩霞笑着埋怨自己：

「我眞不知道天高地厚，沒想到倚紅館主替我點這麼一齣大戲？」

「大表哥特爲替妳來一趟，唱三句兩句怎麼對得住人？」彩霞說。

貝麗雯望望我，似乎是探測我的虛實。我對她說：

「我是道地的羊毛，請妳包涵包涵。」

她又說了一句「彼此彼此」。

口琴合奏完了，接着是兩支中文歌，一支英文歌，都是女生唱的。隨後密斯花自己拉梵阿林。大哥對貝麗雯說他要早點回去，希望我們的節目接着上場，貝麗雯走到台上，等密斯花演奏完畢便和他商量，密斯花笑着點頭，請大哥和我上台，而且報告節目的同學特別向大家推崇大哥幾句。

大哥捲好白袖口，很有名琴師的派頭。他拉西皮倒板，由我先唱，第一句一唱完，貝麗雯就睜大眼睛又驚又喜地望着我。台下自然也捧了我的場，我看見表姐和彩霞都在熱烈鼓掌，這使我更加興奮，滿腔調地把第一段唱完。

貝麗雯的一句道白「有勞了」，就很夠味，大哥一面拉一面點頭。倒板慢板唱得都好，難怪他先前對我有幾分輕視。

戲妻的對白，她說的十分清脆俏皮，「想是那雁兒吃了你的心肝不成麼？」眞的罵得我有點兒耳紅臉熱。她罵過之後抿着嘴笑。彩霞在下面看了又羨又妒。以後她的「站遠些」，「放老誠些」，說得又莊重又俏皮，二六「指着西涼高聲罵，無義的强盜罵幾聲……」唱得哀怨氣憤兼而有之，大哥不住地點頭。對啃快板她更是一句也不示弱，有意討彩，表姐看了好笑，彩霞臉上變化不定，我不知道她心裏是一種什麼感覺？

這齣戲唱完，台下還鼓掌要我們再唱，大哥已經面色青灰，眼淚汪汪，我知道他不能再拉了，向密斯花致歉，密斯花連忙過來向他道謝，說他的中國梵阿林拉得眞好。

大哥匆匆下台，貝麗雯和我跟在他的後面。表姐和彩霞雙雙迎了上來，大哥說要回去，表姐連忙攙着他，我和彩霞說送他回去，表姐要我們多玩一下，彩霞是教友，不好意思走得太早，回去太晏她一個人又怕，我只好留下陪她。

貝麗雯看我留下，似乎很高興。她和我們坐在一塊，愉快地談笑，她一再誇獎我，彩霞有點坐立不安，加之節目又不精彩，不等化裝跳舞上場，她就催着回去，貝麗雯興頭正高，笑着問她：

「明天又不上課，怎麼不玩個通宵？」

「我睡慣了早覺，不能熬夜。」彩霞支吾地回答，同時站了起來。

她領先退出，我只好跟着出來，貝麗雯把我們送到門口，笑着對彩霞說：

「我以後得向妳表哥多多討教。」

「我知道妳有這個意思。」彩霞笑着回答。

但我聽出她的話裏另有一種含意。貝麗雯好像故意裝迷糊，笑嘻嘻地說：

「說不定明天我會到府上去？」請教

「那是表哥的家，不是我的家。」彩霞輕描淡寫地回答。

「密斯特婁，你和倚紅館主會不會下逐客令？」貝麗雯狡黠地問我。

這使我措手不及，窘了一會才說：

「彩霞的同學都是貴賓，我們怎麼能下逐客令？」

彩霞望了我一眼，貝麗雯一笑回到人堆裏去。

我撐開大雨傘，遮住雪花。彩霞悶聲不響地跟着我走，我笑着問她：

「妳好像那裏不大舒服？」

「沒有什麼，」她漫聲回答：「只是那些節目沒有多大意思。」

「本來我不想參加，妳一定要我去，結果還是中途打退堂鼓。」

她低頭不語，我心裏好笑。

回到家裏剛剛十點，表姐奇怪地問：

「你們怎麼回來得這麼早？不多玩一會兒？」

「壽星唱曲子，老調兒。沒有什麼好玩的。」彩霞無精打彩地回答。
表姐暗中打量她幾眼，她椅子還沒有坐熱，就回到自己的房裏去。
表姐伸頭向窗口望了一眼，看彩霞已經走回自己的房間，向我嗤的一笑：
「平安夜不平安，彩丫頭打翻了醋缸兒。」

第十六章　秋能對一[illegible]　施小巧調虎離山

缸裏和臉盆裏的水結了冰，臉盆裏的冰結了一整塊，倒不下來，彩霞端着臉盆急得滿臉通紅，我接過來放到火上烤了一會，把臉盆往地上一仆，冰和臉盆立刻分離，她望着我粲然一笑。

我替她在鍋裏打了一盆熱水，雙手遞給她，她說了句「不敢當」，低頭含笑地端着臉盆走回自己的房間。

我在廚房洗好臉出來，從她窗口經過，她正在梳頭，笑着對我說：

「表哥，今天不上學，到什麼地方玩玩去？」

「這種雪天，只好在家裏烤火。」我說。

「烤多了火不好，人都會烤乾。」

「下午再看，上午我想做功課。」

「你這樣用功，那眞會考頭二名！」她望着我似笑非笑地說。

「不留級就好。」我根本沒有想到十名以內的事。

她望望天空，沒有下雪，自言自語地說：

「好像要天晴的樣子？」

「但願天從人願。」

她望了我一眼，又故意低頭梳頭。我趁機走開，我知道她葫蘆裏賣的什麼藥，不禁好笑。我以爲貝麗雯不會來，昨天晚上她可能玩了一個通宵，今天最少要睡一個上午。下午她總有別的事，晚上可能要溫習功課，何況她又沒有到我家來過，她是眼睛都會說話的人，彩霞的意思她不會不懂？不過說良心話，我倒願意她來，她的戲實在唱得很好，道白也漂亮，眼睛會傳神，她眞有唱戲的天才，和她吊吊嗓子配配戲，又是一種滋味。她是女的，漂亮、聰明，而又有七分風流，加之，我們年齡相當，與大哥吊嗓配戲自然不一樣。

我胡思亂想了一陣才開始做功課，整個上午我沒有離開房間一步，彩霞曾到前面來了兩次，故意站在大門口的石獅子旁邊望望，彷彿欣賞雪景，我裝作沒有看見。她不好意思到我房間裏來，我們雖然是至親，但我從不單獨進她的房間，她更不會單獨進我的房間，這是我們的家教。

做完了功課快到吃午飯的時間，我到表姐書房看看。大哥已經起來，坐在火盆旁邊，手裏捧着小茶壺，那裏面不是冰糖水就是洋參水，不用說是表姐替他準備的。

彩霞坐在表姐身邊，望了我一眼，故意低頭用火箸撥炭火。表姐指指大哥身邊的籐椅對我說：

「天寒地凍，你做了半天功課，坐下來煖煖手。」

「老三，你昨天晚上唱得眞好！」大哥把我往椅上一按：「聲音越唱越亮，你是不是喝了人參湯？」

「我喝慣了白開水，從來不來那一套。」我說。

「要是金縷譚有你這條嗓子，那天晚上我會更卯上。」大哥雙手捧着茶壺喝了一口，又望望彩霞說：「貝麗雯也是個上駟之材。」

「大表哥，恭喜你們兩兄弟都找到了好對手。」彩霞抬起頭來望着大哥說。

大哥一碰上彩霞的眼光，彷彿雪見了太陽，連忙調轉頭來望着我苦笑。我也望着他苦笑。表姐看我們兩兄弟一臉尷尬相，馬上笑着打圓場：

「郁心，我抱盌冰糖桂圓水你潤潤喉嚨好不好？」

「表姐，我的八字賤，服不得那些補品。」我連忙向她欠欠身子。

「郁心，你的身體眞好，所以中氣足。」表姐又替我戴高帽子：「唱戲身體也是本錢。」

「其實彩霞的中氣也足。」大哥趁機拍彩霞一下：「可惜她還沒有入迷，不然和老三倒眞是半斤八兩。」

大哥的話好像有點效，彩霞望了我一眼，對大哥說：

「大表哥，承你抬擧，可惜我的眼睛沒有別人靈活，縱然唱功好，做功不好，也配不上。」

大哥還有點懵懵懂懂，昨夜他一心替我和貝麗雯操琴，沒有注意許多。表姐在台下看得清楚，心裏也最明白，聽了彩霞的話她噗哧一笑，右手在彩霞肩上輕輕一拍：

「彩丫頭，妳就饒郁心這一招吧，何必死咬着他不放？」

「姐，妳說話好沒來由？」彩霞望望表姐嬌瞋地說：「這和表哥河水不犯井水，怎麼扯得上？」

「妳指着禿子罵和尙，還說扯不上？」我禁不住笑說。

她稱心快意地望了我一眼，低着頭笑。大哥拍拍我，輕輕地說：

「老三，彩霞接了姑姑的衣缽，我們兩兄弟都栽在她的手裏！」

表姐笑了起來，彩霞抬頭望着大哥說：

「大表哥，這與娘何干何涉？你怎麼又把娘扯上？」

「好，我說錯了話，掌嘴！」大哥馬上認錯，作了一個青衣的動作，翹起五指在臉上輕輕地拍了一下。「妳千萬別去告狀。」

「哼，」彩霞鼻子裏哼一聲，掃了我和大哥一眼：「誰要是忘了形，總少不了在娘面前奏一本。」

表姐笑着望望彩霞，大哥向我搖頭一笑。
飯後天上的灰雲像撕爛棉絮樣地裂開，彩霞把頭伸出自己的窗口向天空探望，我裝作沒有看見，故意大聲對表姐說：
「表姐，我去國術館練拳，不到吃晚飯時不會回來。」
「要是有人找你怎麼辦？」彩霞連忙趕出來問。
「隨便妳打發。」我回頭望望她。
「我要是得罪了人你不怪我？」她的睫毛閃了幾下。
「妳殺了她也不關我的事。」我故作冷淡地說。
表姐和大哥都望着我們，不知道我們打什麼啞謎。
我剛走出門，大哥就在後面趕了上來，叫我等他一步。彩霞斂聲問他：
「大表哥，他去練拳你去幹什麼？」
「他練我看，這總不犯法？」大哥理直氣壯地回答。
「大表哥，我看你是瞞天過海？」彩霞清脆地說。
大哥趕上我，把我的袖子一扯，輕輕地說：
「走快點！」
我們大步走出巷口，大哥突然腳步一慢，回頭望望後面，沒有看見彩霞，輕輕吁口氣：
「好厲害的丫頭！」

「大哥你怎麼這樣怕她？」我望着他笑。

「老弟，你要知道，彩丫頭本人已經難纏，何況她背後還有姑姑那塊大天牌。」大哥笑着回答。隨後又問我剛才和她打什麼啞謎？先前她爲什麼將我的軍？我一五一十地告訴他。

他聽了高興得雙手一拍，笑着對我說：

「老弟，這是她自己屁股頭掛紙錢，招神惹鬼，可怪不得你。你索性和貝麗雯假戲眞做，我們哥兒倆一聯手，看她怎麼辦？」

「大哥，那可不成。」我搖搖頭說，我覺得這問題很大。

「你是眞的愛彩丫頭是不是？」大哥咧開嘴嘻嘻地笑。

「我們青梅竹馬，到底和別人不同。」我說：「還有，姑姑他們已經決定親上加親。」

「彩丫頭本來也得人愛，可惜太刁鑽。」大哥搖頭晃腦地說：「我也並不希望你走馬換將，說良心話，我倒願意你和貝麗雯搭上，氣氣彩丫頭也是好的。不然眞沒有辦法整她！」

「大哥，穿蓑衣打火，只怕惹禍上身？」

「你不能當作戲唱？」他望着我的臉上說。

「這台戲難唱得很。」像貝麗雯那種女生，除非閉關自守，否則很難不動心。

「我看貝麗雯不在彩丫頭之下。縱然沒有彩丫頭刁鑽精靈，可多幾分風流，這也可以拉平。」

「所以我才怕弄假成眞。」

「那你一箭雙鵰不好？」大哥笑着用手肘碰碰我。

「大哥，這兩隻蟹可不好按。」我笑着回答。

「反正彩丫頭是變裏的鱉，跑不掉。」

「她這隻鱉可會咬手。」

大哥笑了起來，隨後又調侃我說：

「我把你看成打虎的武松，想不到你也怕她這隻小母老虎？」

「大哥，對彩霞再大的拳頭也用不上。」

「那不是褲腰帶兒打了死結？」大哥望着我一笑。

「我看我們兩兄弟只好認輸？」

大哥笑着用肩膀把我一拱，沒有拱動，他又驚又喜，拍拍我的肩說：

「你這麼肉厚膘肥，縱然不能明修棧道，也不妨暗渡陳倉，別讓彩丫頭獨佔！」

他笑着走開，縮着頸，弓着背，長皮袍和長大衣的下擺飄飄盪盪。

我走到國術館，一進院子就看見五個年輕人穿着單衣在練拳，他們都是下午班的，沈老師穿着短裝站在旁邊指點。他看我走近向我點點頭：

「你是不是也想練練？」

我點點頭，脫掉大衣制服，只穿一身單，冷得發抖。連忙打一套拳，熱熱身體。因爲我有幾個禮拜未練。沈老師特別注意我的動作，姿勢。我發覺我的速度沒有從前快，沈老師也不時口頭糾正我的姿勢。倒是彈腿還很有力，這和從小踢足球有關，隊上的同學都說我是「鐵腿」。

打完一套拳全身熱起來，不再怕冷，隨後我又練了一會單刀，在青石板地上打了幾個滾，肋骨居然不痛。

沈老師知道我確實好了，也很高興。

有的人在練劈磚，有的在插黃豆。廳角有幾桶黃豆，我想一面休息一面練指上功夫，像我這種火候，只能插插黃豆和細沙，不敢碰再硬的東西。

有人能併着五指一下插到桶底，我辦不到，還差兩三寸。

打沙包是這種雪天最好的運動，最後才輪到我。我對付不了四個沙包，掛住一個，只打三個。打沙包和練別的不同，沙包能反擊，打得越快越重反擊力也越大，被它撞中一下可以把人撞倒，跌出好幾尺外。我打到出汗才住手。

我在國術館反反覆覆練了一下午，冬天白晝也特別短，時間好像過得更快。我剛穿好衣服準備回家，彩霞恰巧走進院來，我以爲有什麼大事，連忙跑到她的身邊問她：

「有什麼事嗎？」

她風擺柳地走出院子，雲淡風輕地回答：

「不要心慌，我請你回去吃晚飯。」

我像被她戲弄了一下，有點着惱，隨即恍然大悟，問她：

「妳是來作探子的？」

「別說得這麼難聽，」她向我嫣然一笑：「人家是好意來看你的，你怎麼不領情？」

「妳分明是怕我溜到別的地方去了，還要我領妳的情，誰領妳這份假殷勤？」我笑着回答。

我識破了她的心思，她嗤的一笑說：

「眞是道高一尺，魔高一丈。」

「妳使的是旁門左道，我是眞金不怕火燒。」我說。

「哼，現在你假充聖人，昨天晚上你在台上怎麼忘形？」她望着我揶揄地一笑。

「那是唱戲，妳還當眞？」我笑着搪塞。

「言爲心聲，你以爲我是耳聾眼瞎的人？」

「妳自己多心，怎麼能怪別人？」

「表哥，別和我拌嘴，你捫捫良心看？」她望着我忽然低沉地說。

我看她眼圈有點發紅，連忙住嘴，一聲不響地跟着她回家。走了幾步，她忽然向我提議：

「表哥，吃了飯我們去看戲好不好？」

我望望牆壁上的海報是「孫尙香」。「別宮祭江」倒很好聽，我也想看，但我的零錢已經用完了，母親沒有給我，大哥分給我的那一百塊賣玉盤的錢，我全部放在枕頭裏面，非到萬不得已時我決不動用。

「我沒有錢。」我說。

「我請你。」她爽快地說：「你沒有錢用怎麼不對我講？」

「那怎麼好意思？」我知道她的零用錢也有規定，不過上次姑姑來時又給了她二十塊，她的手頭總比我寬裕。那次姑姑也塞了我五塊錢的外快，但我早花光了。

「表哥，你這又見外了！我們還分什麼彼此？」

「現在我們是在大樹下乘蔭，還沒有到那個節骨眼兒。」

「只要你有那份心意，遲早有什麼關係？」她向我一笑，笑得很甜。

回到家時，飯菜已經上桌，火鍋在冒着熱氣，大哥不在家。彩霞走開時，我悄悄地問表姐：

「表姐，有沒有人找我？」

表姐先打量了我一眼，然後搖搖頭。我想貝麗雯下午沒有來就不會再來了。

一吃過晚飯，彩霞就催我出去，我不想看開台戲，又有熟人，不愁買不到票，我一拖再拖，她不時打量我，有點兒耽心的樣子。我只好提前跟着她去。

雖然是雪後的大冷天，長江戲院還是上了八成座。有的人抱着熱水袋，有的人帶着銅脚爐來看戲，眞是戲迷。

大哥還沒有來，他的固定位子空着。我對於開台戲「渭水河」毫無興趣，彩霞低着頭吃瓜子，她咬瓜子的技術很高明，瓜子肉都是完整的，一點不破。正如她說話一樣，口齒清晰，一個字兒一個字兒蹦出來。

「在家裏也可以吃瓜子，何必在這裏吃？」我不好直接怪她來得太早，只好旁敲側擊。

「你不必借着題兒作文章，」她向我一笑：「耐點兒性子，好戲就要登場。」

她分了一半瓜子給我，又剝了一粒白白胖胖的瓜子肉往我掌心輕輕一放，附着我的耳朵低聲說：

「不愛看就閉着眼睛吃瓜子好了，這總不算虐待？」

她呵氣如蘭，聲音又十分輕柔，開台戲雖不好看，我心裏卻熨貼極了。

正戲上場不久，大哥從後台走了出來，那派頭倒眞不小，大概他是陪筱慧芳一道來的。他沒有發現我們，一逕走到他的位子坐下，他旁邊的空位子也坐滿了。

筱慧芳的孫尚香，雍容端莊，西皮搖板「可嘆皇叔把駕晏，離亂之苦有誰憐……」唱得哀而不傷，十分平穩。老旦也不差，搭配得上。這段「別宮」聽來夠味。「祭江」的二簧慢板「曾記得當年來此境，棒打鴛鴦果傷情。從今不照菱花鏡，淸風一線未亡人。」曼聲曼氣哼了半天，低廻婉轉。彩霞聽後點頭一笑：

「筱慧芳眞有兩手兒。」

「不然大哥怎麽會着迷？」

她聽我這樣說，望了我一眼，低頭不語。我猜她是想到貝麗雯。

散戲後，我不想去打擾大哥，讓他走進後台。彩霞看我不去叫他回家，微瞋地說：

「我知道你們兩兄弟一鼻孔出氣，姐姐眞是白疼了你。」

「父子之間不責善，責善則離。」我抬出四書上的話來作擋箭牌：「何況兄弟？」

「鄉原德之賊也。」她馬上用孔子的話罵我。

我嗤的一笑，她領先走了出來，我跟着她。我們隨着人潮離開戲院，走向大街，巷子的雪踩得汚七八糟。

外面很冷，雪底下已經結了冰，踩得嗦嗦響，我們沒有坐黃包車，走路暖和些。

回到家裏，我們鼻子耳朵都凍得通紅，表姐把我們迎的她房間去，把炭火上的灰撥開，火勢還旺。

我們一坐在火邊，表姐就笑着對彩霞說：

「彩霞，妳走了不久，貝麗雯就來看妳。」

我微微一怔。彩霞却向表姐黯然一笑，酸溜溜地說：

「姐，妳也太老實了！人家醉翁之意不在酒，她那是來看我的？」她掃了我一眼，我把頭轉開，表姐看了好笑。彩霞沉默了一兩分鐘，突然起身離去。我不敢留她，怕她潑我一頭的冷水。表姐也沒有留她，不知道是什麼意思？過後她輕輕地對我說：

「郁心，彩丫頭是個靈姑，她不會吃乾醋。我看貝麗雯對你眞有意思。」

「表姐，妳也不要捕風捉影，我和她只唱過一齣武家坡。」我說。

「郁心，就是那齣調情的戲出了毛病。」表姐笑着說：「像貝麗雯那樣眼睛都會說話的人，還用得着題兒？」

表姐是台下的證人，我還能再强詞奪理？雖然當時我毫無此心，貝麗雯却有點兒假戲眞做。

「郁心，她邀你到她家裏去吊嗓子，你去是不去？」表姐一面說，一面察看我的臉色。

我不知道怎麽回答才好？大哥的話和彩霞的話在我心裏撞得火星直噴。表姐看我半天不作聲，輕輕地按着我的手背說：

「郁心，你不能去。彩丫頭是正月初一燒頭香，一心朝你。你不能傷她的心。」

戲言戲語藏殘外
山上山下遮心樓

第十七章

放寒假的第二天，密斯花要我和彩霞陪她去蓮花洞玩，想不到她還邀了彩霞的同學王秀英和貝麗雯。當時我覺得有點為難，但是不去又對不起密斯花，在男生中她算是看得起我，又那麼客氣，使我無法打退堂鼓。

貝麗雯對彩霞表現得特別親熱，彩霞心裏雖然有個疙瘩，但她不願做出小家子氣，拒人千里，因此表面上看來兩人像對姊妹花，顯得比王秀英還親熱。

密斯花自己有部新脚踏車，彩霞因為家在鄉下，為了來去方便，她也有部女用脚踏車。王秀英、貝麗雯和我都是臨時向車行租的。

馬路上的雪剛剛化盡，低窪陰暗的山脚、田溝，還有殘雪。天上有點花花太陽，風不大，這是冬天難得的好天氣。

我們騎着五部脚踏車，穿過甘棠湖南門湖的柳堤，沿着大馬路前進。密斯花的年齡比我們大，照我們中國人的眼光看已經是個老閨女了，可是她好像完全沒有把它當回事，她顯得比我們還活潑年輕，她和彩霞她們說說笑笑，快樂得很。

我們在十里舖下來玩了一會，密斯花很好奇，東看看，西望望，新出鍋的油條麻花，她也買來嚐嚐，這半年來她已經學會了不少中國話，她現買現賣，和小舖子裏的夥計也搭上幾句，她聽不懂就問我們。

蓮花洞離城裏只有二十五華里，過了十里舖就去了一小半。我們騎着車子慢慢踏，路邊的田有的種了油菜小麥，雪化後更青葱可愛。廬山越走越近，山脚下還可以看見樹木竹林，好漢坡以上就是一片冰雪，牯嶺更在雪裏，花花太陽照着山頭的冰雪，閃亮刺眼。

個把鐘頭我們就到了蓮花洞，把脚踏車寄放在一家飯舖裏，陪密斯花在附近玩。密斯花帶了照相機，替我們拍了幾張照片。她知道廬山是座名山，在美國就知道牯嶺的大名，可惜今年她來遲了，沒有上去，她說明年夏天一定上去玩玩，她問我們去過沒有？除了我和彩霞之外，王秀英、貝麗雯都沒有去過，她要我們陪她循着上山的路向上走走。

山窪裏竹林裏還有很多積雪，山脚的紅土路也結了冰，有點滑，山這邊下午見不到陽光。走了里把路，我們就不能再上去，因爲坡更陡，路更滑。我們坐在一塊大青石上休息，望望滾滾長江，像一條大蟒蛇，蜿蜒而下，江邊的城市，房屋如鱗，沃野千里，密斯花又說了一句「枉得福」！她又要替我們拍照，彩霞站在我的右邊，貝麗雯把王秀英一拉，一道站在我的左邊，王秀英站在外面。隨後貝麗雯又替密斯花拍了幾張。密斯花很喜歡貝麗雯，她不知道內情，還對「平安夜」我們合唱的「武家坡」一再稱讚，她也歡喜那個羅曼蒂克的故事。

貝麗雯聽到她稱讚十分高興，笑着對我說：「寒假無事，那天我們再唱一次給密斯花聽聽？」

彩霞瞟了我一眼，我像餅乾的夾心，逼得透不過氣來。彩霞笑着對貝麗雯說：

「麗雯，妳眞是兜着桃兒沒有地方賣。他可沒有你的戲路寬，一齣『武家坡』總不能唱了又唱？」

「我相信他肚子裏的玩藝兒不少，決不止一齣武家坡？」貝麗雯望了我一眼說。

我怕說錯了話，不是得罪了娘娘，就是得罪了太子，決定作三緘其口的金人。幸好王秀英及時插嘴：

「麗雯，這不是談戲的地方，妳想過癮，囘到城裏再說，一個寒假夠你們咿咿呀呀的。」

王秀英的話解了我的圍，把貝麗雯逗笑了，彩霞臉上春雲乍展，一笑便收。

下山路滑溜難走，她們三人怕跌跤，不時抓住我，不知道貝麗雯是不小心還是故意的？滑了一跤，身子一歪，差點兒跌到地上，我及時伸手抓住她，我們兩人跌跌撞撞地一連滑下十幾步路，幸好被路邊一塊大青石擋住，但我們兩人的身體重重地撞了一下，我倒退一步，才站穩身子，她紅着臉一笑。

王秀英拍着手笑，彩霞怔怔地望着我們。密斯花走過來問我們撞傷沒有？貝麗雯掠掠頭髮笑着囘答：

「幸好衣服穿得多。」

密斯花又囑咐她們三人特別小心。於是她們三人手挽着手，彩霞夾在中間，像瞎子探路，一步步地走下去，走到山脚又笑作一團。彩霞和貝麗雯看來又怪親熱的。

我們不想在飯舖裏吃晚飯，給了兩毛錢的寄車子錢，飯舖老板很高興。

囘來時已經灰雲密佈，沒有一絲陽光，寒氣很重。我們踏得也快，北風吹着耳朵和鼻子像刀割，我用圍巾裹住耳朵和鼻子，彩霞她們用包頭的大手巾從下巴起連耳朵鼻子統統兜住，只留一對眼睛露在外面。

我和密斯花並排騎在前面，她騎的是跑車，不大吃力。她的興趣很高，一面騎一面和我說笑，我看不見她的笑容，只看見兩隻含着笑意的滴溜溜轉的綠眼睛，她要我和彩霞時常到她家裏去玩，並且希望我和貝麗雯再唱唱中國歌劇。

我們兩人騎得快，彩霞她們三人也緊緊跟着，不到一個小時，我們就回到城裏。密斯花邀我們到她家去吃飯，我們都領過她的情，不想再吃那種淡而無味的生菜麵包，我們家裏都有鰱魚頭豆腐火鍋等着，誰希罕那種西餐？因此我們都齊聲婉謝。

我們在南門口分手，密斯花單獨回去，貝麗雯和王秀英一道，彩霞回家，我去西門口車行還脚踏車，貝麗雯和我們分手時故意問彩霞：

「彩霞，妳那天到我家去玩？」

「去的時候去。」彩霞刁鑽地回答。

「妳什麼時候在家？」貝麗雯又問：「免得我又撲空。」

「放了寒假可就不一定。」

貝麗雯望望彩霞笑了一下，脚一踏，騎着車子先走。

彩霞拉下大手帕，推着車子和我走了幾步路，由於長途騎車的關係，她的臉色更紅潤，像粉紅色的玫瑰。

「貝麗雯眉毛眼睛都會演戲。」彩霞望了貝麗雯一眼，回頭對我說。

「何以見得？」我假裝迷糊。

「我才不相信她在山上是眞的滑倒。」她嘴角微微一撇。

「那可不是玩的。」

「她裝得很像。」她頭一點：「還把你拉拉扯扯拖了十幾步路。」

「妳別寃枉她，我都差點兒跌倒。」

「我寃枉她？」她皺着我兩眉一皺說：「我旁觀者淸，你當局者迷，最後她是故意把身子往大石頭上一歪——」

我完全沒有那種感覺，只是停不住脚，身不由己地往她胸口上一撞，又反彈回來。

「管她有意無意，我先把車子送回車行再說。」我脚一跨，騎上車子。

車子是論鐘點計算的，我不想浪費時間，多花租錢。彩霞聽我這樣說，點點頭：

「好，你快去快回，我等你吃飯。」

我急駛到車行，夥計檢查了一下車子，看看沒有損壞，才退我的押金。我剛把錢算淸，轉身出來，貝麗雯正好在門口下車，我不禁一怔。我知道她不是租這家車行的車子，我們先前曾經談過。我想不透她怎麼突然彎到這家車行來？

「妳不是租這家的車子，怎麼也到這家來？」我問她。

「怎麼？你不准我來？」她笑着反問我。

「妳來有什麼事？」

「我想問你一句話。」她輕輕地說，推着車子離開車行。

「有何見敎？」

我以爲她有什麼重要的事，認眞地問她：

「別這麼酸溜溜的！」她白我一眼：「我請你到我破瓦寒窰裏吊吊嗓子，你怎麼一點也不賞我的面子？」

「對不起，功課實在太忙。」我只好用功課搪塞她。
「現在放寒假了，你該沒有事兒？」
「也不是完全沒有事兒。」
「是不是表妹不放你的假？」她那兩隻黑得發亮的眼睛在我臉上不停地打量。
她的話咄咄逼人，使我無法閃避。我只好老實對她說：
「妳是彩霞的同學，妳應該知道她是個靈姑？」
「你到我家裏吊吊嗓子，我又不會把你吃掉，何必那麼怕她？」她挑逗地一笑。
「不是怕她。」我不願意在她面前示弱：「唱戲要花很多時間，我的功課不行，想在寒假中多下點功夫。」
「我的功課也賴，咱們兩人正好志同道合。」她爽朗地笑着：「行行出狀元，要是戲唱得好，也强似一個書獃子。」
「我不打算吃開口飯。」
「我也用不着，我和你完全是爲了臭味兒相投。」
「謝謝妳這位知音，我肚子餓了，改天再談。」我向她拱拱手，想就此開溜。
「你留下十擔乾柴米八斗，我在寒窰苦度春秋。十八年我也沒有餓死，你幾分鐘都餓不得？」她用現成的戲詞兒隨口打趣，暗藏風流，而又恰到好處。
我一下脫不了身，只好對她說：
「等彩霞下鄉以後，我再到府上領教。」

她高興地一笑，又頂上幾句：

「君子一言，快馬一鞭。你男子漢，大丈夫，說話可要算話？」

我支支吾吾地走開，她騎上脚踏車，繞着我兜了一圈，才一笑而去。

我匆匆忙忙地趕回家，火鍋已經擺在桌子中間，彩霞迎着我，懷疑地說：

「表哥，你怎麼去了半天？」

「車子脫了鍊條，費了半天手脚。」我把在路上想好的話，脫口而出。

彩霞上下打量我一眼，曼聲曼氣地說：

「這眞有點兒蹊蹺？來去四五十里路沒有脫鍊條，怎麼回到屋門口反而出了岔子？」

「天也有不測風雲，這種事兒怎麼說得定？」

「我們頭上是兩個天，我猜不準。」她向我一笑，領先走向廚房，手兒一招：「來，先洗個熱水臉再吃飯吧！」

她替我打好了洗臉水，放好了毛巾，站在旁邊看我洗臉。洗完了臉我覺得非常舒服，皮膚像擦了滑潤油。我把毛巾往架子上一搭就走，她連忙將盆裏的水潑掉，笑着對我說：

「水不倒掉又會結冰。」

她的心眞有一千個玲瓏孔，不像我粗心大意。

表姐要我到她套房烤烤火，一走進來就有一股暖意。

我伸頭向臥室望望，被臥疊得整整齊齊，印着龍鳳圖案的臥單平平坦坦，隨口問了表姐一句：

「大哥沒有回來？」

表姐笑着搖搖頭。彩霞接嘴：

「表哥，你何必多此一問？他是早就脫了練條。」

我嗤的一笑。表姐摸不着頭腦，笑問彩霞：

「彩丫頭，妳又在我面前弄什麼玄虛？」

「姐，不是我在妳面前弄玄虛，是表哥在我面前弄玄虛。」彩霞清脆地回答。

「郁心，到底是怎麼回事？」表姐望望我說：「表姐是老實人，猜不透你們兩位的腹內機關？」

我把自編的脫練條經過情形告訴她，自然不敢提貝麗雯找我的事。表姐聽後又望望彩霞說：

「彩丫頭，除非妳有千里眼，順風耳，我實在看不出有什麼破綻？」

「姐，他們兩兄弟的事兒，妳舉一可以反三，何必要親眼看見？」彩霞瞟了我一眼，一個字兒一個字兒地吐出來，像貝麗雯的道白。

表姐望望我們兩人好笑，又對彩霞說：

「我看你們兩位眞是棋逢敵手，將遇良材，不像我和妳大表哥一面倒。」

「表姐，彩霞多心，我簡直動彈不得。」

表姐望着我同情地一笑。彩霞馬上指指我提醒她：

「姐，大表哥把妳當糯米團兒揉，他們是一個窩裏的貨，妳還信他的？」

表姐和我都笑了起來，表姐首先停止笑說：

「彩丫頭，郁心和妳大表哥不同，妳別糟蹋他。」

「姐，王寶釧守了十八年，把薛平貴守成龍一般。看妳把他寵成什麼樣子？」彩霞指着我向表姐。

「他成龍成鳳，將來大登殿還不是由妳去唱？」表姐笑着回答彩霞：「姐姐還不是跑跑龍套，湊湊熱鬧？」

「姐，妳又耍猴兒，我不依妳！」彩霞把表姐搖了幾下，表姐樂得嘻嘻笑。

第十八章　要稱心左右為難

大哥幾天沒有回家，我想去花園飯店找他，我問彩霞去不去？彩霞遲疑不決，一來她要避嫌，不願和我同去旅館那類地方；二來她對筱慧芳有點敵意，不大願意和她見面；三來她對大哥沒有好感，在筱慧芳房裏見了他更會火上加油，恐怕弄得大家的面子都不好看。她希望旁敲側擊，讓大哥自己回頭。

但是她又不大放心我一個人出去，最後她說：

「我陪你去，我在花園飯店門口等你好了。」

「我先說好，三兩分鐘我不會出來。」我對筱慧芳毫無惡感，我不但喜歡她的戲，也喜歡她的人，如果她好意留我唱兩段兒，我決不會推辭。寒假無事，唱唱戲，實在是人生一大樂事。

「我就多等你一會。」她笑着回答。

「妳這麼個大姑娘，長久站在旅館門口，不怕惹騷惹臭？」我輕輕地對她說。

她馬上臉一紅，面色一整，無可奈何地說：

「好吧，你早去早回，不要賴在那個盤絲洞裏。」

表姐在旁邊聽了好笑。我靈機一動，故意對彩霞說：

「要是我叫大哥不回來，我也沒有臉回來。」

彩霞紅潤的臉色馬上泛白，一時講不出話。表姐信以為真，望了彩霞一眼，柔聲地對我說：

「郁心，你乾脆別去叫你大哥，他愛什麼時候回來聽他的便，我不計較。」

彩霞又怕我真的不去，連忙對表姐說：

「姐，我們女[illegible]兒家，不便去那種地方。表哥去還是應該去，就是不要掛羊頭賣狗肉。」

我忍不住笑，表姐笑着拍了彩霞的肩膀一下：

「彩丫頭，難怪郁心說他動彈不得！妳處處張網，那不困死他這條活龍？」

「表姐，我那裏是活龍？我簡直是灰裏的蚯蚓。」我故意裝狗熊。

彩霞也嗤的一笑，向我揮揮手說：

「去，去，去！你別在我面前裝蒜，我還不知道你那一套？」

我把圍巾向肩後一摔，把絲棉袍下擺向上一提，雙手往西裝褲子口袋一插，笑着走開。現在我覺得彩霞不但是大哥的尅星，我也會被她拊住。

我抬頭望望天空，又是灰沉沉的，像要下雪的樣子。風吹在臉上像刀割，潑在路邊的水已經結了冰，滑得很。

到花園飯店我沒有碰見程雲鵬，他正在和女師一位高二的女生戀愛，他比我大兩歲，談戀愛是老手，放了寒假就專心吃喝玩樂了。

未走近筱慧芳的房間，我就聽見琴聲。大哥已經把家裏的胡琴拿了出來，大概是他在拉？我走近窗口一望，果然不錯。他坐在火盆旁邊，沒有穿大衣，皮袍子上墊了一塊白布，胡琴放在膝蓋上，兩手半捲着白袖口，閉着眼睛在拉二簧倒板。

筱慧芳站在他對面的火盆旁邊，綠緞短襖，黑嗶嘰長褲，深口黑絲絨鞋。兩手絞着大紅手絹，正張嘴唱：「耳邊廂又聽得初更鼓響」，這是一齣最好聽的梅派「生死恨」。在她接唱搖板之前，我敢了兩下門。她的耳朵很靈，馬上問了一聲：「誰？」我連忙答應，她立刻走過來開門，[illegible][illegible]我抱歉地說：

「對不起，打斷了妳的好戲。」

「你要是不見笑，我再唱給你聽。」她用背脊頂上門說。

「不收門票？」我笑着問她。

「亞少，你別罵人。」她笑盈盈地說：「承你抬擧，我就是專為你唱一台戲也使得。」

「那可不敢當，」我搖搖頭：「在這兒聽妳一齣『生死恨』，我就感謝不盡。」

「[illegible]有你這句話兒，我就得特別卯上。」她向我一笑，又輕輕地對大哥說：「麻煩你拉高一點兒。」

大哥望望我，沒有講什麼，只是會心地一笑。

他從頭拉，她又從頭唱，從頭到尾，無論倒板，搖板、迴龍、慢板、原板，句句好聽，最後一句搖板「留下這清白體還我爺娘」哀婉之至。這齣戲是梅派的精華，筱慧芳唱來幾可亂眞。

她唱完之後，大哥把胡琴一收，望着我仍然不作聲，他似乎知道我的來意，故意裝糊塗。我趁筱慧芳轉身時，在他耳邊輕輕說一句：

「大哥，你應該囘去一趟。」

筱慧芳靈得很，馬上轉身向我一笑：

「亞少，什麼事兒你要瞞着我？」

「家裏有點事，要請大哥囘去一下。」我尷尬地囘答。

「二哥，昨天我就叫他回去，他不聽話，可不是我纏住他。」筱慧芳珠走玉盤地說。

「筱老板，我完全沒有這個意思。」我連忙解釋。

「三少爺，你不要誤會就好。」她高興地一笑，遞給我一杯熱茶，一盤瓜子。

「老王，你要不要來一段兒？」大哥問我。

我搖搖頭，我怕一唱起來就忘記了時間，回去晏了彩霞不好應付。我問大哥是現在和我一道回去還是等一會兒自己回去？他說吃晚飯時他再回去。我怕他說話不算話，特別提醒他：

「大哥，是彩霞要我來的。」

他怔了一下，隨即輕輕地罵了一句：

「那個臭丫頭。」

我心裏好笑，要是見了面他敢罵彩霞，我眞佩服他。

「大哥，我先走一步，你要記得回去。」

「三少爺，你放心，我會提醒他。」筱慧芳乖巧地說。

我立即告辭，筱慧芳把我送到門口，大哥說了一聲：

「老王，我不送。」

「免了，不要使我爲難就成。」

大哥向我揮揮手，筱慧芳向我說了聲「再見」，隨即把門關上。

我想就便去城外樟樹國藥局看看徐天祿，放假以後我們就沒有會面，不知道他如何消遣？

一走到西門口，就碰見貝麗雯，她手裏拿了一包東西，坐在黃包車上，我想躲開她，連忙往人叢中一擠。她的眼快，連忙叫了我一聲，脚一頓，跳下黄包車，趕了過來，捉住我的臂膀，嬌瞋地說：

「你眞怪！我身上又沒有長刺，你怎麼躲我？」

「對不起，街上人多，我沒有看見。」我向她道歉。

「鬼話！」她笑着白我一眼：「你明明看了我一眼，怎麼說沒有看見？」

她一下抓住了我的小辮子，我沒有話說，她連忙付了車錢，把我一拉：

「走，一道去我家吊吊嗓子，我姨娘很想見見你。」

「妳姨娘怎麼知道我？」我有點奇怪。

「你這麼一個了不起的小票友，我還會不告訴她？」她坦率地一笑。

「妳這玩笑開得可大，我怎麼敢班門弄斧？」

「又不是要你替我姨娘跨刀，是請你同我吊吊嗓子，你何必出一身冷汗？」她眼睛一溜，掩嘴一笑。

「我還有事，妳這樣半途拉伕，算是那一路老總？」我笑着問她。

她也嗤的一笑，隨後又白我一眼：

「你別狗咬呂洞賓，不識好人心。你看我那一點像那些大老粗？」

她把胸脯微微一挺，兩眼盯着我。她穿着藍緞襖，黑長褲，比穿學生裝更顯得曲線玲瓏，她兩隻烏溜溜水汪汪的眼睛，盯得我有點發窘。她却顯得很開心。

她看我像隻呆頭鵝，把一個紙包往我手上一塞：

「得罪你替我分點勞。人家洋人是 lady first ，你完全像個大爺，看我拿這麼多東西，也不幫忙一下，虧你好意思？」

她一口的京片子，雖然在數落我，也十分中聽。我們本地女人講話算得上軟語溫柔，但沒有她的京片子清脆。我知道她這包東西是一道緊箍兒，不讓我開溜，但我不能把它扔在地上，也不好意思交還她，只好權充一次「尖頭鰻」。

我們邊走邊談，我選人多的地方走，我有點耽心彩霞，她既然知道貝麗雯的心意，隨時防範，說不定又會暗中追隨我？萬一被她班上其他的同學發現，也一定會傳到她的耳朵裏面，女人的嘴是無線電，而且愛添油加醋，而我又不完全認識她的同學，她的同學多半認識我，足球員是女學生心目中的英雄，我壞就壞在打了幾年足球，容易露底。

大街上的人特別多，萬頭鑽動。這幾年收成好，鄉下人都湧進城來辦年貨，冬臘兩月是生意最好的時候。加上六七個男女中學都放了寒假，更是人潮洶湧。

貝麗雯看我躲躲閃閃，有點好笑，但她也有點顧忌彩霞，她帶我轉進一條小巷，七彎八拐地走到她的家。她住的也是一棟老式的青磚大屋。

一進門她就叫了一聲「姨娘」，一位三十來歲，一身黑緞短襖長褲，風流洒脫，臉上搽了一層薄薄的脂粉，暗香盈袖的女人，從右邊一個大房間裏笑盈盈地走到門口，打量了我一眼。貝麗雯指着我向她介紹：

「姨娘，這位就是我向妳提過的小票友密斯特婁，今天總算請動了他的大駕。」

貝麗雯的二姨娘笑着說：

「稀客，稀客！歡迎，歡迎！」

我向她連連點頭鞠躬，不知道如何稱呼才好？貝麗雯笑着對我說：

「我二姨娘人最好，尤其歡喜能唱幾句兒的同好，你跟我一樣叫姨娘好了，該不辱沒你吧？」

我只好含含糊糊地叫了一聲「二姨娘」，她顯得很高興，把我請進房去，這也是一間套房。我在火盆旁邊坐下，看見牆壁上掛了好幾張放大的戲裝照片，年輕漂亮，一落眼就知道是貝麗雯的二姨娘的。她看我注意她的戲照，微帶感傷地說：

「那都是老古董了，自從跟了麗雯的父親，我就沒有登台。」

「那是我們沒有眼福耳福。」我說。

「想不到你們貴地的人倒很歡喜這個調調兒？」她說。

據說前清末年漢戲還很流行，民國以後，京戲就取代漢戲了。我們這地方由於交通方便，得風氣之先，生活安定，就是在鄉下，黃梅調、草台戲、馬戲，也很流行，尤其是秋收以後，正是半年辛苦半年閒的時候，除了賭博，就是玩樂。

「可比不上南京上海那些大碼頭。」我還是客氣地說。

「令兄倚紅館主的唱功就不輸行家。」她誇獎大哥一句。

「妳看筱慧芳的戲怎樣？」我請教她這位行家。

「她的玩藝兒的確不賴。」她點點頭，又笑着問我：「聽說她和倚紅館主很好？」

「也許是臭肉同味，成天泡在一塊。」我笑着回答。

「這也難怪——吃開口飯的也要知音。」她世故地說。

「姨娘聽我說你是一塊料，她就高興。」貝麗雯插嘴。

「我不成材，請不要見笑。」我望望貝麗雯的姨娘說。

「麗雯對你佩服得很，她總是想請你到舍下來玩玩，可就請不動大駕。」她笑着說：「今天不知道怎樣被她請動了？」

「姨娘，不瞞妳說，今天是我綁票綁來的。」貝麗雯笑着說，同時遞給我一蓋盌熱茶。

「青天白日，妳的膽子可眞不小？」二姨娘望着貝麗雯一笑。

「姨娘，他敬酒不吃吃罰酒，我只好先斬後奏。」貝麗雯得意地說。

二姨娘端出瓜子、花生、洋糖人參果兒，像待客人一樣，我眞不好意思。隨後她在棗木床架上取下胡琴，笑着對我說：

「做賊的還是做賊。平時我悶得慌，就和麗雯拉拉唱唱。她雖然不是我生的，咱們老小兩口兒倒眞臭味兒相投。難得你也歡喜這個調調兒。麗雯對你一見如故，你對我也不要見外，我雖然痴長你一輩，既是同好，不妨作個忘年之交。你歡喜唱什麼？我替你拉。」

她這段話簡直像唱了一段流水，珠走玉盤，聽得親切而舒服，我要貝麗雯唱，貝麗雯把食指一挑說：

「你先唱一段，待會兒咱們倆再唱對兒戲。」

我不好忸怩作態，便對二姨娘說：

「恕我獻醜，打鼓罵曹。」

「好戲。」她讚了一聲，隨即拉起西皮倒板。

我一唱完「讒臣當道謀漢朝」，她就微笑點頭，唱完整段「下席坐定奸曹操。」她忽然把胡琴一收，笑容滿面地說：

「難怪麗雯讚你。你這一段唱得有點兒言味，一般票友不但不能唱出戲味，就是一般老伶工也難做到。你的好嗓子倒在其次，能懂得唱的訣竅，可眞不容易，可見吃開口飯的不能照本宣科，也得有點兒學問。你喝了不少墨水，這就與衆不同。」

她這一番褒奬，使我又高興又佩服，貝麗雯更摟着她的肩說：

「姨娘，我該沒有看走眼吧？」

「嗯，」二姨娘笑着點頭，一語雙關地問她：「你們要不要唱段彩樓配？」

貝麗雯眼珠兒一溜，笑着望望我，我連忙對二姨娘說：

「二姨娘，我們還是唱正宗青衣鬚生戲『賣蓮燈』吧。我還有事，唱完了要趕着回去。」

「你要唱『賣蓮燈』我也奉陪。」貝麗雯馬上接嘴：「可不要大火燒着屁股，趕來趕去？」

這段戲得唱好半天，我只好敷衍她，二姨娘笑着拉起胡琴，我自己唱的不必細表，貝麗雯的二簧倒板「又聽得二姣兒一聲請」，和迴龍「後堂內來了王氏桂英」，唱得十分平穩。我特別歡喜聽青衣二簧，貝麗雯的二簧慢板、原板、唱得都很好聽，散板「莫不是二姣兒打傷人」特別卯上，我笑着點頭，她十分高興。搖板「悠悠頭上走三魂」也很夠味。如果光是清唱，她可以直追筱慧芳。她唱完以後我毫不猶豫地鼓掌。

貝二姨娘收了胡琴喝口茶，笑着對我們說：

「你們兩位都夠料。不過京戲不比文明戲，沒有止境，越鑽越深，嘴上身上都不簡單。你們要想眞好，還得耗下去。」

貝麗雯還要我再唱，我無論如何不肯，推說改天再來，她翹起右手的小指頭，往我面前一送：

「你要是不來，就是這個——」

我怕彩霞生氣，也不管她這個那個，向貝二姨娘道謝了就走。貝二姨娘也叫我再來，把我送到門口。貝麗雯多送了我十幾步路，我一再請她留步，她揶揄我說：

「你的戲唱得很好，可惜人膽小如鼠！」

我顧不得她的嘲笑，向她拱拱手，轉身就走。

「下次你那天來？」她大聲問我。

「今天不知道明天的事，不敢預定。」我回頭答話。

「再要我綁票那就沒有意思了。」她望着我說：「我身上沒有刺，你自個兒決定吧。」

我匆匆趕路，貝麗雯的話一直在我耳邊響，她二姨娘的模樣兒也在我眼前晃來晃去。我沒有看見她父親母親和別人，看她家裏那種氣派，不像普通人家，能討戲子作小的男人決不簡單，聽說貝麗雯的祖先是滿清貴族，不知是眞是假？不過我們本地人沒有姓貝的，這倒是千眞萬確的事。

我回到家裏快到吃晚飯的時候，大哥已經回家，我放心不少。彩霞看我回來這麼晏，上下打量我。她脫了學生裝，換上紫色緞面杏黃邊，盤扣，白羊毛的短襖，黑長褲，比藍陰丹士林布短掛黑裙子的學生裝，顯得更俏。我也望望她，我們都沒有講話。表姐打趣地說：

「怎麼你們兩位不認識？」

我聽了好笑，彩霞對表姐說：

「姐，妳猜表哥怎麼回得這麼晏？」

「這我可猜不着。」表姐笑着搖頭。

「我去看徐天祿，就擱了一下。」我連忙解釋。

彩霞看了我一眼，笑着對表姐說：

「姐，我有點兒咳嗽，吃了飯妳陪我去樟樹國藥局買點兒麥冬陳皮回來泡水喝。」

表姐知道徐天祿是樟樹國藥局的少老板，聽彩霞這樣說，笑着望了我一眼。

「樟樹國藥局麥冬陳皮缺貨，妳去也是白跑一趟。」我故意和她胡扯。

「那我就買點兒鹿茸當歸，帶回去孝敬娘。」彩霞曼聲曼氣地說。

表姐噗哧一笑。彩霞望着表姐說：

「姐，妳別笑，現在人心不古，我還是行點兒古道。」

我又好氣又好笑，表姐笑着在彩霞肩上一拍：

「彩丫頭，殺人也不過頭落地，得饒人處且饒人。」

「姐，妳宰相肚裏好撑船，我眼睛裏可容不得一粒沙子。」彩霞朗聲回答。

大哥用手肘輕輕碰了我一下，被彩霞看見，彩霞馬上問他：

「大表哥，當着我們兩姊妹的面，你們兩兄弟還做什麼手脚？」

大哥尷尬地一笑，我哈哈大笑起來。表姐不知道我們笑什麼，問彩霞是怎麼回事？彩霞朗朗地說

「姐，像妳這樣阿彌陀佛，將來我們被他們當古畫兒賣掉，妳都不知道呢。」

大哥臉上掛不住，一聲不響地走到臥室去。表姐責怪地望了彩霞一眼，彩霞也覺得說重了一點兒

，輕輕地對表姐說：

「姐，我退一步，但是不能道歉。」

她站起來，望了我一眼，一步一步地走出房間，走進廚房。

表姐向我搖頭一笑，走進臥室。

我一個人坐在火盆旁邊烤火，手上捏了一把冷汗，我眞躭心彩霞吃了飯會到樟樹國藥局去查根問底。

不久，彩霞從廚房裏端了火鍋出來，放在桌子中間，她明明望見我坐在房裏烤火，却斂聲說：

「姐，快來吃飯，今天晚上又有沙鍋魚頭。」

我聽了又好氣又好笑。表姐從臥室走出來，望着我一笑，輕輕地說：

「別和彩丫頭一樣，快去吃飯。」

表姐先走出去，大哥也從臥室出來，我站起來準備出去吃飯，大哥走近我輕輕地說：

「老弟，現在我們兩兄弟眞的同病相憐。」

第十九章　靈姑心有千千結　雪地車飛點點花

臘月二十四是小年，姑姑家的長工俞七送了一擔紅晚米，半邊豬肉，兩隻大閹鷄，一籃冬筍來。我們一家人都很高興，彩霞尤其高興。俞七對彩霞說：

「彩姑娘，老太太請妳同我一道回去過年，妳去是不去？」

「自然要去，」彩霞馬上回答：「不過不是今天。」

「彩姑娘，過年沒有幾天了，要是遇到一場大雪，妳怎麼下鄉？」俞七問她。

「你放心，眞到了那個節骨眼兒，下刀子我也去。」彩霞清脆地回答。

「彩姑娘，妳在街上住了這麼久，怎麼越住越捨不得回家？」俞七輕輕笑問。

「俞七，你多吃飯，少管閒事。」彩霞堵住他。

「彩姑娘，我一頓吃五盌，再多吃老太太明年不要我了。」俞七打趣地說。他從小在姑姑家放牛、看山，長大後升爲長工，先後做了二十多年，加之他也姓俞，現在巳經變成姑姑家的一員了。

「那不關我的事，」彩霞笑着回答：「你先回去對娘講一聲，我要是二十九不回去，三十準到家。」

「彩姑娘，老太太天天指望妳回去，妳何必要挨到年關門口才回去？」

「你代我向娘告罪一聲，正月裏我一定在家裏多住幾天。」

俞七打量她，又望望我，笑着抽出腰間的旱烟袋，裝了一袋黃烟絲，就着火盆吱吱地吸起來。

表姐問姑爹姑姑的身體怎麼樣？鄉下的情形如何？俞七點頭說了幾個好字。

表姐已經結婚，自然在我們家過年，她望望彩霞，輕輕地問她：

「妳能不能同俞七一道回去？」

「姐，本來我早想回去，」彩霞回答：「可是事不由人，妳又何必明知故問？」

表姐望望我，沒有作聲。

俞七吃過午飯，母親塞了他一個紅包，拿了三條大鰱魚讓他帶下鄉去。

俞七走後，彩霞悶悶不樂，坐立不安，我猜想她是因爲沒有和俞七一道回去，心裏有點兒抱歉。她對姑姑一向孝順，姑姑的話她從來不打折扣，這是第一次沒有聽姑姑的話。

「表哥，我們一道下鄉去好不好？」她忽然問我。

「爲什麼？」我明知故問。

「天上掉下一顆星，讓娘驚喜一下。」她强作歡笑地說。

「反正初二我要去拜年的，」我摸摸下巴說：「年裏我不下鄉，姑姑不會怪我。」

她望着我臉孔氣得通紅。表姐在旁邊好笑，大哥心裏得意，歪過頭去暗笑。

「街上好玩，乾脆初二你也不要下鄉拜年。」彩霞紅着臉說。

「那是我的禮數，下刀子我也要去。」我說。

「老么，我陪你去。」大哥補上一句。

「娘可不在乎你們這份假殷勤！」彩霞望望大哥又望望我說。

「姑姑想妳回去，妳怎麼又不去？」大哥斗膽頂她。

「大表哥，我打開天窗說亮話：我情願遲點兒回去領娘一頓教訓，你們也別想調虎離山！」彩霞眉尾一揚說：「你們要是上樑不正下樑歪，我就先向娘奏一本，要你們吃不了兜着走！」

大哥像冷水澆頭，打了一個冷噤，臉色灰白，低頭不語。我知道不能再火上加油，也不作聲。

彩霞望了我和大哥一眼，陡然起身，昂着頭走回自己的房間。

「郁心，彩丫頭不好惹，你何必抹倒毛？」表姐伸頭向窗外望了一眼，向我一笑。

「表姐，寒假無事，閒着也是閒着。她管得我動彈不得，我也讓她吃點辣味兒。」我說。

「老三的話對！」大哥的手掌在大腿上一拍。

「你別高興，」表姐望着大哥說：「她還沒有抓着郁心的把柄，你可一身是騷。」

大哥一怔，呆呆地望着表姐。表姐和風細雨地對他說：

「你不要以為我可欺，你自己也檢點一點兒。要是彩霞真的奏一本，娘動了真氣，看你怎麼收拾？」

大哥一聲不響，歪過頭來望望我。

「大哥，現在彩霞對我也起了疑心，我是泥巴菩薩過江，自身難保，你真要收心。」我說。

大哥又低着頭烤火，一語不發。

表姐在炭火旁邊煨的幾個紅薯，噴着陣陣甜香，表姐用火箸扒在火盆邊上，用食指按按，已經軟了，表姐向彩霞房間一指，笑着對我說：

「郁心，麻煩你去請彩丫頭過來吃烤紅薯，她最歡喜這種東西。」

我抓抓頭皮不想去，這分明是叫我去賠禮。

「郁心，解鈴還是繫鈴人，你不去誰去？」表姐笑着說。

「表姐，我男子漢大丈夫，怎麼能坍這個台？」我笑着回答。

「大丈夫能屈能伸。」表姐推着我說：「快去，快去！」

我無可奈何地走出來，回頭望望表姐，表姐向我呶呶嘴，大哥向我揶揄地一笑。

我悄悄地走近彩霞的窗口，看她和衣歪在床上，右手撐着頭，似在沉思。她一看見我，馬上翻個身，把臉朝裏。我向來不進她的臥室，我走近窗口，把兩隻手肘擱在窗沿，輕輕地對她說：

「彩霞，紅薯煨熟了，又香又甜，快點過去吃。」

她像個臥着的觀音，不聲不響。我心裏在嘀咕，她要是不給我面子，我眞沒有臉去見表姐大哥。

「彩霞，妳宰相肚裏好撐船，何必爲雞毛蒜皮的事嘔氣？妳放心回去，我保險足不出戶。」

「你口是心非，騙誰？」她身子動了一下，嘴裏突然蹦出這句話，臉孔仍然朝裏。

「我講的是良心話。」

「你的良心放在脅下。」她清脆地說。

我聽了好氣又好笑，停了一會才說：

「今天是小年，妳別儘寃我。」

她果然不再作聲，沉默了一會，我又說：

「我好心來請妳吃煨紅薯，妳要是不賞我一點兒薄面，我怎麼去見大哥和表姐？」

她慢慢翻轉身來，盯了我一眼，輕輕滑下床沿，又抬頭望着我說：

「如果你不先在風頭上撥火，我也不會嘔氣。」

「我以爲妳是海量，那知道妳會嘔氣？」

「有血有肉的人，怎麼會不嘔氣？」

「天大的事表姐都會原諒我，妳就容不得一句戲言？」

「你痛肉上打計，怎麼能怪我？」

「妳太多心，我又怎麼能做人？」

她望望我，欲言又止。我又向她解釋：

「過年只有這麼幾天，我何必跑來跑去？拜年時我陪妳在鄉下多住幾天，不是一樣？」

「你早有這幾句話兒，我怎麼會嘔氣？」

她低頭一笑，走出房來。

表姐已經把煨紅薯上的灰弄得乾乾淨淨，排列在火盆的木架上。大哥正剝着一個熱氣騰騰的大紅薯在吃。她看見我們進來，笑着拿起一個大紅薯對彩霞說：

「彩霞，我留了一個最大的給妳。妳大表哥吃的是小的，免得妳說我偏心。」

「姐，妳眞是此地無銀三百兩，隔壁王二不曾偷。」彩霞笑着說：「大表哥吃的分明是大的。」

「彩霞，妳眞的說話不要本錢，妳比比看，到底誰大誰小？」表姐把那個最大的煨紅薯遞給她。

「姐，我才不像妳一樣偏心小器。」她接過表姐手上的大紅薯，順手遞給我，又伸手去取那個小一點的。

表姐看了好笑，指着彩霞說：

「彩丫頭，妳還說我偏心小器？妳這才是吃裏扒外，把大的讓給郁心，這又怎麼解釋？」

「我吃不了那麼大的，」彩霞紅着臉一笑：「自然讓給表哥。」

「妳怎麼不讓給我？」大哥問她。

「你要有他那麼大的食量，我連這個一起奉送。」她把手上的煨紅薯向大哥面前一送。

「我才不在乎多吃一個紅薯，」大哥笑着說：「我看妳才是眞偏心。」

表姐站在旁邊高興地微笑，她穿着做新娘時的嫁衣，紅綾面子白子羔的短襖，黑嗶嘰長褲，看來還有幾分新人的喜氣。

彩霞把自己的煨紅薯皮剝得乾乾淨淨，遞給表姐，表姐不肯接，她笑着說：

「姐，投桃報李，妳就讓我回敬一次。」

表姐接下，笑容滿面地對彩霞說：

「我吃了這個煨紅薯，要長一大塊肉。」

「姐，人參燕窩妳都給大表哥吃了，紅薯又不是龍肉鳳肝，妳長什麼肉？」彩霞望着表姐說，表姐比她瘦多了。

大哥剛好吃完紅薯，趁機溜到臥室揩嘴，過了半天才出來。本來他吃飽喝足之後，就會拉拉胡琴，和我哼哼唱唱，他望了壁上一眼，壁上沒有胡琴，他放在筱慧芳那邊沒有帶回。彩霞放假在家，他不敢像平時那樣隨時溜走，這次在家多住了兩天。

我吃了一個大紅薯，一身溫飽，表姐和彩霞都沒有吃完，放進鳥籠裏面餵鳥。

天井裏的梅樹剛剛開花，飄進一陣陣清香，表姐和彩霞並肩站在窗口賞花，彩霞左手搭在表姐肩上，像倚人小鳥。兩人輕言細語，表姐說：

「前人種樹，後人乘凉，這都是祖先的恩澤。」

「外公對我們的大恩大德，還有人不知道感恩圖報，只求自己快樂逍遙。」彩霞說。

大哥望了我一眼，左手一抬，右手在長袍袖子底下指指彩霞，完全是青衣花衫的動作，我看了好笑。

彩霞回頭向我招招手，大哥連忙把手放下，她看見大哥那副尷尬樣子，又好氣又好笑地說：

「又在我們背後做什麼手脚？」

大哥把頭歪在一邊。我走了過去，站在彩霞的旁邊，望望天井裏的梅樹，枝幹帶黑褐色，花蕾像冰凍的羊脂球，枝頭少數花蕾已經吐蕊，清香就是從這些先開的花上飄送過來。

「你也過來看看。」表姐回頭對大哥說。

大哥起身，抖抖長袍，慢慢走過來，在表姐身邊停住，把手圍在表姐肩上，表姐把他的手放在窗沿上。彩霞看了抿嘴一笑。

「梅花眞香。」大哥故意用力嗅嗅，解嘲地說。

「這是王者之香，可不是野草閒花。」彩霞接嘴。

大哥望了彩霞一眼，向我苦笑。表姐用手肘輕輕碰了彩霞一下。

窗口的寒氣較重，大哥站了一會，又退到火盆旁邊坐下。表姐用鼻尖輕輕嗅了一下，說了一句「托外公的福，我們用不着踏雪尋梅。」便離開窗口。

冬青樹越冷越青，精神抖擻，加上梅花的清香，陣陣飄來，我倒不想離開窗口。彩霞也不怕冷，她伏在窗沿上，伸長頸子去嗅梅花。

大哥怕冷，表姐叫彩霞把窗子關上，彩霞留了一扇透透空氣。

晚飯後大哥邀我去看戲，沒有邀彩霞，我知道大哥是拉我作擋箭牌。彩霞心裏比我更清楚，她不但不放心大哥，也不放心我，馬上對表姐說：

「姐，我請妳，我們兩人也去。」

表姐心裏明白得很，笑着不作聲。大哥聽彩霞這樣說，有點不安，要是彩霞和表姐跟着去，他就不能開小差，彩霞一定會拉着表姐把他看死。

他不聲不響地溜進臥室，過了一會，我們聞到一陣大烟香，彩霞得意地一笑，輕輕地對表姐說：

「姐，我這一軍把他將倒了。」

「彩丫頭，我眞服了妳。」表姐笑着回答。

以後一連幾天，彩霞把我和大哥都釘得很緊。我賭氣不出門，她邀我去柳堤散步我也不去，邀我去看密斯花我也婉辭。練拳的晚上我一定出去，她也不好意思跟着。大哥沒有去看戲，也沒有外宿。

二十九一淸早，天上就飄起雪花，表姐對她說：

「彩霞，今天再不下鄉，脚踏車不能騎了。那麼遠的路，妳踏雪回去，可不容易？」

彩霞皺着眉望望天空，遲疑不決，我心裏好笑。她不能在我們家過年，一定得趕回去和姑姑爹吃團圓飯。她不比表姐，表姐已經是我們家的人，當然和我們吃團圓飯、守歲。她雲英未嫁，身份未定，不能賴在我們家裏。

吃過早飯，她挨了一會，才從房裏推出脚踏車。爲了騎車方便，她一身短襖長褲，圍着白圍巾，戴上黑手套。表姐和我送她，雪還沒有蓋滿地。我們陪她走上柳堤，堤上很冷，湖裏已經結了冰。她要我們轉身，表姐對她說：

「彩霞，妳告訴兩位老天牌，說我們初二準去拜年。」

「姐，下雪你們也去？」彩霞歪着頭問。

「縱然妳大表哥吃不得這個苦，我和郁心準去。」表姐回答。

「姐，妳如果單獨下鄉那更是給大表哥放生，妳一定要拖着他一起去。他縱然吃了豹子膽，也不敢不拜娘的年。」

「彩霞，妳包涵一點兒，我會勸他和我一道去。」表姐說。

「姐，我眞想在娘面前掀他的底，妳還要我替他遮蓋？」彩霞望望表姐又掠我一眼。

「彩霞，醜了媒人，醜了小姐，他坍了台我臉上也沒有光彩。」

「姐，妳眞是死要面子！」彩霞盯了表姐一眼。「大表哥可專門拆妳的台！」

「嫁鷄隨鷄，嫁狗隨狗，當初我都沒有反對，現在還有什麼話說？」

彩霞又盯我一眼，眼光有點逼人。

「姐，我回去了妳不要再睜一隻眼閉一隻眼。男人都不識好歹，妳把心挖給他吃了他也不領情！」

我禁不住噗哧一笑，表姐笑着對她說：

「彩丫頭，妳指着禿子罵和尙，妳也給郁心留點兒面子，不要把他頂到壁上去。」

彩霞低頭一笑，跨上脚踏車，疾馳而去。雪花洒在她的身上，白毛圍巾在紫色短襖肩後飄揚。

我怔怔地望着她飛逝的背影，表姐突然在我肩上輕輕一拍，笑瞇瞇地說：

「郁心，回去，不要站在雪裏發呆。」

我如夢初醒，臉上一熱，猛然轉身，表姐望着我說：

「郁心，彩丫頭有媚有威，有才有德，不像我一樣懦弱無能，你要是討到她，真是三生有幸。」

第二十章　雪花飄飛除舊歲　呼么喝六過新年

大哥睡到中午才起床，一發現彩霞下鄉去了，高興得歪着肩膀拱拱我，吐口大氣說：

「彩丫頭把我整慘了！這個刁婆娘，你千萬不要討她。」

我笑了起來，他拉着我一臉正經地說：

「老弟，你不要笑。你要是不信我的話，日後更是死蛇一條。男子漢，大丈夫，怎麼能繫在女人的褲腰帶兒上？」

「大哥，表姐說她有媚有威，有才有德？」我故意拿表姐的話來試探他。

「你信你表姐的話？」大哥向我一笑：「她們一個娘生的，自然賣瓜的說瓜甜。」

我也好笑。他望了周圍一眼，輕輕地說：

「我看還是貝麗雯好。」

「貝麗雯好在那裏？」我故意問他。

「貝麗雯眼睛靈活，身段也好，又會唱戲，對你又是一見鍾情……」

「她是旗人，我們又不清楚她的家世……」

「旗人早已漢化，那有什麼關係？你只問她本人，何必管她的家世？」

表姐走過來，他連忙住嘴。

午飯後，他邀我出去。這幾天我和彩霞賭氣，沒有出去玩，也想出去看看同學。他一提我就同意。

表姐看我們兩人準備出去，她不直接說大哥，只對我說：

「郁心，下雪天，早去早回，不要深更半夜在外面着了涼。」

我知道她不是說我，笑着回答她：

「表姐，我一定回來吃晚飯。」

「這樣最好，」表姐笑着點頭。「今天晚上有好菜，我親自下廚。」

表姐的菜作得特別好，有好菜時她就親自動手，大哥也特別歡喜吃她的菜，她這番話無疑是說給大哥聽的。

大哥向我眨眨眼睛，領先走了出去，我指指他的背脊，笑着對表姐說：

「表姐，我們一定回來吃妳弄的好菜。」

「郁心，那我弄得也格外起勁。」表姐高興地回答。

外面飄着朵朵雪花，沒有風，半天才飄到地上，地上的雪有一兩寸深。

「大哥，你不要辜負表姐一番苦心，晚上一定要回家吃飯。」想着表姐的話，我禁不住對大哥說。

「老三，我幾天沒有和慧芳見面，少不了一番親熱，晚上不一定回家。」大哥坦白地說。

「大哥，表姐對你這麼好，你心裏慚不慚愧？」我笑着問他。

「老三，晚霞對我實在太好，我心裏自然感激。」大哥望着我說：「不過我相信她會原諒我。」

「她原諒你，你就不體諒她？」

「我說了我心裏感激她，」大哥拂拂身上的雪花說：「她寬宏量大，不像彩丫頭那樣不饒人。」

「如果表姐像彩霞，你就不敢這樣放肆了？」

「這是我的福氣，我沒有討到那種刁婆娘。」大哥向我一笑：「說良心話，男人總不免偷香竊玉，要是討到彩丫頭那種尖嘴紅辣椒，就算你是眞名士，也風流不起來。你表姐的涵養好，她就能睜一隻眼，閉一隻眼，不像彩丫頭那隻醋罈兒。」

「大哥，你這樣貶彩霞，是不是公道？」我笑着問他。

「天公道，地公道，人怎麼會公道？」他笑着說：「你情人眼裏出西施，自然彩丫頭放個屁都是香的。」

大哥的話越說越偏，我不禁笑了起來。他看我一點也不生氣，也心平氣和地對我說：

「老三，說良心話，彩丫頭是一匹千里馬。要是棋逢敵手，將遇良材，那倒可以唱一齣好對兒戲。要是像我，那就變成了她的下飯菜。」

想起大哥在彩霞面前那麼吃癟，我又好笑。

雪花落了我們一身，大哥用長袍袖子左右揮撣，他的水袖功夫不在筱慧芳之下，因此用長袍袖子揮雪也很好看。我沒有他那麼斯文，用力拍拍長袍，聳聳肩膀，把雪花都抖落下來。

走到花園飯店門口，本來我沒有打算進去，大哥把我的袖子一拉：

「老三，進去坐坐，慧芳很喜歡你。」

「大哥，你們幾天不見，我何必站在旁邊作電燈泡？」我開玩笑地說。

「老三，你也長心了？」大哥向我一笑：「大哥可不是急色鬼，慧芳也是出水紅蓮，我們講究的是那麼一點兒韻味？」

「這又不是唱戲，還有什麼韻味？」

「你現在不懂，我何必對牛彈琴？」大哥調侃我。

我出來本來沒有什麼目的，先進去向筱慧芳問候一下，再找程雲鵬談談天也好。

筱慧芳在房裏開留聲機，放梅蘭芳的宇宙鋒，聲音不大。我們連忙走過去，我從窗口看見筱慧芳穿着短襖長褲歪在床上，一手撐着頭，靜靜地欣賞。大哥直接走過去敲門，叫了聲「慧芳」，筱慧芳笑着碎步跑過來，身段之輕俏，步伐之美，像她演花田錯裏的花旦。

她開開門，看見我們兩兄弟一道，很高興，笑着問我：

「三少爺，您怎麼這久不來？是不是我得罪了您？」

我知道她也是兜着圈子說話，因爲她瞟了大哥一眼。我索性代大哥一道解釋：

「大年大節，不免有些家務事。今天我同大哥一道來向妳請罪。」

筱慧芳聽了非常高興，大哥也樂了。筱慧芳笑着說：

「三少，您可別把我折死了？您來了我臉上就有光彩，還敢問罪？」

「慧芳，自己人，妳何必這麼客氣？」大哥乘機插嘴：「幸好老去替我說了，不然我怕妳不會相信？」

筱慧芳打量了大哥一眼，淡然一笑說：

「爺，咱家唱的是梅龍鎭，還預得眞？」

大哥有點尷尬，我連忙向筱慧芳告辭，免得作大蠟燭。筱慧芳聽說我要走，身子一閃，像隻穿花的蝴蝶，攔住我的去路，滿臉堆笑地說：

「王少，您茶都沒有喝一杯，怎麼就走？」

「我幾天沒有出來，要去看看同學，初一再來向妳拜年。」我說。

「[illegible]那可不敢當。」綄慧芳笑着搖頭：「您比我還高，我又不好意思塞您的紅包。今天是封箱戲，全體反串大虮蜡廟，請您賞光。我先要院子裏替您留個好位子。」

我不歡喜看這種反串的鬧戲，只好婉謝：

「今天我沒有空，改天妳唱正宗梅派戲時，我再打擾。」

「王少，您眞是行家！」綄慧芳在我肩上拍了一下，眉眼含笑地說：「你怕我洒狗血是不是？」

「不，不，不，我決沒有這個意思。」我笑着搖頭，又對大哥說：「大哥，我先一步。」

「老王，你到底是聰明人。」大哥向我擠眉弄眼地一笑。

綄慧芳自然讓開路，把我送到門口，柔聲的說：

「王少，外面下雪，您小心受寒。」

「妳不必替他操心，他練了鐵布衫，刀槍不入，還怕風寒？」大哥打趣地說。

綄慧芳一笑，把門關上。

我去找程雲鵬，他正在房裏看女朋友的照片和情書。看見我來也不收檢，反而指着桌上的三張照片對我說：

「郁心，你看看到底那個漂亮？替我參謀參謀？」

我看看照片的正面，又看背面，三張照片後面都簽了名，一張稱他「雲鵬」，一張加了一個「哥」字，一張稱他「My dear」。我看了笑着問他：

「你要的什麽法寶？把這些女生弄的暈頭暈腦？」

「憑我這個賣相和一張甜嘴。」他拍拍胸脯說。他像他父親一樣，是個矮胖子，不過五官倒很端正，嘴巴更會講話，再加上有錢，自然該他吹牛。

「你到底愛誰？」

「我見一個愛一個，」他笑哈哈地說：「她們三個我倒不知道愛誰好？」

「她們三位我一個也不認識，替你作什麽參謀？」我說。

「你只要看誰漂亮就行。」

「情人眼裏出西施，我這個局外人看不準。」

「我自己摸不定，就是要找你這個局外人。」

「看樣子她們三位和你都不是三兩天的交情，我不願意作劊子手。」我搖搖頭。

「那我就和她們泡下去？」他咧嘴一笑。

「那不關我的事。」

「你和你表妹的事怎樣？」他瞇着眼睛問我。

「如果不打仗，我要上大學，現在還早得很。」

「我可不那麽想，一畢業我就結婚。人生沒有幾個二十歲，要是打仗逃難，說不定討不到老婆？」

「你把討老婆看得這麽重要？」

「除了吃飯睡覺，還有什麽事比討老婆重要？」他笑着反問我。

我一時回答不出來，問他到不到徐天祿家去玩？他望望窗外，笑着回答：

「這麼大的雪，在家裏烤烤火不好？」

我不想和他胡扯下去，向他告辭，他在我肩上一拍：

「你眞有福不會享。你大哥抱着筱懋芳烤烤火，唱唱戲，多安逸？」

我在他肩上捶了一拳，退了出來。他哈哈大笑，突然伸出頭來問我：

「聽說貝麗雯在追你，你是不是到她家去？」

「別胡扯，根本沒有這回事。」我搖頭否認。

「你水仙花兒不開裝什麼蒜？」他向我一笑：「上次有人看見你們兩人逛街，你手裏還提了一個紙包，你還想賴？」

我楞住了！他又接着說：

「那天晚上你們唱武家坡，她就對你眉來眼去，你以爲我不知道？」

「你千萬不要胡扯，傳出去了不大好聽。」我說。

「嗨！你大哥都不在乎，你一個小光棍，誰敢干涉？貝麗雯要是愛我，我馬上把這三個一腳踢開。」

我轉身就走，他哈哈大笑。

雪下得更大，我有點六神無主，我不想去徐天祿家，也不便再回筱懋芳的房間。程雲鵬提起貝麗雯，使我想起我說過再去的話。彩霞下鄉了，我一個人在家實在無聊，到貝麗雯家可以唱唱戲，消消遣，但我又怕被她纏住……表姐的話使我不敢玩火。想來想去，還是回家。我一口氣跑到家。

表姐看我跑得氣吁吁，一身是雪，連忙拿一塊乾毛巾替我撣撣，要我進去烤火。

我和表姐對面坐着，覺得有點兒不對勁。表姐看我坐立不安，笑着說：

「彩丫頭一走，我覺得格外冷清。郁心，你有沒有這種感覺？」

表姐的話正好道出了我的心思，我就是覺得少了彩霞，一切都不對勁。

「表姐，彼此彼此。」我說。

表姐望着我一笑，隨後又同情地說：

「彩丫頭一個人在鄉下一定更孤孤單單，過了年你最好早天下鄉去。」

「表姐，我一走妳更孤單，要去一道去。」我說。

「這樣的雪天，你大哥怎麼會去？」表姐望望窗外的雪花說。

「他不去我們兩人去，姑姑自然會和他算帳。」我笑着回答。

「他那麼大一倘，我怎麼好意思讓他矮半截？」

隨後她又問我大哥在什麼地方？我只好直說。她搖頭苦笑：

「彩丫頭一走，他就現原形，保險今天晚上又不會回來。」

表姐的預料沒有錯，三十下午，我貼好了門神對聯，大哥才回來吃團圓飯。

他看家裏所有的窗子都糊了新棉紙，上了桐油，大大小小的門都貼了花花綠綠的門神和紅紙對聯，又是一番新氣象，拍拍我的肩說：

「老弟，眞難爲了你，」

「大哥，我還以爲你會回來帮我的忙呢？」

「老王，你別將我的軍。」大哥伸手在懷裏摸摸，摸出一個紅包往我手上一塞，輕輕地說：「這是慧芳給你的壓歲錢，她怕你不肯接，要我作個傳達。我不要你的脚力，這該對得住你？」

他咧着嘴笑，我打開封套，抽出兩張五元的交通銀行的大鈔，我有點喜出望外，笑問大哥：

「大哥，她是不是想買通我？」

「別說得挪麼難聽，」大哥白我一眼。「她對你實在很好。」

「大哥，你也應該給我幾個壓歲錢才對？」我順手敲他一竹槓。

「今天晚上票房有賣，我會給你幾個賭本。」大哥壓低聲音說。每年除夕，大哥照例要賭個通宵，一直賭到元宵，甚至到二月花朝。他常常拖着我去。

「你不陪表姐守歲？」

「今天是大除夕，自古以來也沒有男人枯坐守歲的。」大哥引經據典地說：「不是張家牌，就是李家賣，別人熱鬧，我就不手癢？」

我指指他房門口「早生貴子」的紅紙橫條，笑着對他說：

「大哥，不孝有三，無後爲大。你也不能老是抛荒失業？」

他摸摸後腦殼，紅着臉一笑：

「老王，兒女前世修，這種事兒不可强求。我們家人丁不旺，日後靠你翻本。」

「你不是想以此作藉口，討筱慧芳作小？」

大哥嘆了一口氣，又在我肩上一拍：

「老王，這個藉口恐怕不行？我和筱慧芳同床共被也非一日，連個影兒也沒有。何況她身不由己，問題還多——」

表姐從廚房出來，他馬上住嘴。

我們全家大小拜過祖先再吃年飯。伯母一年只有這麼一次和我們同桌。表姐特別為她弄了素鷄、腐竹、粉絲。她食量很小，吃不了多少東西。

走了彩霞，添了伯母和何媽，仍然坐不滿一桌。何媽家裏沒有什麼親人，這幾年來一直和我們一道過年。

伯母和母親講了不少吉利話，她們有一套婆婆經，叫花生叫「人參果」，叫筍子叫「節節高」，談到魚時一定加上「歲歲有餘」，吃鷄頭鷄屁股一定說「龍頭鳳尾」，給我們吃鷄脚也要說「步步高陞」，吃鷄翅膀又要說「飛黃騰達」。大哥和我不信這一套，表姐為了使她們高興，不時附和一兩句。

大哥喝了幾口酒，吃了一些菜，連一盌飯也沒有吃完，平時不許這樣，今天他還得了一個「有吃有剩」的口彩。

飯後，大哥躲在房裏過癮，我在書房烤火，表姐從房裏拿出一個紅包，塞在我手上，我一摸是幾塊銀洋，我笑着對她說：

「表姐，我不再是三歲兩歲，妳何必來這一套？」

「沒有圓房一百歲也算不得大人，何況你是老么？我們家裏沒有誰比你再小。」

「表姐，妳壓箱底的錢大概快掏光了吧？」表姐出嫁時，姑姑陪了不少，大哥又吃又花，恐怕所剩無幾了。

「萬歲爺的江山也要拱手讓人。財來財去，我不在乎這些身外之物，只要大家快快樂樂就好。」

表姐光風霽月地一笑。

「表姐，妳暫時代我保管，恐怕我會輸掉？」我把紅包交給她。

「新年不能不玩錢，輸一點兒也沒有什麼關係，不大賭就行。」

我拿出被慧芳給我的那兩張大票子給她看，說我只要十塊錢的賭本，不能再多，都送給別人沒有什麼意思，她才收下，說一定代我好好保管。

大哥過足了烟癮出來，向我把大姆指一歪：

「老王，我們走。」

「我要陪表姐守歲。」我故意搖搖頭。

「財神爺等着你，你也不去？」他笑着說。

「我只有半瓢兒水，怎麼配得上那些大爺？」

「四兩撥千斤，說不定你能捉大魚？」大哥又慫恿我。

我望望表姐，表姐對我說：

「你跟他去玩好了，不必陪我，儘十塊錢輸，不要添本，那也輸不垮人。」

「表姐，你一個人在家裏幹什麼？」

「我玩玩牙牌數，讀讀詩詞，時間也很容易打發過去。」表姐回答。

「我們一道去玩好不好？」我對表姐說。

「郁心，我們大家婦女，怎麼能和男人聚賭？」表姐向我正色地說。

「表姐，那妳不太寂寞了？」

「要是你早點把彩丫頭娶過來，我就不寂寞了。」表姐笑着打趣。

「要是老王娶了彩丫頭，我們兩兄弟那有這麼自由？」大哥接嘴。

表姐望着他，又好氣又好笑。

我和大哥冒雪出來，雪下下停停，已經積了五六寸深。鞭炮殼和黑烟把人行道上的雪彈得污七八糟，有的彈到街心上來，街頭巷尾還劈劈拍拍地響着鞭炮。

家家戶戶貼着紅紙對聯、掛錢，和花花綠綠的門神秦叔寶尉遲恭。眞是「一元復始，萬象更新。」

大哥要到花園飯店邀筱慧芳，我有點奇怪，禁不住問：

「我們是去賭賽，又不是唱戲，你邀她幹什麼？」

「今天是大除夕，她也要湊湊熱鬧。」大哥說。

「她也賭？」

「跑江湖，吃開口飯的，無論男女，都不能免俗。」

「她賺那麼多包銀，如果不亂花，那眞吃用不完。」

「她要供養師父師母，維持班底，可也得一大筆開支；要是一天打漁，三天晒網，那就要啃老本了。」

大哥告訴我她師父師母也住在花園飯店，都吃黑飯，師父現在只能跑跑龍套，作作配角，自己賺還不夠自己花，因爲他過去也賺過大錢，吃用慣了。

我們來到花園飯店，筱慧芳的房間傳出歡笑的聲音。我們走近一看，鬚生[illegible]譚，琴師余宗佑，黑頭袁大椿，打鼓佬劉二爺，和兩三位邊配，都擠在她房裏，桂圓壳、花生壳、瓜子壳、烟頭、糖紙，弄了一地。他們看見大哥和我，才肅靜下來。大哥和他們都熟，他們對他透着七分親切，三分恭敬。筱慧芳看見我也來了，似乎很高興，我謝了她的壓歲錢。

「小意思，不必掛齒。」她輕輕地說：「待會兒作我的軍師，要是財喜好，我送你一套好衣料。」

「謝謝妳，我是個狗頭軍師，不要誤了妳的事。」

「沒有關係，大除夕，我們玩個痛快。」

她穿着黑海虎絨大衣，更襯得臉兒雪白，身上噴着一陣陣香氣。左手無名指上戴着一隻閃亮的鑽戒。

黑頭袁大椿一聲「咱們走吧！」，大家一哄離開筱慧芳的房間。我和大哥走在後面，筱慧芳囑咐茶房把房間打掃乾淨，把門鎖好，才跟着我們出來。

走出筱慧芳的房間，碰見程雲鵬。他穿着皮袍，圍着圍巾，戴着禮帽，像個大人的樣子。他向我們打了一個招呼，悄悄地問我們到什麽地方去？我告訴他，他高興地把大腿一拍，跟我們一道出來。

雪下得很稀，但是叫不到黃包車，筱慧芳只好和我們踏雪而行，她戴着手套，抱着熱水袋，穿着海虎絨大衣，雍容華貴，誰也看不出她是唱戲的。

我們從邊門走到裕民銀行樓上，四張大方桌已經拼好，桌上用圖釘按上雪白的牌紙，我認識的票友到了十多位，還有好幾個大商店的老板，都是有錢的大爺。其中還有一位像彌勒佛的胖太太。

人已經到了二十多個，大家開始入座，大哥，筱慧芳、我和程雲鵬，依次坐在一排。寶官是個胖子，他旁邊坐了兩位軍師，面前放了一張十行紙，耳朵上夾了一枝鉛筆，一派老手的樣子。

每隻桌子底下都有一盆炭火，寶官、軍師、大哥、筱慧芳、胖太太他們都有一隻小壺茶，這都是銀行的工友小心侍候的。我和程雲鵬沒有，工友好像看準了我們身上沒有多少油水。但是程雲鵬不服氣，他大模大樣地要工友泡茶，工友說茶壺不夠，他指着工友的鼻子罵：

「鋪子裏的瓷器堆成山，你單少了爺一把茶壺，簡直瞎了你的狗眼！」

工友看他年紀雖輕，但說話的口氣可不小，只好送上一把茶壺。

「這班傢伙狗眼看人低，我們兩人將就一下。」程雲鵬輕輕對我說。他的功課雖然鴉鴉烏，人情世故可比我練達多了。

寶官黃了三寶，讓大家看看寶路再下注，他宣佈五毛錢起注，少了不准下。

起初下注的人並不熱烈，下的數目也少，後來人越來越多，都是有點兒來頭的，場面漸漸熱鬧起來，十塊二十塊也有人下，買一寶輸贏四五十塊，有的是雪白的銀洋，有的是嶄新的鈔票。

筱慧芳和大哥先是三塊兩塊地下，隨後五塊十塊，我們三人下在一道，輸一起輸，贏一起贏，我的十塊錢沒有多久輸得精光，筱慧芳又給我五塊翻本。我跟程雲鵬一道下，幾寶就贏了十幾塊，把筱慧芳的錢還給她，筱慧芳不肯要，我要她和大哥跟程雲鵬下，他們下了幾次，果然贏了。程雲鵬已經贏了四五十塊，他精得很，手氣好時多下，一輸就停，不像大哥每寶都下。我要他給筱慧芳作軍師，他欣然同意。筱慧芳並不精於此道，沒有成見，她也願意跟程雲鵬下注。不像大哥自以為是，有時唱反腔，輸掉不少錢。

黑頭袁大椿和金縉譚兩人都輸，袁大椿輸起了火，把絨帽取下來，捏在手上，他的光頭冒着熱氣，像揭開了蓋的蒸籠。

「袁老板，你跟我下幾寶看看？」筱慧芳笑着對他說。

「筱老板，唱戲我跟妳配，賭寶我自己來。」袁大椿不服輸地回答。

筱慧芳好笑。輕輕地對大哥說：

「你別和袁老板一樣，爭氣不爭財。」

大哥輸多了，才跟着我們下，慢慢翻了本。

筱慧芳本錢足，手氣順，她面前的銀洋堆得比誰都高。寶官的眼睛不時打量她的錢堆。

賭到半夜，袁大椿的錢輸得精光。他向筱慧芳借了五十塊錢，一下放在雙上，同行勸他少下一點，他對他們說：

「我愛唱的是李逵張飛，不像筱老板一步三搖，扭扭怩怩，輸了拉倒！」

筱慧芳並不生氣，望着他冒着熱氣的光頭好笑。

寶官要揭酒盅時，袁大椿突然伸手往酒盅上一按，大聲地對寶官說：

「得罪，得罪！我下了五十塊，好歹讓我揭這一寶！」

寶官無可奈何，只好讓他揭。他手一抬，碟子裏出現的是大尾巴九。他哇哇叫，手一捏，把雞蛋殼般的白酒盅捏得四分五裂，轉身就走。

「袁老板，別走，我借錢你翻本。」筱慧芳連忙對他說。

「謝了，筱老板！」他回頭向筱慧芳雙手一拱：「退了財，折了災，我回去睡大覺。明年見！」

他揚長而去。筱慧芳笑着搖頭。

「眞是個活李逵。」金繼譚說。

三點多鐘，金繼譚翻了本，他高興得輕輕地哼起打漁殺家「昨夜晚，吃酒醉，和衣而臥……」現在那胖女人輸了，原先她一直贏，得意的很，輸了錢却翹起嘴，講些氣話。突然她哎喲一聲，大家不知道發生了什麼事？原來她的棉鞋放在炭火邊上燒了一個大窟窿，燙了脚，那副尷尬樣子，惹得大家哄然一笑。

天亮前街上家家戶戶放起萬字頭的長鞭炮，接財神，出天方，開門大吉。這時天氣最冷，筱慧芳的熱水袋換了開水，大哥的手放在她的熱水袋上煨着，他已經吞了兩次煙泡，還能支持，同場的有好幾位是和他一樣的癮君子。金繼譚是其中之一。

天亮以後，大家都沒有精神再賭下去，贏的不願下注，輸的沒有本錢，只好散場。

程雲鵬贏了一百多塊，他高興得很。我只贏十幾塊錢，大哥也只贏二三十塊，筱慧芳贏了四百多，因爲她不鬥氣，完全順着手氣下注。

外面的雪已經停止，天在放晴，我們踏着白雪和鞭炮殼回家。大哥和筱慧芳進花園飯店睡覺，我不好意思要他和我一道回去，筱慧芳笑着對我說：

「三少，托你的福，舖子一開張，我一定替你買套好衣料。」

我謝謝她，她含笑挽着大哥走下石階。

程雲鵬要我和他一道睡，我怕母親罵，趕着回家。

表姐穿得整整齊齊坐在書房裏。她看我回來，趕到書房門口迎着我說：

「郁心，恭喜發財。」

「表姐，托妳的福，我贏了十幾塊錢。」我笑着回答。

「你大哥呢？」

「他比我贏的多一點。」

「不輸就是好的。」

我看看她的臉色有點發黃，禁不住問。

「表姐，妳眞的沒有睡？」

「我從去年守到今年。」她笑着回答。

「表姐，妳去睡，拜年的客人由我招待。」

「郁心，你去享福吧！一切由我照顧。」

第二十一章　貝麗雯題贈上聯　老姑媽妙語雙關

我到伯母房裏拜年，她正跪在觀音瓷相前唸經。她起來後我向她磕了一個頭，她又要我向觀音瓷相磕頭，同時在旁邊唸唸有詞地禱告觀音保佑我長命百歲。隨後她又請求觀音菩薩原諒大哥沒有來燒個頭香，拜個早年。

我到父親母親房裏拜年，母親問我昨天晚上到那裏去了？我只好說實話。

「昨夜大除夕，我原諒你，以後可不能和大哥一樣。過了年，長了一歲，你現在也不小了，兩粒胡椒總要有一粒辣，不然撐不起這個大家。」母親訓了我幾句，又遞給我一個紅包。「本來昨天晚上我應該給你的，你走得太快，也不向我講一聲——」

我身上有二十多塊錢，沒有接受，母親笑着說：

「我暫時壓壓荷包也好，你輸光了自然會來找我要。」

我希望母親的話不靈，回到自己房裏睡了一個大覺。吃午飯時才起來，又像打足了氣的皮球。上午有不少人拜跑年，都由表姐和母親應付過去了。下午有些同學來玩，徐天祿和程雲鵬也來了，程雲鵬邀我出去賭寶，因爲表姐沒有睡覺，我又怕母親責備，所以想留在家裏招待客人。我悄悄地問他，大哥和筱慧芳起來沒有？他搖搖頭說：

「我沒有去看，不過你想想看：賭了一夜寶，再親熱親熱，那怎麼起得來？」

他做了一個鬼臉，樣子邪得很。

我把他們送走以後，表姐正想睡覺，偏偏彩霞的同學王秀英和貝麗雯又來拜年。她們兩人都穿了一身新，王秀英穿着藍旗袍，紅毛衣短外套；貝麗雯穿着藍旗袍綠大衣。兩人都像個大人。

表姐親切地招待她們，貝麗雯不見彩霞，故意裝腔作勢地說：

「我們都以爲彩霞在府上過年呢？原來準備邀她去向密斯花拜年的。她不在，你能不能陪我們一道去？」

我望望表姐，表姐了解我的意思，點點頭說：

「尊師重道，應該先向老師拜年，過了初一，不算頭香，你不妨多跑幾家。」

「表姐，妳不睡覺？」

「我索性晚上再睡，恐怕還有彩霞的同學來？」表姐回答。

她們吃了幾粒糖就要走，我只好跟她們出去，表姐對我說：

「你順便告訴大哥一聲，明天上午我們下鄉拜年，請他今天不要熬夜。」

表姐的話說得很含蓄，要是碰上了大哥，我一定要請他回來。

外面有花花太陽，雪在慢慢融化，屋簷在結冰溜，脚踏在雪上嗦嗦響。

貝麗雯和王秀英走在前面，貝麗雯不時用脚踢雪，踢得白雪四濺。

密斯花和蔡老師家裏已經有好幾位男生女生，她們看見我們都很高興，也向我們拱手作揖，說「恭喜發財」。密斯花還特別問起彩霞，我說她回家過年去了。

蔡老師穿着黑緞花旗袍，身子像個大汽油桶。她對於中國的人情風俗了解很多，冬天她常常穿長旗袍，她說比洋裝舒服暖和。可惜她的身材太粗太大，要是密斯花穿旗袍，一定比她好看得多。

她們也準備了花生、瓜子、糖果待客，大門口也貼了「一元復始，萬象更新」的紅紙對聯，就是沒有貼秦叔寶尉遲恭。

因爲女生多，都是貝麗雯、王秀英兩人的同學，房子裏像落了一羣喜鵲，我要到別處拜年，所以先告辭。貝麗雯王秀英和密斯花把我送到門口，貝麗雯眼睛一溜，笑着對我說：

「記住，禮尚往來。」

我知道她又是要我到她家裏去，我前帳未清，不敢再開黃腔。

我到黃老師家裏拜年出來，想不到又碰見貝麗雯。她雙手插在大衣口袋裏，低着頭走路，不時踢踢面前的雪，彷彿百無聊賴又有點什麼心思似的。我想避開她，但她一抬頭就發現我，她嫣然一笑，馬上碎步跑過來，指着我說：

「好，狹路相逢，你跑也跑不掉！」

我不作聲，她又問我：

「你說話怎麼不算話？爲什麼不再去我家？」

我說沒有空，她鼻子裏哼一聲：

「鬼才信你的話？」

「大年初一，說幾句吉利話兒好不好？」我說。

她又嫣然一笑，望着我說：

「你的架子再大，也應該向我二姨娘拜個晚年吧？」

「我兩手空空，怎麼好意思進門？」

「只要你有誠心，誰在乎四兩糕餅？」

我推脫不掉，只好跟着她去，但我預先聲明：

「我還有事，只能拜個跑年。」

「只要你跨進門，也算給我一點兒面子。」

「妳家裏人來客往，我算那根葱？」

「我把你捧得天高，你自己還裝蒜？」她輕輕白我一眼。

「多謝抬舉，待會兒我對二姨娘多磕一個頭。」

「誰要你行那樣的大禮？鞠個躬足夠。」

她父親母親都在家，他們的年齡五十上下，她父親長袍馬褂，個子不小，母親是個大脚板，是個半新舊的女人。貝麗雯介紹我和他們認識，我向他們低頭鞠躬，他們不約而同地打量我一眼，要貝麗雯把我帶到她二姨娘房裏去，貝二姨娘正站在房門口笑臉相迎。我順勢向她一鞠躬。

「婁少爺，麗雯天天盼着你來，你怎麼老不來？」她把我引進房內，打開紅漆果盒，笑容可掬地說。

「姨娘，我看他是敬酒不吃吃罰酒，妳這樣說以後我們更要派八人轎子去抬了。」貝麗雯馬上接嘴，同時瞟了我一眼。

二姨娘既風情又世故地一笑，望望我說：

「婁少爺，麗雯一向眼高於頂，對你可是自己矮三尺。你不要粗心大意。」

「二姨娘，我是個笨人。」

「笨人還會唱戲？」她歪着頭打量我一眼。

「姨娘，他是聰明過度，把別人當笨人。」貝麗雯說。

她們兩人一拉一唱，我不知道說什麼好？索性不開腔。

貝麗雯剝了一粒桂圓，往我面前一放，我向她道謝，她嗤的一笑，又說我像個酸秀才。

貝二姨娘問我最近忙些什麼？閒來無事是不是吊吊嗓子？我說瞎忙一陣，荒疏了。她問我要不要吊吊？我說有事，趁機告辭。她有點驚奇，望望貝麗雯，我怕傷了貝麗雯的自尊心，連忙指指貝麗雯對她說：

「她知道我有事，我是抽空來向妳拜年的。」

「那我眞當不起。」她笑着把我送出來。

貝麗雯的父親看我要走，笑着對女兒說：

「妳不留婁家少爺吃頓便飯？」

「爹，他貴人事忙，改天咱們再請吧。」貝麗雯清脆地回答。

她又送了我一段路，分手時笑着問我：

「下次要不要我下紅帖子？」

「我們小孩子辦家家酒，還作興那一套？」

她笑着白我一眼，我向她揚揚手迅速地跑開。

我順便到國術館向沈老師拜個年。沈老師藍布長袍，黑馬褂，瓜皮帽，他平時多半短裝，沒有穿得這麼整齊。我向他低頭鞠躬，他伸手在我肩上一按，我感到一股無法抵抗的壓力，雙腳自然跪了下去，他笑着把我攙了起來。

「我不要你行這個大禮，想不到你還是這樣不中用？」

「爹，你何必開師兄的玩笑？你那雙手少說也有三[illegible]百斤力量。」他女兒金枝笑着替我解圍。

「他一天打漁，三天晒網，豈不白費了我的心血？」他笑着對女兒說。

我知道他是借着題兒訓我，拍拍膝蓋認了。

我想去找大哥，連忙向他告辭。他上下打量我，半天才說：

「你血氣方剛，正在向上長，酒、色、財、氣，這幾個字兒可千萬沾惹不得。」

我手裏揑了一把冷汗，昨夜通宵未睡，難道他看了出來？

「老師，你放心，我決不敢亂來。」我斗膽回答。

「千年狐狸才修成精。我告訴你，練武的人尤其不可[illegible]好[illegible]色。」

「老師，根本沒有這回事，」我故意用力搖頭：「三年五載我還不打算結婚。」

「這樣就好。」他笑着點頭，又望着我說：「不過像你這副膘架，難免不走桃花運？你可要當心。」

沈金枝看我楞頭楞腦，又替我解圍：

「爹，那是師兄的私事，你何必婆婆媽媽？」

「師徒如父子，我知無不言，言無不盡。」沈老師回答女兒，又轉向我說：「你既然有事，我就不留你吃飯，你請便吧。」

我恭恭敬敬地向他鞠了一躬，規規矩矩地走了出來。

我邊走邊想地走到花園飯店，彼慧芳房裏擺了一桌麻將，黑頭袁大樁，琴師余宗佑，鬚生金[illegible]譚，正和筱慧芳在打牌，大哥坐在筱慧芳的身邊看。

筱慧芳面對着門口，一看見我就笑着點頭：

「[redacted]您來得正好，您大哥的參謀不行，我的手氣背得很。」

「我更是一竅不通。」我預作脫身之計。

筱慧芳要我在她右邊坐下，我們兩兄弟一左一右，成了她的保鑣。

我看了兩牌，大哥總是要她做辣子，雙龍抱，都是牌未做成，別人就和下了地。

「[redacted]您來替我挑挑土。」筱慧芳笑着站起來[redacted]

「抱歉，我不會這玩藝兒。」我連忙說：「家裏有重要客人等大哥回去。」

大哥問是誰？我胡謅了兩個親戚的名字，大哥馬上起身，和我一道走。筱慧芳起身相送，我伸手把她攔住。走到門口，我回頭對筱慧芳說：

「明天上午我下鄉拜年，恐怕要過幾天才能來看妳。」

筱慧芳是聰明人，馬上會意，望望大哥和我說：

「[redacted]我們[redacted]開鑼，希望您能[redacted]來看戲。」

「我一定[redacted]來捧場。」我笑着回答。

走出花園飯店，大哥覺得我的神情不對，望着我說：

「[redacted]，你又弄什麼玄虛？」

「大哥，過年過節，你也把表姐冷在一邊，縱然她不作聲，你也好意思？」我理直氣壯地回答。

大哥理屈，馬上向我陪個笑臉，隨後又問我：

「你們眞決定了明天到姑姑家拜年？」

「姑姑不比別人，去遲了她會生氣，你擔當得起？」

「[illegible]，你別老打我的官腔，」大哥向我陰陽怪氣地一笑：「我看你皮裏陽秋，實在是怕彩丫頭興師問罪。」

「大哥，你別以小人之心度君子之腹。」我心裏好笑，嘴上不肯認輸：「要是你敢不去？我就不去。」

大哥抓抓頭皮，過了一會才說：

「[illegible]，不是我不敢不去，是姑姑有點兒偏心；她對你這個準女婿比對我這個過時的嬌客要器重三分。」

「大哥，姑姑手掌也是肉，手背也是肉，你別講寃枉話，小心天雷打。」

大哥又天眞地一笑，自謔地說：

「也難怪她，我自己也不好。」

大哥眞是個聰明人，他並不護短。

回到家裏一個客人也沒有看見，他不責怪我，反而向我做了一個鬼臉。他看見表姐，向她雙手一拱。

「恭喜發財，拜個晚年。」

表姐開心地一笑，說了一句「彼此彼此。」大哥把長袍下擺一提，輕輕地對表姐說：

「我先去向幾塊老天牌磕個頭，再回來喝冰糖桂圓水。」

「倒會享福，」表姐望着大哥的背影說，又輕輕地問我：「郁心，你大哥怎麼想到回家的？」

「表姐，他又不是山上長的，自然會想家。」

表姐臉上浮起一層欣慰的笑容，連忙替大哥預備冰糖桂圓水。

天井裏的梅花正在盛開，枝頭一片春意，清香撲鼻。

初二大哥破例起了個早，壁上的掛鐘剛剛敲過九點。

吃過點心，我們三人一道動身，叫了三部黃包車，坐到十里舖，以後幾里路，黃包車不能走，只能走路或者騎腳踏車。我們沒有騎腳踏車，只好步下趕。

離姑姑家還有半里路，我就望見彩霞站在大院子門外張望，她穿着藍旗袍，紅毛線短外套，兩手插在外套的口袋裏，她一發現我們就跑來迎接。

「這兩天彩丫頭一定害相思病。」大哥笑着對表姐說：「妳看她等都等不及，要先跑來。」

「你嘴上也積點兒德啥。」表姐笑着罵他：「要是彩丫頭聽見了，她會放過你？」

「現在我不講她，等會那有機會？」大哥自我解嘲。

彩霞跑了十幾步，就改成快走，雪還有三四寸深，跑起來很吃力。她一面走一面向我們揚手，高聲叫表姐。表姐也向她揚手回答，走到我們前面去。

我和大哥故意慢慢走，大哥笑着對我說：

「郁心，我要彩丫頭在路上向我拜個年才好？」

「你想撿她的便宜？」

「長幼有序，我大她小，她不向我拜年我還向她拜年？」大哥理直氣壯地說。

彩霞和表姐先碰頭，摟着表姐親熱了一下，接過表姐手上的東西，然後向我一笑：

「表哥，恭喜發財。」

「彩霞，妳這算什麼洋禮？」大哥笑着問她：「這麼大的新年，妳也不向我磕個頭？」

「大表哥，現在廢了這個老套兒，你怎麼還是老古板？」彩霞清脆地回答。

「好，等會我見了姑姑姑爹也不磕頭，就說是妳廢的。」大哥說。

「大表哥，那可不關我的事，你行洋禮握手都成。」彩霞笑着打量大哥。

大哥望着她無可奈何地搖搖頭。又指指我對彩霞說：

「就算妳瞧不起我這個大表哥，你對郁心也該行個洋禮？」

「禮多必詐，我們決不做假。」彩霞瞟了我一眼說。

「快回家喝口紅糖水，暖暖身體，何必在這個過風亭上打官司？」表姐笑着對大哥說。

「好，看妳的面子，」大哥連忙落蓬：「饒彩丫頭這一招。」

彩霞笑着讓路，讓大哥和表姐走在前面，她和我並排跟在後面。

我仔細打量她幾眼，覺得她好像又長大了一些。她有點兒臉紅，把頭偏了過去。

「鄉下過年熱不熱鬧？」我問她。

「自然沒有城裏好玩。」她說：「我還以為你們今天不來呢？」

「我們沒有妳的膽子大，來遲了怕姑姑訓一頓。」

「好在我和姐姐有這麼個好娘，」彩霞得意地一笑：「不然鬧過元宵你們也不會來。」

表姐和大哥已經走進院子，彩霞深深地看我一眼，笑着先跑進去。

俞七把一掛小鞭炮點燃，向空中一拋，鞭炮在空中劈劈拍拍彈了起來，表示歡迎我們。大哥和表姐新婚回門時，俞七放了一掛萬字頭的長鞭炮歡迎。

姑爹穿着長皮袍，黑緞馬掛，手裏捧着包了布套的白銅水烟袋，站在堂屋中間，他看見我們，兩撇八字鬍都笑歪了。他樂天知命，不求聞達，安安逸逸地過着田園生活，守着祖上遺留的山林田產，優遊歲月，雖然已經五十多歲，還不出老。表姐的性格外表，都很像她。

姑姑穿着長及腳背的黑子羔旗袍，走着戲臺上的蕭太后般的步伐，笑着迎接我們，特別朝我和大哥打量了幾眼。

大哥一看她打量他就有點兒不自在，連忙討好地說：

「姑，爲了趕來向您拜年，今天我起了個大早。」

「我知道。」姑姑笑着說：「太陽起了幾丈高，你還是很早。我們鄉下人可快吃中飯了。」

彩霞嗤嗤地笑，表姐笑着對姑姑說：

「娘，他今天九點起床，這是破天荒。妳不要笑他，應該賞他。」

「有你替他幫腔，我少不得賞他兩隻雞膀兒。」姑姑說。

俞七把兩個新蒲團，往堂前並排放着，準備我們磕頭。大哥望望蒲團，笑着對姑姑說：

「姑，彩霞廢了這個老套兒，我和老三是不是也可以免？」

「不行，」姑姑笑着搖頭：「一年三百六十天，好不容易等到你們磕一個頭，怎麼能免？」

大哥碰了一鼻子灰，彩霞高興得摟着表姐笑了起來。大哥笑着跪下去向姑爹姑姑磕頭，我也只好奉陪。

姑爹姑着八字步，一手捧着水烟袋，一手捻着八字鬍微笑，姑姑等我們起來，笑着說：

「你們一個頭要磕掉我半壁江山，我做姑姑的實在划不來。」

「娘，大表哥是侄兒兼女婿，應該磕兩個頭才是。」彩霞刁難大哥。

「好！」姑姑向彩霞一笑：「娘一視同仁，要郁心也磕兩個。」

彩霞叫了一聲「娘——」，連忙低着頭跑進自己的房間。

大哥高興得大笑，表姐指着大哥對姑姑說：

「娘，他是彩丫頭的下飯菜，幸虧妳救了他一下。」

「晚霞，妳不要會錯了意，我不是有心救他。」

姑姑的話一出口，表姐和我都笑了起來。姑爹指着姑姑說：

「彩霞的娘，妳眞是司馬昭之心。」

「彩霞的爹，這叫做肥水不落外人田。」姑姑笑着回答。

第二十二章

彩姑娘上山打獵
莊稼漢滿載而歸

姑姑的家是個大莊院，大圍牆圍着青磚大瓦屋，前有池塘，後面是山，附近都是田地，和星羅棋佈的農家。姑爹也是書香世家，而且是世襲財主，彩霞的祖父和我的祖父是至交，因此姑姑才嫁到鄉下。姑爹是個淡泊的讀書人，他祖傳的產業雖然沒有增加，但不像我們家裏遭遇變故，也沒有人浪費，加上連年好收成，茶籽出產又多，所以殷實得很。

午飯菜擺滿了一張八仙桌，姑姑分給我和大哥一人兩隻臘雞腿；她養的雞又肥又大，兩隻雞腿足有半斤。我們的風俗只有女婿和外甥才有享受「雞髀兒」的優遇，我是侄兒，不是外甥，難怪姑爹說姑姑是司馬昭之心。

大哥的量小，兩隻雞腿他吃不完，他要讓給我一隻，我不好意思要，又轉讓給表姐。表姐輕輕地對我說：

「雞髀兒是女婿吃的，你怎麼讓給我？」

彩霞坐在我旁邊，我不好作聲，她也裝作沒有聽見。

過小年後，俞七打了一條獐，幾隻兎子，醃了幾天，也擻上了桌，這是我們在街上不常吃到的，大哥喜歡野味，吃了不少。

「本來我要打發俞七送條獐腿給你們過年，但一想你們要來拜年，還是讓你們自己帶回去，省得他跑一趟路。」姑姑對我們說。

「要是你們幾位能多住幾天，說不定我還能打幾隻？一道帶回去。」俞七說，他歡喜打獵，寒冬臘月和正月間都沒有什麼事，別人賭錢，他就上山找野味。「俞七，你上山打獵，不怕老虎？」大哥問他。這一帶是廬山脚下，大雪天，廬山的老虎餓極了常常會跑到山下農家拖豬拖狗吃。

「沒有那麼巧的事。」俞七滿不在乎地說：「我手上有槍，還有兩條大狗，碰上了也不怕牠。」

大哥羨慕地望望俞七。他沒有俞七那麼好的身體，也沒有俞七那麼大的膽量。

大哥在鄉下住了一天，就有點兒坐立不安。姑爹要大哥陪他下了幾盤棋，大哥因爲精神不濟，心不在焉，也盤盤輸。姑爹姑姑都不歡喜他抽大烟，對於他這位嬌客，一切供應周到，就是不供黑飯。他全靠帶來的烟泡救救飢荒，還不敢當着姑爹和姑姑的面吞，總是背着他們匆匆吞下。彩霞看了好笑，說這是整耗子。

姑爹有意磨掉他的癮，不是拉着他下棋，就是拉着他打衞生麻將，姑爹姑姑老兩口兒，大哥表姐小兩口兒，輸贏只有一兩塊錢。表姐十分快樂，大哥却如坐針氈。姑姑看在眼裏，不時放一兩張牌給他吃吃碰碰，他還是提不起勁。

住了兩天，他就把我拉進他的房間，悄悄地和我商量：

「[redacted]我看鄉下實在沒有什麼好玩，你向姑姑提個議，我們今天回去好不好？」

「姑姑希望我們住到元宵，現在還早得很。」我說。

「這眞要我的命！」大哥愁眉苦臉。「我怎麼能住那麼久？」

「姑姑餐餐魚，頓頓肉，好飯好菜款待你這位嬌客，那一點虐待了你？」我笑着問他。

「[redacted]，你不知道我的苦處。」他用力搔搔頭皮：「姑姑只供白米飯，不供黑飯，這怎麼成？」

「你不是帶了糧草？」

「乾糧怎麼過癮？」

「大哥，我不敢開口。」我坦白告訴他。「一年難得在姑姑家住幾天，剛住兩天就要走，她不賞我兩耳光？」

「老三，你別躭心討不到彩丫頭。」大哥向我一笑，他想歪了。「姑姑露了底，只有你可以在她面前高抬身價，你就是說錯了句把話兒，她也會一筆帶過。」

我完全沒有想到這件事，我只覺得姑姑需要我們娛娛晚景。她只有兩個女兒，表姐嫁了他，一年也難得下鄉住幾天，彩霞在城裏讀書，長年住在我們家裏，只有寒暑假才能和姑姑多住幾天，去年又臨到年關才下鄉，她又不缺油鹽柴米，不愁沒有房子給我們住，我們才住兩天，我怎麼好意思說走？不管他怎麼說，我還是搖頭。

表姐進來看見大哥和我唧噥，笑着問我：

「郁心，你們兩兄弟在打什麼官司？」

「表姐，大哥給我出難題兒。」我說。

表姐望了大哥一眼，輕輕地問我什麼事？我告訴她，她笑着對大哥說：

「娘正在興頭上，你怎麼能潑她的冷水？」

「我也正在節骨眼兒上，實在住不下去。」大哥罔她一個苦笑。

表姐眨眨眼睛，然後輕輕地對大哥說：

「等會我在娘面前賣個關子，陪你去十里舖過次癮。」

十里舖雖然是個小鎮，可是吃用的東西應有盡有，包括黑飯在內。不過我看表姐很難翻過姑姑的手掌心。

彩霞看我們三人都在房裏，悄悄地走了進來，笑着問表姐：

「姐，你們不陪娘打牌，在房裏開什麼秘密會？」

「你大表哥的手氣壞，和爹下棋盤盤輸，打牌也輸錢，他想我陪他去十里舖買副新棋子新骰子回來翻翻本。」

「姐，妳信大表哥的？」彩霞打量大哥一眼，對表姐說：「就算輸爹幾盤棋，輸娘幾塊錢，也用不着小題大做，要妳陪他去買棋子骰子？禽七有雙飛毛腿，他跑一趟也比你們快些。」

表姐一開頭就碰了彩霞一個軟釘子，她望了我一眼，笑着拍拍彩霞的肩：

「彩霞，妳大表哥難得運動一下，既然下了鄉，讓他走走路也好。」

「姐，妳替大表哥想得真周到。」彩霞瞄了大哥一眼，向表姐一笑。

大哥裝聾作啞，一聲不響。他這份軟功，倒真少有。表姐笑着對彩霞說：

「將來妳到了我這種地步，還不是和我一樣？」

彩霞笑着白了表姐一眼，跑了出去。

大哥吐了一口氣，搖頭一笑：

「好厲害的角色！」

「彩丫頭識破了我的[illegible]計，如何是好？」表姐笑着望望我：「郁心，你作一次保駕的趙子龍如何？」

「表姐，我去彩霞更會疑心，她要是跟着我去，大哥不是偷鷄不成？」

表姐考慮了一會，點點頭說：

「還是由我撒謊，要是被娘識破了，我就硬挺一次。」

大哥馬上把長袖一抖，笑着向表姐一揖：

「多謝夫人。」

「你不害臊？」表姐嗤的一笑：「你作的什麼官？」

「我是一品老百姓，妳何必問我作的什麼官？難道妳吃官穿官不成？」大哥借用戲詞，亦莊亦諧地說。

「我既是平民之妻，你又何必稱我夫人？」表姐笑着回答。

「娘子，遊戲人生，妳又何必認眞？」大哥打着京腔道白。

表姐望望他好笑，轉身出去，邊走邊說：

「不再和你廢話，我去見娘。」

「還是你表姐好。」大哥等表姐出了房門，輕輕地對我說。

大哥不知道表姐的交涉如何？不敢出去。我不顧老留在房裏，自行出來。

彩霞和姑爹正在堂屋擺棋子，父女兩人面對面地坐着，姑爹左手托着水烟袋，右手剛把棋子擺好，他讓了彩霞一隻車。彩霞看我走過來，連忙對我說：

「表哥，我讓你來。」

「我更不是姑爹的對手。」我搖搖頭。我對象棋始終沒有興趣，總下不好。正如對麻將一樣，始終不會算和。

「妳先下一盤，第二盤我再和郁心下。」姑爹說。同時讓彩霞先走一着。

彩霞架當頭炮，姑爹摸摸八字鬍一笑：

「彩丫頭手辣。」

「爹，你應該讓我雙車才對。」彩霞笑着回答：「我這個當頭炮是空炮，不如你的拐子馬。」

「你別把爹捧上九重天，爹才不上妳的當。」姑爹望着彩霞的當頭炮說。

彩霞吃吃地笑。姑爹隨手把車往裏面一偏，彩霞出馬，姑爹把車走到河邊。

表姐從姑姑房裏笑着走出來，走回自己的房間，過了一會，和表哥一道出來，姑姑也從房裏出來。大哥向姑爹打了一個招呼，姑爹和彩霞都抬頭望他，他一碰見彩霞的眼光，連忙轉過頭去，表姐朗聲對姑爹說：

「爹，我陪他們出去散散步。」

姑爹摸不着頭腦，惶惑地望望表姐。表姐又對彩霞說：

「彩霞，我買副新棋子回來，讓妳好好地贏爹兩盤棋。」

「姐，我不揑着鼻子哄嘴吧，我不是爹的對手。」彩霞回答。

表姐一笑而去。大哥先走了好幾步。彩霞望望姑姑說：

「娘，妳聰明一世，糊塗一時，怎麼讓姐姐把妳糊住了？」

「彩霞，妳姐姐從來不撒謊。新年新歲，他們兩口兒來做客，她不怕吃苦，陪妳大表哥走幾里雪路，去抽幾口，我做娘的還能不裝糊塗？不給他們一點兒面子？」

「娘，原來妳在賣人情？」彩霞笑着說。

「彩霞的娘，原先我們商量好了要整整郁文，現在妳怎麼讓我一個人作惡人？」姑爹問姑姑。

「彩霞的爹，爲了女兒，你就讓我賣一次。」姑姑笑着回答。

姑爹捻着一邊八字鬍，望着姑姑搖頭晃腦[redacted]彩霞格格地笑[redacted]。姑姑指着彩霞說：

「妳別笑，妳姐姐是個老好人，娘不能不通融一下，妳可別想在娘面前翻筋斗。」

「[redacted]我看妳娘兒倆鬥法？」[redacted]。

「爹，我縱然一個筋斗能翻十萬八千里，也翻不過娘的手掌心。」彩霞笑着回答。隨手偷下了一着車。

我和姑姑忍不住笑。姑爹望望我們，又望望棋盤，看了出來，指着彩霞笑哈哈地說：

「彩丫頭，妳耍爹的狗熊，爹可再不留情了。」

彩霞自知姑爹雖然讓了一隻車，仍然不是敵手，要是姑爹使幾下殺手鐧，她會馬上敗下陣來。她隨手一摸，把雙方的棋子弄得亂七八糟，笑着對姑爹說：

「爹，給我留點兒面子，這盤棋算和。」

「彩丫頭真的刁鑽古怪。」姑爹望望姑姑摸摸八字鬍說。

「有其父必有其女。」姑姑清脆地說。

「彩霞的娘，我可不敢領妳這個情。」姑爹笑着搖頭：「她明明像妳，妳怎麼不認賬？」

彩霞掘着嘴笑，看着姑爹和姑姑鬥嘴。姑姑笑着對彩霞說：

「彩霞，爹不要妳我要，將來他老糊塗了，妳再贏他。」

「表哥，你給爹一個下馬威。」彩霞慫恿我說。

「妳請我這個打漁殺家裏的教師爺，那不當場出醜？」我笑着回答。

彩霞和姑姑都笑了起來，她們大概想起戲台上的那個狗屎教師爺？

「郁心，你用心下，我也讓你一隻車。」姑爹鼓勵我。

彩霞馬上替我擺好棋子，我下了兩盤，輸了兩盤。

吃午飯時，表姐和大哥趕了回來。表姐笑着把手一揚，遞給彩霞一盒新棋子，四粒新骰子。

大哥精神十足，像打足了氣的皮球。彩霞望望他又望望我，會心地一笑。

姑姑和姑爹都裝糊塗，一句話也不講。

飯後，大哥自動找姑爹下棋，姑爹一子不讓，大哥下得又快又好，旗開得勝，笑着對表姐說：

「妳的話不錯，用新棋我會贏。」

表姐吃吃地笑。姑爹雙手往袖筒裏一抄，望着表哥說：

「你別得意，晚上我再和你下三盤，見個高低，你總不能天天去十里舖買新棋？」

大哥一臉尷尬，彩霞哈哈笑地對姑爹說：

「爹，你這一軍將得最好！看大表哥晚上還有什麼法寶？」

大哥望望彩霞，又望望表姐，一臉的苦笑。表姐馬上替他解圍：

「你先去睡一覺，晚上再向爹請教。」

大哥乘機抽身，乖乖地走到房裏去。姑爹站起來伸了一個懶腰，笑着對表姐說：

「我也去睡一覺，晚上可不能再輸給他。」

彩霞哈哈大笑，指着姑爹說：

「爹，你關起門來捉賊，也不怕笑壞人？」

姑爹一笑而去。彩霞還笑個不停。表姐伏在桌上笑得伸不直腰，扶着我慢慢站起來，指着彩霞說：

「彩丫頭，一定是妳洩漏了天機？」

「姐，妳也在娘面前弄什麼玄虛？娘豈是好欺的？」彩霞忍住笑說。

「彩霞，我那是存心欺娘？不過替妳大表哥找個脫身的藉口，看他熬得怪可憐的。」表姐委婉地解釋。

「姐，妳眞是活觀音，大慈大悲。」彩霞調侃表姐。

表姐淡然一笑，不再分辯。

晚上大哥藉口頭痛，不和姑爹下棋，姑爹心裏明白臉上笑。彩霞笑着說：

「爹，你不勞而獲，一句話就把大表哥將倒了。」

父女兩人相視大笑。

初四吃過早飯，大哥說要回城裏看醫生。姑爹姑姑也不强留，只要表姐多住幾天，和我一道回去。彩霞却悄悄對姑姑說：

「娘，妳還是讓姐姐同大表哥一道回去，免得他眞的成了野猢猻。」

姑姑要大哥帶雙醃獐腿回去吃，大哥望望我對姑姑說：

「姑，我帶不動。還是偏勞老王一下，過幾天再請表哥帶回去吧？」

「你眞是個嬌客，越來越嬌了。」姑姑笑着搖搖頭。

雪已經化得差不多，有的地方看得見一團一團的泥路。我和彩霞送了大哥表姐一段路，回來時看見俞七已經換了破舊的短襖，緊脚褲，夾着一枝獵槍，站在院子裏餵狗。一條黃狗，一條黑狗，被他餵得又壯又大，這兩條狗是他從小在遠處偷來的好狗，會跑，會打架，附近的狗見了牠們都夾起尾巴逃跑。

「俞七，你去打獵？」彩霞一看見這情景就問。

俞七笑着點點頭。我連忙對他說：

「俞七，我也去。」

俞七望望我，搖搖頭說：

「你這樣長袍大褂，怎麼能打獵？」

「俞七，你還有沒有短裝？借我穿一下如何？」我問他。

「短棉襖還有一件，你空手也不能抓獐捉兔？」俞七說。

「你還有沒有別的傢伙？」

俞七兩眼望望天，想了一下說：

「還有一枝防賊的矛子。」

「行！」我點點頭。

俞七拿出一件新的短棉襖，一枝五尺長的矛子，四五寸長的矛尖有點黃銹。

我換好短裝，彩霞也說要去，姑姑笑着阻止她：

「郁心能跑能逃，又練過三腳貓兒，他去還有可說；妳肩不能挑，手不能提，跑也沒有他們跑得快，要是遇到老虎豹子，妳叫娘也沒有用。」

彩霞被姑姑說得笑了起來，不服氣地回答。

「娘，妳把我說得這麼沒有用？俞七打了這麼多年的獵，從來沒有碰上老虎豹子，我一去就碰上，那有這麼巧的事？」

「無巧不成書。」姑姑笑着回答：「妳有膽妳就去，娘可遠水難救近火。」

「娘，我不信邪。」彩霞笑着身子一扭，輕盈地跑進房間。

我走近俞七的磨刀石，挑起地上的一團殘雪，磨着生銹的矛尖。我剛磨好，彩霞一身陰丹士林布短裝出現在門口，像個俏麗的村姑。

俞七打量她一眼，笑問：

「彩姑娘，妳就是這樣兩手空空，打狗棍也不帶一根？」

「俞七，我不知道帶什麼好？」彩霞說。

俞七想想也沒有什麼合適的東西給她，只好對她說：

「彩姑娘，我先說好，打獵可不是看戲，縱然眞的碰上老虎豹子，也不許大驚小怪，喊爹叫娘的？」

「俞七，你怎麼把我看成了只會哭哭啼啼的小姑娘？」彩霞望着俞七，昂然一笑。

「彩姑娘，我知道妳有幾分膽，」俞七馬上陪個笑臉：「不過事到臨頭，男子漢也難免發抖。妳還是隨便拿個什麼傢伙在手上壯壯膽吧？」

彩霞找了一把扠鱉魚的三齒鐵叉，齒尖有三四寸長，連木柄在內共有三四尺長。姑姑看了好笑，調侃地說：

「上山打獵，妳倒拿了一把魚叉，眞不是傢伙。」

「娘，妳別小看它，就是老虎豹子，要是被我扠中一叉，也要牠半條命。」彩霞笑着回答。

「我看妳連一隻鷄也扠不住。」

彩霞被姑姑說得嗤的一笑，好強地說：

「娘，妳看我扠隻老虎回來。」

我們三人踏着路上的殘雪向山上進發，黃狗黑狗跑在前面開路，像兩隻小老虎，增加了我們不少膽量。俞七對牠們更有信心，他悄悄地告訴我們，五年前黃狗兩歲時，他帶牠上山打獵，眞的遇着一隻上百斤的半大老虎。黃狗也有八九十斤，老虎想吃牠，牠勇敢地和老虎打了起來。他手裏端着獵槍不敢放，怕同時打傷了黃狗。雙方鬥了一二十回合，還不分勝負，他只好朝天放了一槍，老虎嚇跑了，黃狗也受了傷，他怕姑姑不准他再上山打獵，回去說是野豬咬傷的。一個月後他就偷了這隻黑狗，那時牠才三四個月。現在黑狗和黃狗一般高大雄壯，比黃狗跑得更快，俞七說黑狗比黃狗更猛更刁。

彩霞聽俞七講出這個秘密，又興奮又驚奇。俞七打量她一眼，鄭重地對她說：

「彩姑娘，我不是唬妳的，妳現在回去也來得及。」

「表哥，你回不回去？」彩霞望着我問。

我仗着有根矛子，稍練過三腳貓兒，懂得使用矛子的訣竅，再加上俞七和兩隻大狗，一條火力强的獵槍，眞的遇着老虎也可以合力對付。因此我搖搖頭。

「你不回去我也不回去。」她也搖搖頭。

「這不是看彼慧芳的戲，妳不必跟着我。」我說。

「人有七分怕虎，虎有三分怕人，要是眞的碰上了，我在旁邊助助威也是好的。」她說。

狗沿着山邊向前跑，牠們對路徑好像特別熟，山邊小戶人家的狗見了牠們邊叫邊跑，躲進屋裏，牠們根本不理那些狗。

俞七領着我們從一條隘路口進山，這些山雖然沒有牯嶺一半高，但是草木豐盛，溪澗多，打獵的人少，是獐、鹿、兎、野鷄、野豬、狐狸、穿山甲這些動物的生聚之所。牠們餓了幾天，現在山上的雪也融化了不少，樹葉露了出來，有些山坡上還現出一塊塊枯黃的野草。

上了山以後，狗就在灌木林裏，野草叢裏鑽，牠們彷彿老獵戶，十分刁鑽。

「我還想謀兩條好狗。」俞七望望那兩條愛犬說：「可惜一直沒有發現。」

「發現了你又要偷？」彩霞問他。

「貓要買，狗要偷，這是老規矩，不算做賊。」俞七回答。

狗趕起了一對野鷄，彩霞要他打，他搖搖頭說：

「打這種小東西划不來。」

我們走到一個山窩裏，窩底有一條澗水流過，澗邊有上人高的蘆葦和兩三尺高的野草，俞七在山坡上的一塊石頭上坐下，取出腰間的旱烟桿，裝了一團黃烟絲，笑着對彩霞說：

「彩姑娘，那次我就是在這裏遇着老虎。」

彩霞打量他一眼，淡然一笑：

「俞七，你別唬我。」

「我說的是眞話，誰唬你？」俞七指指那堆草叢說：「老虎就是從澗邊的蘆葦裏衝出來的。」

彩霞微微一怔，望望蘆葦又望望我。俞七又對她說：

「妳要回去現在還不遲，老虎多半在下午晚上出來找東西吃。」

「俞七，我已經騎上了老虎背，來得去不得。」彩霞坐下來說。

「好，彩姑娘，算妳有種。」俞七向她翹起大姆指。

兩條狗突然竄進澗邊的蘆葦叢，俞七馬上端起槍，彩霞也端起魚叉，緊緊地靠着我。狗在蘆葦裏又竄出來，竄到澗邊喝水，俞七輕鬆地放下槍，彩霞也放下魚叉。

「老虎怕鳥糞，不敢在樹下藏身，白天都躲在蘆葦裏睡覺。」俞七吸了一口烟說。

我們知道俞七在這方面的知識學問比我們强得多，自然相信他的話，不想多嘴。

他吸了幾袋烟，又領着我們走。中午時狗在草叢裏趕出一隻兎子，像貓捉老鼠，兩條狗前後一抄，幾下就把兎子捉住，兩條狗一拉一扯，兎子一命嗚呼。俞七叫了一聲「黃毛，黑毛！」狗乖乖地把兎子啣到他的面前。他從布袋裏摸出兩個熟紅薯，兩根臘肉骨頭，分給兩條狗吃。兩條狗伏在他的面前，狼吞虎嚥。

他又在袋子裏摸出幾個熟紅薯，幾把炒花生分給我和彩霞，紅薯冰冷，但是特別甜，彩霞吃了一個，我吃了兩個。炒花生很香，又經餓，是最好的乾糧。

俞七吃過之後，敲開澗邊的一層薄冰，捧了幾捧冷水喝，在破棉褲上擦擦手，抽出旱烟袋邊走邊吸。我拎着兎子的兩隻大耳朶跟着他走，這是隻公兎，有三四斤重。

彩霞現在特別歡喜她這兩條狗，不時把牠們叫到身邊摸摸。狗吃飽了又滿山奔跑追趕。

我們希望發現一條大獐或是麂子野豬之類的大東西，但是走了兩三個小時連兎子也沒有再發現一隻。兪七因爲和我們一道，怕出岔子，決定抄捷徑提早回去。

我們轉進另一個山窪時，突然發現一條大獐從右邊山頭疾奔過來，跑得特別快，我們的狗連忙追上去，獐一調頭，就出現一頭金錢豹，這條豹子比我們的狗矮得多，身子稍長。狗豹相遇，彼此一怔，獐却乘機逃走。豹子馬上向狗撲來，兩隻狗一湧而上，鬥在一起。豹子比狗瘦，又矮，身子雖然靈活，但還是被兩條狗一前一後地按在地上咬，牠也咬住黃狗不放。

兪七連忙搶過彩霞手上的魚叉，奔了過去，我也跟着奔過去。我先跑到，剛剛把矛子揷進豹子的頸上，兪七一叉扠進豹子的胸口，我的長矛已經穿過豹頸揷進泥土，兪七把整個身子壓在叉柄上，我們兩人有兩百多斤，再加上兩條狗前撕後扯，小豹子動彈不得，很快就完蛋了。

彩霞提着兎子和槍匆匆跑來時，我和兪七已經把矛子魚叉從豹子身上抽出來，兪七提起豹子的後腿掂了幾下說：

「大約有七八十斤。」

兩條狗還想咬牠，兪七讓狗舐豹子身上的血，說是狗喝了豹子血膽量更大。兩條狗傷得不重，今天牠們顯然佔了上風。彩霞高興得摟着兩隻狗頸貼着臉親了一會。

「彩姑娘，做賊也要靠點兒運氣。今天托你們兩位的鴻福，大發利市。」兪七把豹子往肩上一摞，笑嘻嘻地說：「豹子皮作毯子不會得風濕，吃了豹子肉不必烤火，喝了豹骨酒筋骨不痛，好處很多。」

他高興地揹着豹子在前面小跑起來，他的力氣大，經常挑一百五六十斤的擔子，七八十斤的小豹子他眞不當一回事。

天黑以前我們趕到家。姑爹姑姑看兪七揹着豹子回來，又驚又喜。彩霞迎着姑姑說：

「娘，妳瞧不起我，現在我可扠了一隻豹子回來。」彩霞指指豹子胸口三個洞眼對姑姑說：「妳看，這不是魚叉的功勞？」

姑姑走近一看，發現三個洞眼很深，打量了彩霞一眼，搖搖頭說：

「我不信妳有這麼大的力氣。」

「彩姑娘雖然沒有這麼大的力氣，膽量倒眞不小。」兪七把豹子往地上一摜說。

「怎麼？妳沒有叫娘救命？」姑姑笑問彩霞。

「娘，我怎麼會丟妳的人？」彩霞昂着頭回答。

「有其父必有其女。」姑爹摸摸八字鬍一笑。

「你站遠些，別想叨我的光。」姑姑笑着說。

彩霞大笑起來，望着姑爹說：

「爹，我要是做了賊，你就說我像娘了？」

我們笑了一陣。姑姑突然收住笑容，鄭重地對兪七說：

「兪七，以後不准再打獵！今天算是萬幸。」

兪七不敢作聲，我對姑姑說打獵很好玩，她沉着臉說：

「我不要你們船頭上跑馬，你在鄉下就是這些事我不放心。」

本來她要我住到元宵，但我天天慫恿佘七打獵，住到初十姑姑就趕我回家。我和彩霞帶了一條大獐腿，幾斤豹肉進城。彩霞笑着說：

「娘恨不得把我們用褲襠包起來。」

第二十三章 [illegible]

我們到家時大哥還沒有起床。表姐迎接我們。[redacted]。母親看見彩霞非常高興，十來天不見，特別打量了她幾眼，弄得彩霞有點不好意思。母親問我們在鄉下的生活情形，我們沒有說打獵的事。

再回到表姐這邊來時，大哥已經醒來，他在床上問我：

「老王，獐腿帶回來沒有？」

「大哥，豈止獐腿，還有豹肉。」我在書房回答。

「吓？眞有這種異味？」大哥坐了起來。

彩霞輕輕問表姐，大哥是不是天天在家？表姐說他昨夜才回來，又問豹肉是怎麼來的？我們把經過情形告訴她，大哥披着衣服走了出來，聽見這個故事，笑着向我們把大姆指一翹：

「了不起，一位是英雄，一位是英雌。」

「是表哥、俞七和那兩條狗的功勞，我可不敢當。」彩霞說。

「妳是『打漁殺家』裏的桂英，壯壯膽子也是好的。」大哥指着彩霞說。

「彩霞，妳比我强。」表姐笑着說：「我可不敢去那種深山。」

「所以娘才把我和表哥趕進城來。」彩霞說。

大哥聽了好笑，邊扣衣服邊對我說：

「姑想留我留不住，想留你又不敢留，我們眞是兩位嬌客。」

「郁心可不像你裝病丟人。」表姐笑着接腔。隨即去廚房替他打洗臉水。

何媽把獐肉炒了一大盤，豹肉帶燥，姑姑說我和彩霞不能吃，特別留給大哥進補。她還爲大哥浸了一小罈豹骨酒，留給他冬天喝。

彩霞吃過午飯要去看同學，表姐告訴她那些同學來過。最後問她去不去貝麗雯家？她望了我一眼，沒有回答。表姐笑着說：

「禮尚往來，照理應該去一下。」

「姐，貝麗雯醉翁之意不在酒，妳以爲她眞是向我拜年的？」彩霞說。

「妳管她在酒在水？」表姐望了我一眼向彩霞一笑：「宰相肚裏好撐船，那裏不能容人一篙？」

彩霞轉臉望望我，刁鑽地說：

「表哥，你陪我去一趟好不好？」

「她又不是我的同學，我何必攀龍附鳳？」我笑着回答。

「她來拜年，你沒有回拜？」她歪着頭望着我笑。

「她又不是向我拜年，我何必回拜？」

表姐看我們一問一答，站在一旁好笑。

彩霞只好單獨騎着車子出去，表姐笑着對我說：

「彩丫頭勝我十分。」

「表姐，妳有很多地方任何人都趕不上。」我說。

「郁心，你也學會了奉承？」表姐望着我笑。

「表姐，我這可不是一句假話。」

「郁心，多謝你看得起表姐。」

「世界上誰有我這樣的好表姐？」

表姐開心地笑了，笑得像一朵百合花，笑出了眼淚。

「老王，你怎麼不說世界上那有我這樣的好大哥？」大哥笑着問我。

「你連一隻雞腿都不肯帶，是那一門子好？」我反問他。

「老王，有事弟子服其勞。」大哥用孔夫子的話來抵我，接着又捧我幾句：「況且你的力氣大，提一隻雞腿還不是像提隻小雞兒一樣？何必要我累出一身汗？」

「大哥，你眞是哄死了人不償命。」

他望着表姐一笑，又對我說：

「老王，走，我請客。」

「剛吃過飯，你請什麼客？」

「請你坐茶館，聽說書兒。」

我下鄉了許多天，正想上街走走，便和他一道出去。

他問我他回來後姑爹和姑姑講了他什麼沒有？我老實對他說：

「大哥，你那一套姑爹和姑姑清楚得很。他們既然留了你的面子，讓你回來，何必再講？」

大哥慚愧地笑笑。

街頭巷尾的鑼鼓十分熱鬧，到處是咚的咚，嗆的嗆的響聲。小孩子也拿着洋鐵做的長喇叭在門口吹。今天是龍燈出行的第一天，一直要玩到十五。

大哥把我們帶到一家大茶館，這裏九流三教的人都有，很多人都認識他，叫他一聲「婁公子」或「婁少爺」。人的眼睛和狗眼睛差不多，我們家雖然敗了，但是和他交往的人都知道他是財主兪九卿的大女婿，而且知道姑爹沒有兒子，所以奉承他的酒肉朋友還很多。我從來不到這種場合，認識我的人很少。雖然同學們把我當作大人，但大人們仍然把我看成孩子，加之我和彩霞名分未定，因此我沒有大哥那樣受人重視。

茶房把大哥招待在前面的躺椅上坐下。我沾了他的光，在他旁邊坐下。我們中間有隻茶几，茶房送來一盤五香瓜子，一盤鹽炒花生米，兩壺茶，兩隻杯子。

一位四五十歲，穿着油膩的藍布大褂，眉清目秀，臉色和大哥一樣的人，站在一張舊條桌後面，左手捲着石印本子的三國演義，右手做着手勢，抑揚頓挫地在說「劉備招親」，說得口沫横飛，還不時抓起驚堂木在條桌上一拍，在躺椅上昏昏欲睡的人便陡然睜開眼睛，聽他說下去。

三國演義我早已看得滾瓜爛熟，京戲「甘露寺」也不知道看過多少次？喬玄的「勸千歲殺字休出口……」我也能一氣呵成，所以我對這種說書兒的並沒有多大興趣。

大哥似乎很欣賞這玩藝兒，他說這是另一種藝術，需要特別好的口才和半瓶兒墨水，混這口飯吃也不容易。

我們坐了個把鐘頭才走，大哥丟下五毛錢的票子，茶房鞠躬如也，一臉的諂笑。

我和他一道去花園飯店看看筱慧芳，一個多禮拜不見她，也有點兒想念。她看見我也很高興，劈頭就問：

「玉少，你怎麼在鄉下住這麼久？」

「武松打虎，他打豹子，也算得英雄。」大哥開玩笑地說，又添油加醋地把打獵的事渲染一番。

「喲！玉少，我倒看不出來你像譚老頭一樣是個武生的底子？」筱慧芳驚喜地說。

「大哥說話不要本錢，妳別信他胡扯。」我說。

筱慧芳笑着擺出瓜子糖果，輕輕地問我：

「是不是捨不得表妹？才不趕回來看我的戲？」

「我們從小在一塊，有什麼捨不得？」

「現在人大心大，自然不同啦。」她那兩隻黑亮靈活的眼睛在我臉上打轉。

「妳不知道，」大哥附着筱慧芳的耳朵說：「老王現在有點兒心猿意馬。」

「啊，啊，是了。」筱慧芳[illegible]坐宮裏公主四猜的道白向我一笑，又望望大哥說：「像玉少這樣文武[illegible]，愛他的人兒自然不少。」

我被他逗得笑了起來，不能再裝聾作啞，只好對筱慧芳說：

「我還在讀書，根本不談這些事。」

「玉少，不是你想不想談，事到臨頭，你躲也躲不掉。」筱慧芳世故地說。

「妳別信老王的話，」大哥笑着對筱慧芳說：「他人小鬼大，誰也不知道他葫蘆裏賣的什麼藥？」

我知道大哥是尋我開心，不再分辯。筱慧芳及時問我：

「玉少，我今兒晚上唱『玉堂春』，你捧不捧場？」

「是全本還是三堂會審？」我問。

「會審。」她說。

這是風流蘊藉，很有人情味的好戲，旦角的唱腔也很好聽，我點點頭說一定捧場，她爽快地說：

「好，我通知院子裏替你留個好位子。」

我想到密斯花早說過要我再陪她看場京戲，彩霞自然也要同我一道看，要是密斯花有空，那得三張票，她通知戲院留位子那是記她的帳，我不想揩她的油，叫她不要留。她的反應快，馬上向我一笑：

「剛才我沒想到，應該成雙成對，我要他們留兩個位子好了。」

「說實在話，我想請密斯花看，不知道她有沒有空？所以妳最好一個不留。」我說。

「密斯花是不是那個漂亮的洋婆子？」她問。

我點點頭，她爽快地說：

「我人情做到底，連她一道請，留三個聯號好了。」

「那妳太破費了。」

「你們又不天天看戲。你帶洋人來捧場，我臉上也有光彩，也讓洋人知道我演的不是一杯白開水的文明戲，不是練十天半個月就可以上台的。」

她講的是實話，像她這樣的頭牌旦角，七歲就開始學戲，嘴上身上，一點兒也不能馬虎，要想唱紅，最少也得十年苦功。我雖然剽學了好幾年，還不敢上台；同學們排一齣話劇，十天半月就敢上台，詞兒忘記了幕後還有人提示，要是唱京戲，那不被人轟下來才怪！[redacted] [illegible]，這口飯可真不好吃。沒有三兩三，不敢上梁山。筱慧芳不是吹牛的。

「我一定請密斯花來看妳的『玉堂春』，我相信她會喜歡的。」我說。

「三少，叨你的光。」她高興地說。

我為了想早點通知密斯花，立刻向她告辭。我走了兩步，她突然把我叫住：

「主任，且慢——」

她連忙跑到床頭邊，打開箱子，取出一個紙包，遞給我說：

「我大年初一許的願，差點兒忘記送你。」

我知道是衣料，實在不敢接受，一再推辭，她假裝生氣地說：

「主任，如果你不收下，那就是嫌我這份人情太薄。」

「[illegible]，你一向爽快，怎麼現在反而婆婆媽媽？」大哥替她打邊鼓。「慧芳特為要我陪她去買的，是上好的黑嗶嘰，你還不快點兒收下？」

這種料子最少得十幾塊大洋，我更覺得受之有愧，我向大哥說：

「大哥，古話說無功不受祿，我怎麼好意思收這樣的重禮？」

「別做酸秀才，快點兒拿回去。」大哥向我揮揮手。

「三少，托你的洪福，我只當少贏十幾塊大洋。」筱慧芳笑着把我往外推：「請你賞我一點兒面子，帶回去做套打粗的衣服。」

她把我推到門外，隨手把門一關，我只好走。

在路上我扯開紙角看了一眼，眞是黑得發亮的毛嗶嘰，作黑制服是再好沒有。

我回到家裏，彩霞恰好先到一步，她看我夾了一包東西，碎步跑到我身邊，笑問是什麼東西？我不能不拿給她看，她拆開看了一下，連忙拿給表姐看，一面說嗶嘰好，一面歪着頭問我：

「表哥，你怎麼突然買這樣的好嗶嘰？」

她知道我一向不講究衣著，連保暖的皮袍子都不要，突然帶回這麼好的嗶嘰，不免生疑。

我知道瞞不過她，遲早會被她拆穿，只好說實話。

「筱慧芳手面眞大。」表姐讚賞地說。

「姐，她是跑江湖的，還會做蝕本的生意？」彩霞掠了我一眼，笑着對表姐說。

表姐和我都望着她。我實在看不出筱慧芳對我有任何企圖，彩霞怎麼說這種話？表姐看了她一會，笑着對她說：

「彩丫頭，說不定筱慧芳是眞心誠意，不要隨便懷疑人家。」

「表姐，本來我不接受，我看她實在太誠，却之不恭，只好帶回來。」我對表姐說，希望彩霞能了解我的意思。

「但願是我多心，」彩霞馬上接腔。「也希望你不要上當。」

我爲了使彩霞不再生疑，對表姐有個交代，我決定不做衣服，把料子交給表姐保管。表姐明白我的意思之後，笑着對我說：

「郁心，人家好意送你，你又何必放在我這裏生蟲？」

「表姐，如果我發現上當，我好把料子退還她，不然人家會說我吃裏扒外，我跳進長江也洗不清。」

彩霞聽我這樣說抿着嘴笑，表姐笑着說：

「郁心，我決不懷疑你。」

「姐，鬼迷熟人，妳就這樣相信表哥？」彩霞搖搖表姐的肩膀說。

「彩丫頭，妳越說越離譜。」表姐笑着罵彩霞。「我不相信郁心，還有什麼人可以相信？」

表姐把衣料還我，我不肯收。她望望我忽然眼珠一轉：

「好，我暫時代你保管一下。」

我隨即出來，準備去密斯花家。我還未走出巷口，彩霞就趕了出來，追着我問：

「表哥，你到那兒去？」

「去看密斯花。」

「什麼事？」她偏着頭問。

我把彼慧芳請看戲的事告訴她。她聽過之後望着我說：

「她那麼大方，怎麼不請姐姐？」

「她再大方，也不能叫起忘八犯夜。」

表姐自從那天看過大哥的「紅鬃烈馬」之後，就沒有再去看戲，我也避免請她看戲，在她面前也不提彼慧芳，免得她心裏難過。彼慧芳是個聰明人，她也避免刺激表姐，不是捨不得一張票。由於這種微妙的關係，我在她們之間不得不特別謹慎。

彩霞這才不作聲。我問她去不去密斯花家？她說剛去過。

「那我單獨去好了。」我說。

「我陪你走一趟。」她立刻跟了上來。

密斯花看見彩霞再來，有點兒驚喜，把我們迎了進去，問有什麼事？我說明來意，她高興得把雙手撫在胸前，笑着說了幾聲多謝。說筱慧芳請她看戲是她的光榮。

她留我們玩，自動拉小提琴給我們聽，大概拉的是史特勞斯的曲子，很好聽。拉完以後笑着對我說：「要是有機會，我真想向你大哥學學中國梵阿琳。」

她的梵阿琳是我們兩校歷來的美國男女老師中拉得最好的，我自然替大哥客氣一番。而且胡琴和京戲是不可分的，不懂京戲要想把胡琴拉好，那不可能。洋人要想徹底懂京戲和胡琴的奧妙，即使窮一生的時間恐怕也難辦到，不像我們的留學生唸幾年西洋戲劇就可以取得學位那麼簡單。

她留我們吃飯，我們婉謝了。她說弄中國飯菜給我們吃，我們還是想吃家裏的臘魚臘肉和那雙獐腿。和她約定時間在戲院門口見面，就告辭出來。

吃過晚飯後，我和彩霞從從容容去戲院。筱慧芳已經替我們在大哥的位子後面定了三個位子。

八點半，我和彩霞到戲院門口接密斯花，她準時到，像上課一樣，不遲到早退。

大哥九點才入座，他看見密斯花，和她行了個洋禮，握握手，用英語交談了幾句，方才坐下。

「玉堂春」上演時，他旁邊的位子還是空着的，他要密斯花坐到前面去，密斯花客氣一番，我和彩霞對她說那是熟人的位子，沒有關係，大哥替她解釋比我們强，她才欣然過去。

筱慧芳穿着罪衣，頸上戴着鯉魚枷鎖，一聲「苦呀，吓……」更顯得楚楚可憐。唱散板「來在都察院，舉目往上觀……」顯得戰戰兢兢的樣子。倒板、慢板唱得十分平穩。和藍袍的對答：「那是王……」羞人答答，大哥和密斯花唧噥了幾句，我聽到一個SHY字，密斯花笑着點頭。快板唱得乾淨俐落，如珠走玉盤。二六「這場官司未動刑，玉堂春這裏我就放寬了心，出得察院回頭看」的又驚又喜的神情，妙到毫顚。密斯花看得笑容滿面，回頭對我和彩霞說：

「你們中國女人眞可愛，格外値得同情。」

散戲後她同大哥到後臺去向筱慧芳道謝，因爲彩霞不願意和筱慧芳碰頭，我也不便去，約好在戲院門口等她。

人快散盡她才出來，她滿口稱讚筱慧芳，說她聰明、漂亮、溫柔，很會表演。

走上大街，我們遇到一隊龍燈，高蹺，彩龍船，蚌殼精，在一家百貨店前表演，她駐足觀看。彩霞說元宵的燈更多，更好看，要玩到天亮。她住的地方偏，要她早點回去。

「那天你們一定要陪我看看？」她天眞地說，顯得更活潑年輕，完全不像我們中國老師那麼莊重嚴肅。

我們替她叫好黃包車，她坐上去之後回頭對我說：

「中國眞妙！你大哥是個了不起的音樂戲劇家，密斯筱演唱得眞好。」

「上海有個美國梅蘭芳，我們這裏也有個美國戲迷。」密斯花走後，彩霞笑着對我說。

今年這個寒假和新年過得最有意思，可惜再沒有幾天好玩了。

第二十四章　最難心事易傷現　揮不去纏綿綿緣

開學的這天，表姐突然從臥房拿出一個衣盒，笑盈盈地走進書房，向我把手一招：

「郁心，你過來。」

我走到她面前，她打開盒子，拿出一套黑嗶嘰制服，往我身上一比：

「你穿穿看？」

我認得這是筱慧芳送我的料子，又驚又喜地問她：

「表姐，妳怎麼把它做了衣服？」

「筱慧芳能送你一件料子，表姐還捨不得這點兒工錢？」表姐笑着回答。

「表姐，生米煮成了熟飯，那我怎麼還她？」

「別憋裏憋氣，她既然送你，還要你還？」表姐輕輕白我一眼：「她又不是男人，縱然你還她，還不是好了你大哥？」

我望望表姐，又望望彩霞，彩霞笑着對我說：

「既然姐姐替你想得這麼周到，你就試試吧，不必婆婆媽媽了。」

「如果你早有這句話，就不會讓表姐破費了。」我說。

「姐姐破費幾塊錢沒有關係，只要你不吃裏扒外就成。」彩霞望着我說。

「彩丫頭，不要再和郁心爲難了。」表姐以目示意。

我換好黑嗶嘰制服，非常合身。表姐在我前面拉拉，彩霞在我背後拂拂，一身筆挺，我十分高興，禁不住問：

「表姐，我自己沒有去量，怎麼這樣合身？」

「我拿你的舊制服作樣子，再要裁縫的量放大一點，我正暗自躭心呢！」表姐說。

「姐，妳把表哥打扮得這麼整整齊齊，恐怕他的骨頭都要輕四兩呢！」彩霞說。

表姐嗤的一笑，我也忍不住笑。表姐望着她說：

「彩丫頭，將來他做新郎時，我還要做一套上好的西裝送他呢。」

「姐，妳有錢把他打扮成個太子都行，關我什麼事？」彩霞裝作漠不關心地回答。

表姐望着我笑，我想把衣服脫下，她把我的手一按說：

「不要脫，穿套新衣服上學，給老師同學一個新印象。」

「表姐，穿這身新制服上學，同學們會說我發了洋財。」我說。我們學校裏有錢的同學雖然很多，但穿這麼好的新嗶嘰制服的倒不多。而我們家裏現在又只有一個虛名，快成了破落戶，論錢財遠不如程雲鵬、徐天祿他們家裏。母親從小教我做人不可非分，要守分寸。這套衣服對我是奢了一點兒。

「難道你錦衣夜行？在家裏穿着打粗？」表姐反問我。

「讓給大哥穿合適些。」

「他的衣服多的很！十年二十年也穿不完。」表姐說。大哥一向愛吃愛穿，結婚時西裝又做了好，西裝幾乎都是嶄新的，他一年四季，總是穿長袍，不穿西裝。他喜歡自由舒服，不願意受拘束。

「表哥，你既然走了這個狗屎運，不妨擺擺濶？」彩霞笑着說。

「那我的骨頭要輕半斤了。」我故意頂她。

彩霞嗤的一笑，白了我一眼，表姐笑嘻嘻望着我們說：

「你們這兩個淘氣神！」

彩霞的學校和我們同一天開學，王秀英和貝麗雯一道來邀她。貝麗雯看我穿了一身筆挺的新衣，瞟了我一眼。她自己也穿得很漂亮。彩霞本來是穿的舊陰丹士林短褂，舊黑裙，她看貝麗雯穿的是新的，便悄悄地回到房裏換了新衣裙新鞋新襪出來。

「怎麼？妳們兩位今天都穿得這麼漂亮？」王秀英打量了她們一眼，又望望自己身上說：「只有我像老媽子。」

「今天開學嘛！」彩霞望了貝麗雯一眼，向王秀英說：「許願燒頭香，今天不穿什麼日子穿？」

表姐拿出瓜子，親切地招待貝麗雯、王秀英。貝麗雯對表姐也很親熱，她稱表姐「大姐」，她的口齒也不弱於彩霞，和表姐談得很好，王秀英比起她和彩霞來，似乎老實多了。

彩霞似乎不想貝麗雯在我們家裏多留，拿起書表示要走，平時我們總是一道出門，有時她等也要等我一會，現在她招呼也不和我打一聲，領先走出書房。王秀英回過頭來問我：

「你不和我們一道上學？」

「我還有點兒事，對不起，不送了，妳們三位先走一步。」我怕冷落了貝麗雯，她來了這一會，我們既未交談，也不便一道走，只好說幾句客氣話表示禮貌。她是聰明人，一定聽得出來。

「表哥，難得你這份殷勤。」彩霞却回眸一笑，笑得很刁。

她們走後，表姐笑着對我說：

「彩丫頭比我强多了。」

「表姐，妳是冬天的太陽，連大哥都說妳好。」

「郁心，像我這樣的人最吃虧。你大哥要是碰到一個厲害角色，他就不能這樣風流自賞，逍遙自在。」

「表姐，妳說實話，」我笑着問她：「大哥這樣風流浪蕩，妳生不生他的氣？」

「郁心，我不能說我一點不氣。」表姐望着我說：「但是江山易改，本性難移。你大哥從小嬌生慣養，又是文人性格，我只好順着他，只要他說我半個好字，我心裏那一點兒氣早就煙消雲散了。」

「表姐，大哥眞好福氣，我看我一樣也趕不上他？」

「郁心，人在福中不知福，你不要這山望得那山高？」表姐向我溫婉地說：「不管人家是駙馬太子，他也很難比得上你。」

「我只覺得我有一個最好的表姐。」

「你還忘記了你有一個更好的表妹。」

我們兩人大笑。我跑出書房，趕到學校去。

同學們看我穿了這麼一套新衣服，眞的很羡慕。程雲鵬問是怎麼來的，我照實告訴他，他在我肩上一拍：

「好傢伙！想不到筱慧芳對你也這麼好？」

「這是托你的福，讓她跟着贏錢。」

「如果她是個小器鬼，贏得再多也不會送你這樣的重禮，莫非她想吃你這隻童子鷄？」

「你別胡說八道！」我用肩膀把他一撞，他跌跌倒倒竄出好幾尺，哈哈大笑。

「郁心，你小心，很多女人都想吃你！」他剛一站定，又一臉的邪氣對我說。

我追上他，把他按在球場上像搓棉花條樣搓來搓去。他一身肥肉，沒有力氣，雖然比我大，完全不是我的對手。直到他告饒，我才放他。

密斯花看見我把程雲鵬按在地上搓，站在路邊好笑。我向她微微一鞠躬，跑了過去。她問我為什麼把程雲鵬按在地上搓？我却無法回答，她是未婚的小姐，不能和她談這些葷話。

事實上也想不到適當的英文字句，說中國話她縱然聽得懂，也不了解其中的含意。正如她說的slang，我們也不懂。

今天她穿了一件新做的旗袍，曲線玲瓏，比穿洋裝美多了，只是走路沒有表姐和彩霞那麼文雅，比蔡老師却好多了。她梳着道士頭，一頭金黃的頭髮，又是一番風韻。

整個寒假，同學們都玩野了心，無心聽講；她上課時也講講笑話，讓大家輕鬆輕鬆。她談到中國的龍燈、獅子、彩龍船、蚌殼精、高蹺，興趣很高，說話時中英合璧，張冠李戴，時時惹得同學們哄堂大笑，她高興得像十六七歲的小姑娘。

兩三天後，才恢復正常的學校生活。

天氣漸漸暖和起來，足球場裏偷偷地冒出一點點嫩綠，圍牆邊上的幾棵柳樹彷彿一夜之間抽出了嫩芽，一片生意。

第一次月考前，江裏又來了一條意大利軍艦，艦長寫信到學校來要舉行一場足球友誼賽，學校自然同意。比賽頭一天下午，黃老師要A隊和B隊來一次對抗賽，A隊是校隊，B隊是預備隊，正選球員都是從B隊升上來的。開學以後，我沒有練過一場球，表示退休。但是這場對抗賽黃老師要我參加，而且要我在對意大利隊的球賽中出場。我無論如何不肯答應，我的藉口是肋骨時常發痛。黃老師沒有辦法，只好請校長出面，校長把我叫到他的辦公室去。

校長爲了想我出賽，對我特別客氣。但我對他的印象不大好，一次是做紀念週他講話時駡我們，把脚故意往講臺上一翹，說是一旦做了亡國奴，日本人要我們洗臭脚我們也得幹。講話的神氣和動作有點流氣霸氣，不像個校長。二是我受傷住醫院時他並沒有看我一次，只要黃老師問候我一聲，我覺得他有點兒官僚架子。

「聽黃老師說你不想打球是不是？」他滿臉堆笑地問我。

我點點頭。

「爲什麼？」他彎過腰來湊近我面前問。

「我不想受洋人的氣。」

「贏了球大家都有面子，你個人受點兒委屈又有什麼關係？」

「不但是受委屈，差點兒送了性命。」

「那是一次意外，學校還不是負擔了你的醫藥費？」

「我不想增加學校的負擔，從那次起我就決定不再打球。」

「那怎麼行？」他忽然拉長了臉搖搖頭：「你是本校的學生，應該替學校爭面子，明天這場球賽你還是要出場。」

我看他擺出校長的尊嚴，我也不能不唬他一下：

「校長，你要我打這場球，我不能不遵命，但是我要先說淸楚——」

他打斷我的話，上下打量我，半天才說：

「你說吧。」

「第一、我只打這一場球，以後不管是對那一個外國球隊，我都不出場。」

「你這像是對我提條件嘛？」他兩眉一皺。

「校長，不是提條件，但我的意思不能不向校長說明。」

「還有什麼？你快說吧！」他有點不耐煩。

「如果再發生意外，我打死了洋人可不負責。」

他聽了一怔，身子向太師椅上一靠，摸摸下巴又望望我，忽然哈哈一笑：

「你打得過洋人嗎？」

他完全不知道我練三脚貓兒的事，看我的個子決不是洋人的對手，上次又被洋人打得半死，所以他有點懷疑輕視。

我知道他只講利害，看他桌上有個大硯臺，我有舉手砍斷一塊青磚的起碼功夫，諒想能砍斷這塊硯臺，我走近一步，望了他一眼，突然側起手掌往硯臺上一劈，硯臺應聲而斷。他跳了起來，退了幾步，怔怔地望着我，過了一會突然向我揮揮手：

「好吧！你走吧！不要給我找麻煩，我只有一個腦袋。」

我退了出來，笑着跑開。

第二天上午，公佈欄內貼出的校隊陣容是，徐天祿取代了我的位置，另外從B隊補了一個同學上來。

中午放學回家，我告訴表姐和彩霞，要她們下午去看球，表姐問我出不出場？我回答她：

「我陪妳們看。」

「表哥，你眞有這個決心？」彩霞懷疑地問。

「我說了我不願受洋氣，何況月考在卽。」

「你現在還沒有畢業，學校會允許你不參加比賽？」

我把校長找我去的情形告訴她，彩霞聽了哈哈大笑，表姐躭心地說：

「郁心，你的膽子可眞不小！居然敢和校長開這麼大的玩笑？」

「表姐，校長只知道利害，不敢碰洋人一根毛，他以爲我也不敢，我不現點兒厲害給他看，眞到出了人命，他更下不了臺。」

「你不出場，如果打敗了，不怕他暗中整你？」彩霞說。

「怕事的人一定怕死，他不怕他的腦殼變成硯臺？」我回答。

彩霞望着我，臉上又驚又喜。表姐搖搖頭說：

「郁心，不管做什麼事，都要三思而行，千萬不可鹵莽。」

「表姐，妳放心。」我安慰她說：「人不犯我，我不犯人，妳看我是不是個惹事生非的人？」

「不然我就不贊成你學三脚貓兒。不過你還是要學張百忍。」表姐說。因爲大哥的身體弱，所以當年她贊成我練國術，同時勸我「打不回手，罵不回口」，免得以後失手傷人。沈老師對於鹵莽暴躁的人也不肯教，我到現在除了那次法國水兵團毆我被迫還手之外，從來沒有和人打過架。

姓張的是我們這裏的大姓，張家祖先張百忍的故事流傳很廣。據說張百忍曾經忍受過九十九次別人不能忍受的侮辱，最後一次他娶媳婦，有個瘋道人要享受他媳婦的初夜權，別人都要打這個道人，他想想自己忍了九十九次的侮辱，這次忍受下去就是一百次，他居然答應了。別人都訕笑他，誰知第二天早晨他新媳婦的床上睡的是個金人，張百忍的故事就這樣傳開了。每年過年時張家門口的大燈籠上都寫着「百忍堂」三個大字，現在不但成了張家的家訓，表姐還要我學張百忍，我想起他那最後一次的忍，不僅哈哈大笑，掠了彩霞一眼對表姐說：

「表姐，我不想要那個金人。」

「郁心，你眞壞！」表姐笑着罵我，這是她第一次說了我一個壞字。

下午球賽之前一個鐘頭，就有人到學校來，這是今年的第一次球賽，消息不脛而走，加上校園裏桃花盛開，垂柳如絲，樹木、草地一片新綠，尖頂的教堂和四層樓的學校，矗立在綠樹紅花叢中，風景如畫。

下課以後我不必再穿球衣球鞋，挾着書慢慢向球場走去，我表面上優哉游哉，心裏却波濤起伏。我喜愛足球亦如喜愛京戲，爲了不願再受洋人的氣和影響功課，不得不忍痛退出，像小狗兒斬掉尾巴一樣不是味兒。

同學們知道我不出場都很驚奇惋惜，但他們那次親眼看見我被打得半死，因此也很同情我。

徐天祿掛帥是又驚又喜，他是個上好的球員，但他知道自己的弱點，統馭指揮的能力不夠，而且最怕洋人動粗，不敢和洋人硬拼，那次要不是他往我身後躲，看我和洋人打起來他又開溜，我也不會吃那麼大的虧。

他穿好球衣出來，看見我連忙追上，仍然要求我出賽，並且爲那次事件一再道歉，我委婉地拒絕，但我鼓勵他：

「這是你最好的表演機會，我在旁邊替你加油。」

「沒有你穿針引線，阻擋洋人，我打不出水準。」他誠懇地說：「而且新補的球員沒有見過大場面，又和我配合不上，這場球恐怕打不好？」

「你勇敢一點兒，不要怕。」

「洋人都是高頭大馬，我擋不過他們。」他搖頭苦笑：「打架更不是他們的對手。」

「如果你心裏怕他們，你的球踢得再好，也會輸給他們。」我拍拍他的肩，把他往球場上一推：

「去，砍掉腦殼也不過碗口大的疤！」

其他的球員已經在球場上練球，他望了我一眼，轉身跑過去，別人向他傳來一個球，他扯起一腳，一射入網，十分清脆漂亮。他的確是我們[illegible]位前鋒當中球技最好的一位，我希望他能打贏這場球。

表姐和彩霞雜在球場邊上一推觀衆中間，我沒有看見她們，她們一時也沒有發現我，因爲我沒有穿球衣，沒有進球場。還是彩霞的眼尖，她突然在人堆中站起來，向我揮動手絹，我跑了過去，她和表姐坐在一塊，她旁邊是王秀英和貝麗雯。

「你怎麼不上場？」貝麗雯笑着問我。

「我再上場會和洋人打架，還是看球好。」我回答。

「我和王秀英都是來看你踢球的！」貝麗雯巧妙地把王秀英作招牌。「想不到沒有這個眼福。」

「下次要他專門爲妳踢一場球。」彩霞笑着接嘴。

「除非借妳的面子？」貝麗雯也笑着回答。

表姐笑着拉拉我的袖子，空出一點地位，讓我在她和彩霞之間坐下。

意大利水兵穿着黃球衣，坐着黃包車像長蛇陣一樣直到球場旁邊才下車，這種氣派的確不小，以前的球隊都是在後門口下車，他們不直坐進來，大概是門房擋駕不住？

水兵一上岸，彷彿到了天堂，一下車就往嫩綠的草地上跑，有的水兵高興得在草地上打滾。他們的體格都很高大魁梧，只有一兩個矮壯的，跑起來倒很快。

雙方正式擺開陣勢時，意大利的兩個二門，也是兩個大塊頭。徐天祿和他們的隊長握手時，兩人站在一塊，他幾乎矮一個頭。

開球後意大利水兵即哇哇叫地快攻，完全不把我們的球隊放在眼裏，像墨索里尼一樣，囂張得很。不到三分鐘，就被他們攻進一個球。

我們的二門把球踢到中場，徐天祿領導鋒線快攻，他和補他的位置的球員配合得不十分嚴密，傳球盤球不能得心應手，整條鋒線的速度受了影響，又沒有人替他阻擋供應，他遇到高大兇猛的意大利水兵就有點兒膽怯，他把球帶到禁地，正想起腳射門，恰好被對方的右後衛鏟掉，人也差點兒撞倒。對方搶到球後，又發動快攻，直衝到球門口連人帶球撞進去。

輸第一個球觀衆覺得無所謂，輸第二個球發現情況有點不對，開始竊竊私語，議論紛紛。

「今天好像有點兒不對勁？」表姐悄悄地對我說。

「我們沒有打出隊型。」我說。我看出我們的球員個人沒有打出平時水準，整隊的威力無從發揮。掛帥的徐天祿有點怯場，對整隊士氣就有影響。

輸到第三個球，熱心的觀衆自動爲我們加油，放大喉嚨叫喊，但是我們一個球也沒有射進。

意大利水兵的實力，在英國黑天鵝之下，他們雖然猛衝猛撞，但脚下功夫不如黑天鵝細膩老到，我們應該佔六成優勢，最少也是五五球，但上半場結束我們輸了三比〇，使觀衆不敢相信。

「徐天祿今天走了樣，沒有過去打得漂亮。」彩霞說。

我看出他有兩個球應進未進，都是由於心慌。還有兩次射門機會，別人也沒有射進。

黃老師悄悄地走到我身旁，希望下半時我能出場，我說意大利水兵球打得猛，人也猖狂，我一下場，非拚命爭球不能挽回敗局，爭得兇就會出岔子，自然難免打架。

「我們可以憑技術贏他們。」黃老師說。

「光憑技術不行，還要膽量。」我說。

「我們這半場球就輸在膽上。」黃老師抓抓頭皮，不能不承認我的話。

「要有不怕打架的勇氣才能贏球。又怕碰洋人一根毛，又想贏球，那辦不到。」我坦白告訴他。

他望望我，停了一會才說：

「意大利也是列强，我們自然惹不起。你能不能在不打架的原則下，出場試試？」

我有點遲疑，希望能替校隊爭回面子，表姐馬上對黃老師說：

「黃先生，郁心血氣方剛，他又學了幾手，恐怕出亂子？你們還是輸一場球好些。」

校長都沒有這個肩膀，黃老師自然更沒有這個膽量，他只好悄悄地溜走。

下半場意大利水兵氣燄更甚，橫衝直撞，我們的士氣低落，潰不成軍，簡直不像一個久經戰陣的球隊。輸到六比〇時，觀衆開始離開，貝麗雯伸過頭來對我說：

「原來你們的球隊是個紙老虎？」

她很少看球，只聽到我們球隊的名聲，現在看見這種情形，無怪要諷刺我們。

不到終場，她就拖着王秀英一道離開，顯得非常失望。彩霞却笑着對我說：

「貝麗雯今天誠心來捧你的場，想不到沒有捧上。」

我們看到終場才離開，結果八比〇。意大利水兵歡欣若狂，把他們的隊長高高擧起，大聲歡呼。

我們的球員像鬥敗的公鷄，垂頭喪氣，因爲多少年來都沒有輸得這麼慘。但是看球的四中學生都很高興，因爲他們一向是我們脚下的敗將。爲了打球，我們兩校學生有點敵視，甚至私下打過架，他們罵我們是「洋奴」，這使我們非常難受，他們沒有機會和洋人賽球，不知道我們受了多少洋氣，輸給洋人心裏多麼難過？

我怕徐天祿他們難堪，和表姐彩霞夾在搖頭嘆氣的人群中溜走。

三天後，學校接到四中足球隊的挑戰書，而且他們放出空氣說是要打「死老虎」。我們的球員聽了都很氣憤，也有點兒躭心，因爲四中足球隊比其他幾個學校的足球隊都强，只是一向被我們壓在下面，坐二望一。現在他們乘我們大敗之餘，想揚眉吐氣。

黃老師要我參加這次比賽，我仍然不肯。我怕此例一開，他又要我和外國水兵比賽。這次我拒絕他很生氣，他理直氣壯地說：

「這又不是和洋人打球，用不着再受洋氣，你爲什麼也不參加？要是我們再敗給四中，我這塊老面皮往那裏擺？」

「黃老師，勝之不武，打敗了他們也算不得英雄。」我說。

「要是我們被他們打敗了，連狗熊也不如！」黃老師跳了起來。

徐天祿他們看黃老師生那麼大的氣，連忙對我說：

「無論如何你要打這場球，替我們大家保住一點兒面子，不然我們沒有臉上街。」

我考慮了一下，對黃老師說：

「黃老師，承你看得起，我打這場球。以後不管怎麼，砍我的頭我也不幹。」

「看不起你我還會求你？」黃老師轉怒為喜。「不過這也是最後一次，一年之內我們決不再比賽，我要關起大門來訓練一年，多培養幾個有勇有謀的球員。」

比賽的這天下午，觀衆來得特別多，四中的學生幾乎傾巢而出，他們的人數比我們多一倍多，連校長也來了。其他男女學校的學生也湧來看這場足球爭霸戰。彩霞、王秀英、貝麗雯也來了，表姐也來替我加油。

我看看觀衆的情緒太熱烈，照巳往的慣例，教會學校和私立學校的學生都擁護我們，公立學校的學生都擁護他們，他們人多勢衆，過去我們比賽時曾經發生過糾紛，他們總有點氣勢凌人。

他們的球隊先到球場練球，他們的足球場是黃土地，沒有一根草，一向羨慕我們這三個大足球場。黃老師不讓我們出場練球，要我們站在樓下的窗口觀看，不知道他葫蘆裏賣的什麼藥？巳往每次出賽都先貼出陣容名單，這次他也沒有貼，而且不准其他球員透露我再出場的消息。

直到開賽前兩分鐘，他才讓徐天祿率領球隊齊步出場，徐天祿左手把球抱在胸口，神氣得很。黃老師帶着我最後出來，我問他是什麼意思，他向我一笑：

「出其不意，給他們心理上一個威脅，先打擊他們的士氣。他們知道你巳經退出球隊，這次是想來偷鷄，我要他們蝕一把米。」

黃老師眞有兩手，十幾年來，他苦心訓練這個球隊，保持榮譽，眞不簡單。

雙方球員已經在中線站好，準備握手，黃老師突然跑了上去，把那個預備球員叫了下來，把我推了上去。四中的球員都一怔，他們的隊長楊天杰鼓着眼睛望着我。我看了球場周圍一眼，到處都是他們的同學，站的位置似乎都有計劃。我笑着對楊天杰他們說：

「楊同學，勝敗兵家常事。今天不問誰輸誰贏，我們都不能動粗，只許打球，不准打架。如果你不服氣，打完了球我們兩人再在球場上比劃兩手玩玩也可以。」

他打量我一眼，沒有作聲。我回頭對我們的球員說：

「不管輸贏，我們要打一場漂亮的球，不要傷了彼此的和氣。」

我和楊天杰握握手，黃老師請他們的校長開球。

球被他們搶到，他們快傳，徐天祿飛步攔截，球被他踏住，用脚後跟一帶，傳給我，我帶球跑過中場，又傳給他。他今天又是生龍活虎，勇氣百倍，他把球盤得出神入化，比那次對黑天鵝還盤得好，兩三個人都搶不到，有些純粹爲來看球的觀衆，和我們自己的同學都熱烈鼓掌。他盤到十二碼處，突然左脚一撥，把球傳給我，他閃過對方的後衛，衝進幾步，我把球斜傳給他，他右脚一抬，球如疾矢，直鑽網底，對方的球門目瞪口呆，觀衆又再爲他鼓掌。

我心裏暗自高興，我們打出了往日的隊型，我們的球員都很正常，恢復了水準。這場球我們一定贏。

彩霞和貝麗雯都在熱烈鼓掌，我不知道她們是爲我鼓掌還是爲徐天祿鼓掌？但我決定給徐天祿多製造機會，培養他的膽量，我自己決定一球不射。

上半場對方有一次射門機會，腳頭功夫不夠，越網而過。我們又進了一球，二比〇。

下半場我們越打越好，徐天祿連進兩球，他們輸得心慌意亂，有點兒惱羞成怒，動作也越來越粗，但我們雙方的體格不相上下，他們的球藝又不如我們，我們的球員能巧妙閃避他們的衝撞，所以威脅不如洋人那麼大。

徐天祿看我一直沒有射門，好球都傳給他，他在十二碼內搶到一個球，起腳的位置沒有我好，連忙傳給我射，我本可輕易地射進去，但我想給對方留點兒面子，故意把球踢出界外。他們的球門吐了一口氣，我們的球員一怔，觀衆啊了一聲，隨後又有人鼓掌。

「那樣的好球你怎麼放水？」徐天祿輕聲問我。

「我們已經贏了四個球，給他們顧點兒面子，好讓他們下臺，免得又不愉快。」我說。

我悄悄地傳話給我們的中衛後衛加强防守，前鋒多盤少射。這以下的時間，成了徐天祿和劉向他們盤球表演，贏得不少掌聲，我倒成了一個幫閑的人。

我們輕鬆地贏了四比〇。笛聲一響，我就跑過去和楊天杰握手，楊天杰用力把我往後一帶，想把我拉個狗吃屎。我自然馬步一沉，他沒有拉動。我右手一加勁，他馬上臉色慘白，我看他快要跪下去，手一鬆，拍拍他的肩膀，笑着離開，保持了一場和平的球賽。

我換好衣服出來，人還沒有散盡，表姐、彩霞、貝麗雯、王秀英她們似乎在等我，我跑到她們身邊，貝麗雯笑着對我說：

「今天你們的球隊踢得好，但是你踢得並不出色。」

「我是踢得不好，今天少了一個人，臨時拉我湊數。」我笑着回答他白了我一眼，笑了起來。

「表哥，先前那隻球你怎麼沒有踢進去？」彩霞問我。

我把原因告訴她，表姐聽了點頭一笑：

「郁心，你那個球踢得對，殺人也不過頭落地，做人就要恕道。」

我把楊天杰和我握手的內幕告訴她，貝麗雯她們都大笑起來，彩霞笑着對表姐說：

「姐，強者不妨講恕道，弱者被人家騎在頭上，再恕就要吃泥巴了。」

第二十五章　鶯飛草長湖邊柳

我們回來時，大哥在家裏。表姐很高興，抱歉地說：

「對不起，我去捧郁心的場，不知道你會回來，失迎失迎。」

彩霞看表姐那麼客氣，笑着搖頭。

「老三，你不是說不再打球了？怎麼又破了戒？」大哥問我。

「對手不是洋人，事關學校的面子，他怎麼能做得那麼絕？」表姐代我回答。

「結果怎樣？」大哥又問。

「郁心出馬，那還不是旗開得勝？」表姐替我吹噓。

大哥打量我一會，又走過來捏捏我的臂膀，在我臂上捶了一下，笑着說：

「老三，你這麼肉厚膘肥，割點兒肉給我才好？」

「大哥，你少吃兩口黑飯，自然會長肉。」我說。

「我是天生的瘦竹篙，餐餐吃肉也不長肉。」

「大表哥，你的漏洞太多，怎麼會長肉？」彩霞接嘴。

大哥望望彩霞，不敢作聲。表姐向彩霞遞了一個眼色，彩霞走回自己的房間。

飯後我怕大哥再出去，提議去湖邊散步。大哥欣然同意。表姐和彩霞也很高興。我們好久沒有去湖邊，這是春天，今天又特別暖和，在柳堤上散步眞是再好沒有。

我們家離湖邊柳堤，不過一兩百步路，很快就到。一走過小石橋就聞到一股柳葉的青氣，堤邊兩行柳樹，全部抽出嫩葉，數不淸的柳條，垂到堤邊。彩霞伸手折了一根，把皮往下一捋，捋到頂端，成了一個小球，左右揮舞，舞成一個圓圈。

堤上還有其他的人散步，有的是帶着小孩的夫婦，有的是拄着拐棍的老年人，有的是像我和彩霞一般年齡的男女學生，他們顯然是初戀的情人，本來走在一塊，一發現我們馬上分開，沿着柳堤兩邊行走。大哥看了好笑，輕輕地說：

「他們又想做賊，又怕失風，這眞是掩耳盜鈴，瞞得過誰？」

「大表哥，你何必笑人家？」彩霞手一停，接着說：「他們那有你膽大臉皮厚？」

「他們也趕不上[illegible]。」大哥向我眨眨眼睛。

他這一着馬上抵住了彩霞，她望了我一眼，不再作聲。

前面不遠處突然傳來嘹喨的笛聲，聲音飄過湖面，飄上柳堤，悠揚悅耳，大哥聽了讚賞地說：

「想不到這裏還有一個雅人？」

「那我們是附庸風雅了？」表姐說。

「表姐，妳比誰都雅。」我望望她說。她齊頸的黑髮，後面的髮脚向裏微捲，兩邊覆蓋着一半雪白的耳朶。絳色旗袍，黃色短外套，平底黑緞鞋，鞋尖上綉了一朶小菊花，走起路來輕輕悄悄，彷彿未食人間煙火。

「郁心，多謝妳誇獎。」表姐高興地回答。

「姐，表哥這一下拍對了。」彩霞笑着說。

「彩丫頭，妳怎麼又[illegible]郁心的[illegible]？」表姐笑着問她。

彩霞還沒有回答，大哥搶着說：

「她專和我們兩兄弟過不去。」

「那倒未必？」彩霞望了大哥一眼：「我是就事論事，有一句說一句。」

笛聲越來越近，我們循聲走 過去，發現在一棵大柳樹下的湖邊，坐着一位梳着高髻，穿着道袍的中年道人，面向着南門湖和廬山的黑影，橫着紫銅色的竹笛，悠然自得地吹着。表姐駐足傾聽，我們也跟着停步。

昏黃的路燈，照着他面前一團澄清的湖水，水藻和菱角還沒有生長出來，他坐的這塊地方，在夏天是最好的釣魚處所，我和彩霞都在這裏垂釣過。

如絲的柳條，不時在他的高髻上飄拂，他渾然不覺，一心吹着笛子。我們怕驚動他，連大氣兒也不敢出。大哥不但會拉胡琴，也會吹笛子和簫，他聽得十分出神。表姐愛簫甚於愛笛，在夏秋兩季清風明月的晚上，總往往臨窗獨坐，吹出細如游絲的簫聲。

我們站了一會，又繼續往前走，走到長堤盡頭，還隱隱約約聽到清亮的笛聲。

「這道人吹得眞好！」大哥一再稱讚。

「比你如何？」表姐笑着問他。

「我怎麼比得上他？」大哥回答。

「名山勝水，需要高人。」表姐說：「我們這地方倒眞不俗，這道人可以入詩，也可以入畫。」

「姐，妳只知道詩呀畫的，可忘記了還有唱戲的。」彩霞的話像一陣晚風突然搖響煙水亭的銅鈴，清亮得很。

大哥一怔，表姐輕扯彩霞的衣角，故意微聲說：

「諸子百家，九流三教，才能使湖山生色，多彩多姿。」

表姐的遮蓋，不露形跡。大哥解嘲地說了一句「武家坡」的道白：

「哎呀呀……眞不愧是大家之女，開口就是文。」

我和表姐彩霞三人都笑起來，彩霞伏在表姐的肩上笑~~得上氣不接下氣~~。大哥扯扯我的袖子，附着我的耳朵說：

「笑死那個壞丫頭！」

他這句話彩霞沒有聽見，可眞差點兒把我笑死。我蹲在柳樹邊半天伸不直腰來。

表姐首先忍住笑，要我們回去。彩霞慢慢伸直身體，抬起頭來，挽着表姐一個轉身，又循着柳堤往回走。

那道人還在吹笛子，他好像樂此不疲。走過小石橋，才漸漸聽不見笛聲。

大哥悄悄地問我去不去打拳？我知道他是想去看筱慧芳，我怕他出去又不回來，故意不去，陪他談天，他睡以後，我才離開他的書房。

「表哥，今天你做對了兩件事。」彩霞輕輕對我說。

「那兩件事？」彩霞好出奇兵，我不知道她指的是什麼事。

「下午那隻球能進不進，先前該去打拳又不去打，可見你還有點兒良心。」

「我的心長在脅下。」我指指脅窩說。

他嗤的一笑，低頭碎步跑回自己的房間，又從窗口伸出頭來望我一眼。

清早起來，表姐把鳥籠掛在梅樹枝上，滿樹綠葉，畫眉鳥十分高興，千迴百囀地鳴叫，實在好聽。畫眉鳥能度過嚴冬，完全是表姐細心照顧，她做了一個黑棉布套子，早晚把鳥籠套住，不讓寒氣侵入。

「表姐，妳怎麼起得這麼早？」我問。

「郁心，人生沒有幾個春天，我不想辜負大好春光，一聽見鳥兒叫就爬起來。」表姐回答。

彩霞也開門出來，表姐對我們說：

「快去洗臉，我們去湖邊散散步，呼吸新鮮空氣。」

我和彩霞都是快動作，三兩分鐘就洗漱完畢，表姐要我們帶着書去，免得再回來。

早晨沒有一絲風，湖水平靜如鏡，和無雲的天空一樣蔚藍。帶着露珠的嫩綠的柳葉，宛如表姐彩霞的秀眉。千萬根細長的柳條，像翠綠的簾子，披垂在柳堤兩旁，幾乎拖到湖面，空氣像過濾了一樣，呼吸一陣，胸口特別舒暢。

因爲我們起得很早，堤上行人不多，只有一位老先生，穿着藍布長袍，拄着紫藤手杖，在堤上漫步，隨口吟哦。我聽出其中有一首是韓愈的詩：

草木知春不久歸
百般紅紫鬪芳菲
楊花榆莢無才思
惟解漫天作雪飛

表姐也聽了出來，輕輕地說：

「弱柳千條，縱不飛花，也別有情趣。」

柳樹上的[redacted]黃鶯，彷彿比賽歌喉，唱得格外好聽，和金絲雀比起來，牠們是高音。新來的燕子貼着湖面掠過，在柳樹中間穿來穿去，嘴裏不停地呢喃。偶爾有一兩隻黃鶯，看見我們走近，又從這棵柳樹飛上那棵柳樹，邊飛邊叫。表姐低吟出一首劉克莊的「鶯梭」：

擲柳遷喬太有情
交交時作弄機聲
潯陽三月花如錦
多少功夫織得成

表姐剛一唸完，彩霞笑指她說：

「姐，妳好大的膽子？隨便改古人的詩！」

原來表姐把「洛」字改為「潯」字，但是一字之差，相去何止千里？表姐改得不露形跡，她笑着回答彩霞：

「我們這麼好的地方，我又寫不出古人那麼好的詩，只好臨時借用了。」

「表姐，妳借得好，洛陽雖然做過都城，未必趕得上我們這個地方？」我沒有去過洛陽，但從歷史地理書中略知一二。我們這地方沿長江開市，水陸空四通八達，市區有湖，縣內又有天下名山——廬山，可算得山明水秀。白居易曾在這裏作過司馬，留下了「琵琶行」這首長詩，水滸傳裏又有李逵大鬧江州，晉朝大詩人陶淵明又是本縣人，周瑜曾在甘棠湖練過水師，我又最歡喜聽言菊朋的「柴桑口臥龍吊孝」，表姐借用這首描寫洛陽的詩，潯陽應當之無愧。

「郁心，你說這話頗有外公的口氣。」表姐笑着點頭：「外公生前常說，我們這地方是地靈人傑，人傑地靈。」

「表姐，可惜我們沒有一個人趕得上公公。」我說。

「你們好好地唸書，將來或者有希望？」表姐望望我和彩霞。

「表姐，我不夠料。」我說。

「我是女流之輩，不是男子漢大丈夫，那更不成。」彩霞說。

「寶塔不是一天砌成的，你們還年輕得很。」表姐鼓勵我們。

那位老先生走到柳堤的那頭又回轉來，他的鬍鬚已經灰白，精神還很好，他望了我們一眼，和我們擦身而過，飄然而去。

堤上的行人漸多，四中的學生陸續上學，這條柳堤是他們的必經之路，有的學生認識我，不免打量我一眼。有兩位是昨天和我們比賽的球員，他們和我擦身而過時，故意用肩膀撞了我一下。我們男學生要找人打架時常用這種動作激怒對方。表姐怕我生氣，和那兩個學生動武，連忙把我的袖子拉拉，我沒有作聲，一笑置之。那兩個學生以為我怕他們，走了幾步，回過頭來向我嘲笑，其中一個朝地上唾了一口：

「洋奴！」

我最恨他們罵我這句話，像挖我的祖墳一樣難過。我把書往地上一擲，表姐和彩霞連忙身子一閃，把我攔住，我雙手一分，把她們推開，追趕上去。他們兩人早有準備，那個罵我的學生把書包朝我臉上一擲，我頭一偏，讓過了。他們兩人向我夾攻，拳脚並用，堤面不過六七尺寬，不進則退，兩邊是湖，無處躲閃，我抓住那個罵我「洋奴」的學生踢過來的右脚，向前一推，他跌跌撞撞地滾到堤下，咚的一聲掉進水裏，另一位胸口挨了我一拳，悶哼一聲，晃了兩下，調頭就跑。

那個掉進湖裏的學生從水裏爬起來，變成了落湯鷄，他怕我還會打他，低着頭，弓着背，沿着水邊向前跑。

彩霞看了哈哈大笑，表姐笑彎了腰，隨手撿起我的書，笑着說：

「怪我不好，今天起早了，不該要你來堤上散步。」

「昨天晚上沒有練拳，今天早晨練練也好。」我的氣巳經消了，笑着回答表姐。

「你傷了那裏沒有？」表姐關心地問我。

「他們三拳兩脚我還受得了。」我把那個罵我的學生推下水時，肩上挨了另外一個學生一拳，但是一點損傷沒有，我反身海底撈月，兜胸一拳，那傢伙不吐血也得吃幾包藥。「我那一拳夠他受的。」

「郁心，你怎麼不手下留情？」表姐有點怪我。

「表姐，我巳經留了兩手一脚，不然他還跑得了？」我的連環拳和掃堂腿都保留未用，只要再補一下，他非躺下不可。

「以後不要再和別人打架。」表姐說：「張百忍的故事你又忘了？」

「表姐，這是我第一次打架。他要是罵一句別的粗話我都會忍下去。」

「士可殺，不可辱，你也有理。」表姐點點頭，把我和彩霞帶進石橋頭邊一家小豆漿店吃早點，特別多給我一套燒餅油條。

「姐，妳這是不是慰勞？」彩霞笑着問她。

「這算不得慰勞，我怕他吃不飽，他正向上長，應該加油。」

四中的學生成群地過去，走過石橋，走上柳堤，他們的學校在湖的南邊，和我們的學校隔湖相望，環境也很好，只是建築設備校園沒有我們的幽美。因爲是公立的，學雜費用比我們低兩三倍，人數却多一兩倍，也是個有名的學校。

太陽已經照上柳樹梢頭，照着蔚藍的湖水，彩霞忽有所感地說：

「這麼好的春光，大表哥却躺在床上，眞正該打！」

「誰能打他？」我問。

「你把他丟進湖裏泡泡，保險他睡不成懶覺。」

「那不犯上？」

「包公也打龍袍，你不可以代舅舅執法？」

「爹才不許我做這種事，他要是知道我剛才打架，少不了一頓罵。」

「姐，妳回去把他拖起來。」彩霞又對表姐說。

「我吵了他睡覺，他不是更不回來？」表姐笑着回答。

「姐，說來說去，也是妳把他寵壞了。」

「一夜夫妻百夜恩，我還能刁難他？」

「姐，好，算我狗咬耗子，多管閑事！」彩霞故作生氣地說。

表姐望着我一笑，又握握彩霞的手，輕輕地說：

「姐姐要不是妳，眞會被妳大表哥賣掉。」

彩霞又被表姐逗笑了。表姐看我們已經吃完，站起來付賬，催我們上學。

她單獨回家，我和彩霞一道上學。表姐看到又來了一批四中的學生，回過頭來對我說：

「郁心，不要忘記張百忍的故事。」

「表姐，要是妳打我的左臉，我把右臉也送上去。」我借用聖經上的兩句話來安慰她，要是別人打我的左臉，我才不會把右臉送上去。

表姐高興地微笑，彩霞望着我說：

「表哥，我知道你葫蘆裏賣的什麼藥，你何必哄姐姐？」

「我還能對表姐說我去跟別人打架？」

「你比大表哥更壞！」彩霞笑着把嘴一撇，春風俏步地跑開。

第二十六章　青山綠水花世界　艷陽春光百鳥喧

清明節前後放了三天春假，連星期天一共四天。

開學以後我很少去筱慧芳那邊，她知道我放春假，頭一天就要大哥約我去參加他們的踏青隊。吃過午飯後我悄悄地離開，剛一走出門就被彩霞發現。她趕到門口問：

「表哥，你偷偷地往那裏跑？」

我說徐天祿約我到他家去有事，她問什麼事？我說不知道。她鼻子一聳，哼了一聲：

「鬼話！他既然約你，怎麼不知道是什麼事？」

「妳以為徐天祿像我這樣草包？他不到節骨眼兒上才不會說出來。」我信口胡謅。

「事無不可對人言，誰知道你們兩人搞什麼鬼？」

「放心，我不會和他謀財害命。」我邊說邊走。

「明天要下鄉做清明，娘要我們去住兩天。你順便告訴大表哥一聲，要他今天回來住，明天早晨我們可不等。」

「得令！」我笑着跑開，生怕她再盤問。

我跑到馬路上，她還站在門口望着我，將信將疑。

我來到花園飯店，筱慧芳房裏已經擠滿了人，鬚生余鶴譚，黑頭袁大椿，琴師余宗佑，打鼓佬劉二爺，硬裏子老生朱最良，小丑劉奎都來了，大哥自然在這裏面，他們一律長袍大褂。筱慧芳穿着黑邊盤扣紅緞短褸，黑緞褲，繡花平底單鞋。她看見我來了笑着歡迎，親切地說：

「[illegible]少[illegible]十八羅漢都到了，就只等你的大駕。」

我說了幾句抱歉的話，她看我穿着她送的嗶嘰料子做的制服，打量了幾眼，十分高興地說：

「眞的佛要金粧，人要衣粧。[illegible]少[illegible]你穿了這套制服顯得更帥了。」

「多謝妳的誇獎，多謝妳的重禮。」

「[illegible]小意思，何[illegible]掛齒？」

「走吧？」袁大椿聲如洪鐘地說：「咱們晚上還要上戲。」

我不知道他們到什麼地方去踏青？走到飯店門口，筱慧芳才對我說：

「[illegible]我們過江去玩玩。」

我很久沒有到江北去，這倒是個好機會。

我們一人一部黃包車，坐到江邊。躉船碼頭停了幾隻大輪船，江裏停了一條英國軍艦，英國水兵想和我們打球，學校沒有答應。這正是「桃花汛」的時候，江水已經上漲了好幾尺，水流也比冬天急些，我們搭上了去小池口的大渡船，揚帆橫渡，二十分鐘後，在小池口上岸。

小池口是個小鎭，相當熱鬧，安徽湖北交界幾縣出產的小麥芝蔴黃豆花生……多半經過這裏運過江去，[illegible]裝上大輪船運往上海，或由南潯鐵路運到其他的地方去。

這裏是一片大平原，盡是肥沃的土地，麥子油菜已經有腰深，一望無際的青苗和金黃的油菜花，一陣春風吹過，掀起萬頃麥浪，千里綠波，看來賞心悅目。

「這地方眞不賴。」筱慧芳站在堤上望了一會說。她是第一次過江來。

「長江是中國的大[illegible]，江邊的泥土眞踩得出油來。」大哥接嘴。

金繼譚隨手折了一根柳條，當作馬鞭，邊走邊唱：「青是山，綠是水，花花世界。」他只有三十來歲，還有青年人的朝氣。

我們沿着長堤向西行走，這條長堤據說從漢口沿江而下，我去上海時就沒有看見它斷過，連接了三省地方，少說也有三兩千里長。

堤上和江邊的沙灘上，盡是嫩綠的青草，有不少的大水牛，吃得肉厚膘肥。放牛的孩子望着我們這一群遊手好閒的人，有點羨慕。

春風拂着筱慧芳的秀髮，輕輕飄揚。大楊樹上的楊花，漫天飛舞，到處飄盪，偶爾落在我們的身上頭上。筱慧芳的頭髮上也落了幾點，大哥隨口一吹，楊花又飄起來，我望了他一眼，他向我一笑，心照不宣。

「三少，你的功課忙不忙？」筱慧芳問我。

「不算太忙。」我說。

「你好久沒有吊嗓子，這幾天春假，要不要我陪你吊吊。」

「明天我要下鄉做清明，恐怕抽不出多少時間？」

「你有空隨時找我，我一定奉陪。你的嗓子好，荒了也很可惜。」

「一隻手難按兩隻鱉，我已經抓得太多，恐怕一樣也學不好？」

「唱戲也要天分，你的天分高，要是肯像你大哥一樣下功夫，你們兩兄弟一生一旦，自然會紅遍江南。」她把小嘴向金繼譚背後一呶，輕輕地說：「你一定會蓋過他。」

金繼譚走在前面，揮舞着柳條，嘴裏還在哼哼唱唱。大哥也喉嚨癢，唱起：「芍藥開，牡丹放，花紅一片，艷陽天，春光好，百鳥聲喧……」

「你大哥唱的眞不賴！」筱慧芳笑說：「單憑唱功，他比我強。」

「妳是科班，他是票友，他怎麼能比妳？」

「言菊朋也是票友，他不是自成一家？你大哥喝的墨水兒不比他少，未嘗不可以成爲梅蘭芳第二？」

我望望大哥，他的嗓子實在是好，可惜唱青衣稍嫌瘦長，一般小個兒的鬚生不能和他配戲。像筱慧芳這種中等身材的女人，唱青衣是最理想的了。

小丑劉奎，跑下堤去，在江邊一塊平坦的草地上翻筋斗。筱慧芳除了在紅氈毯上，很少親近草地和泥土，她先跟着下去，大家一齊下去，她像觀音大士，盤膝坐在草地上，把手在草上拍拍，要大哥和我坐下。

江裏的帆船來來往往，上上下下，如同穿梭。下游又上來一隻大輪船，準備靠碼頭，英國軍艦停在江裏不動，米字旗在春風中飄揚。上游下來了一條兩個煙囪的日本軍艦，走得很快，我以爲它會一直開下去，想不到它一個大轉彎，調轉頭來，慢慢地在英國軍艦後面拋錨，太陽旗像一塊紅膏藥，在風中招展；最近日本軍艦來得特別勤，走了一條又來一條，日本水兵一上岸，就有一股殺氣，我們中國人都紛紛讓路，生怕他們雞蛋裏找骨頭。報紙上說日本人在華北鬧的花樣更多。

「嘿嘿！眞是怪事。外國兵艦怎麼老是停在咱們江裏？」黑頭袁大樁望着拋錨的日本軍艦說：「這樣七娘八老子的，咱們侍候那一個才是？」

「袁老板，咱們是窮門，見了洋人叫大爺準不會錯。」筱慧芳自嘲地說：「你可記得上海法國公園禁止咱們中國人和狗進去？」

「筱老板，有這回事。咱李逵恨不得給它三板斧，砍掉那塊牌子。」袁大樁回答。同時望望大哥說：「想不到來到你們貴地，還看得見外國兵艦？」

「袁老板，這不算稀奇，上海能見到的，敝處都能見到。」大哥說。

「金老板，」筱慧芳對金[illegible]譚說：「你看那一天咱們演齣梁紅玉怎樣？」

「聽妳安排，我一定奉陪。」金[illegible]譚回答。

「咱們明天先排一下，三天以後貼出。」

「行。」

小丑劉奎在草地上打滾，琴師余宗佑，打鼓佬劉二爺，硬裏子老生朱最良，都睡在草地上曬太陽，把禮帽蓋在臉上。

筱慧芳想在草地上躺躺，却不便躺下去，我和大哥也只好陪着她坐。春風吹在身上，像一隻纖纖的玉手輕輕撫摸，和冬天那刀口似的老北風完全不同。筱慧芳頭上有一綹短髮被風拂在額上，彷彿一撮瀏海，顯得更加俏麗。大哥想替她拂上去，當着我的面又有點兒不好意思。

有兩個放牛的小姑娘，想過來和筱慧芳玩，又有些膽怯，筱慧芳向她們招招手，她們才紅着臉慢慢走過來。兩位小姑娘長得都很清秀，筱慧芳笑着對我說：

「王少爺，你們貴地的姑娘水色都好，說起話來也是嬌滴滴的，很像蘇州姑娘。她們兩位雖然趕不上你表姐表妹，長大了也一定不賴。」

「女大十八變，癩蛤蟆變天仙。」我笑着點頭。

筱慧芳嗤的一笑，望着我說：

「三少[illegible]你眞會罵人，把我們女人都罵成醜八怪了。」

「老五，你這一下拍到馬腿上[illegible]了。」大哥笑着說。

「[illegible]，你別信他挑撥，我是說着玩兒的。」筱慧芳輕輕白大哥一眼，笑着對我說。

英國軍艦在起錨，大概是要開走。筱慧芳要我和大哥猜，是開上去還是開下去？我們都說向下開，結果我們都錯了，軍艦是向武漢開，不是向南京上海開。起初它緩緩移動，隨後速度加快，刀樣的艦首，切開江水，艦尾拖着兩條雪白的浪槽，向兩岸分開，長浪慢慢湧到江邊，濺到草地上來。艦上的米字旗不再是往兩邊飄來飄去，而是拖得筆直。

英國軍艦走了好幾里路，我們才離開草地，沿着長堤向上行走，在龍開河對面的渡口過江，回到街上已經五點。筱慧芳請大家在潯陽樓吃晚飯，我怕彩霞懷疑，回去又要費一番口舌，不想叨擾她這頓飯，她聽說我要走，佯裝生氣地說：

「[illegible]，你這頓飯未必就吃窮了我？大家都賞了我的臉，你怎麼好意思走？」

她這一說我倒眞有點兒不好意思，只好奉陪。

九個人，吃了一桌好菜，除了煙酒之外，和正式酒席的菜沒有什麼分別，結果連小賬在內一共才兩塊錢。筱慧芳連說便宜，在上海得四五塊。而我們這裏三塊錢一桌的酒席就很不壞，隨便吃這麼一頓就有糖醋鱖魚，香菇燉雞和沙鍋魚頭。

吃完飯劉奎他們趕着去戲院上戲，筱慧芳先回旅館休息，大哥也跟着進去，我對他說明天清早要下鄉掃墓，暗示他早點回家。筱慧芳看我要回家，也不留我，笑着說聲「明兒見」，就和大哥並肩走進旅館。

家裏剛吃過晚飯，表姐替我留了菜，要何媽端出來給我吃。我說在徐天祿家吃過了，表姐深信不疑，彩霞却一再打量我，嘴裏不說，眼睛裏盡是問號。

「大表哥怎麼沒有回來？」彩霞問我。

「我已經傳了將令，明天早晨再看下文。」我說。

「要是大表哥今天晚上不回家，明天早晨你到花園飯店去把他拖起來，拋進湖裏洗個冷水澡，讓他頭腦清醒一下。」彩霞清脆地說。

「要是表姐傳下將令，我就照辦，妳的話可不算數。」我知道表姐不會要我去做那種事，故意氣氣她。

她望望表姐，表姐不作聲，他搖着表姐說：

「姐，表哥既然說了這句話，妳不妨試試他的心？」

「不用試，我知道郁心對我和妳對我一樣。」表姐笑着回答。

「姐，那可不同！」彩霞用力搖頭，頭髮像傘一樣地張開。「我是全心全意對妳，他又是大表哥，又是筱慧芳，有奶就是娘，才不和我一樣。」

表姐和我都笑了，表姐望着她說：

「彩丫頭，妳把郁心貶得一文不值了。」

「姐，我可不是故意貶他。妳要他自己說良心話，他是不是這樣？」

「妳存心寃我，我還有什麽話好說？」我故意裝狗熊。

她抿着嘴笑，不再作聲。我乘機下臺，回房去睡。

第二天早晨起來，我從大哥書房窗外走過，表姐正在推開窗子，我輕輕地問她：

「大哥回來沒有？」

表姐笑着點點頭。

「要是大哥沒有回來，我過不了那一關。」我指指彩霞的房間說。她的門窗緊閉，顯然沒有起來

表姐好笑，我輕輕問她：

「要是大哥沒有回來，妳會不會要我把他拋進湖裏洗個冷水澡？」

「你大哥弱不禁風，那不要害場大病？我那有那麽狠的心？」

「彩霞做得出來。」我說。

「郁心，你看錯了。」表姐笑着搖頭：「彩丫頭說的是氣話，我們一個娘生的，她是嘴硬心軟。」

彩霞的房門呀然而開，她看見我站在表姐的窗口，笑着向我說了聲「表哥早」。

她和昨天晚上的態度完全不同，我有點兒受寵若驚，但是故意刁難她說：

「妳應該先向表姐請安。」

她盯了我一眼，表姐笑着說：

「免了，免了。」

「姐，妳看我該怎麼辦？」彩霞故意向表姐訴苦：「捧他，他不識抬擧；貶他，妳又派我的不是，我可難做人了。」

「彩丫頭，妳真可憐。」表姐調侃她說。

她格格地笑了起來。

「清早起來，那隻雞婆生蛋？」大哥披着衣服從臥室走了出來。

我和表姐都被他說的大笑，彩霞精靈，隔着窗子白了大哥一眼。

吃過早飯，我們買好金銀錫箔元寶、錢紙，清明標子，香和鞭炮，坐着黃包車下鄉，又走了一段山路。沿途紙灰飛揚，墳山上都插滿了清明標子，和山上的桃花、杜鵑，田裏的油菜花，開得一般熱鬧。

祖父祖母的墳山是姑爹姑姑選的，離原來的祖墳山不遠，我們先到遠祖墳山祭掃了一下，再到祖父母的墳山祭掃，我們到達時發現祖父母墳墓周圍的野草已經割光，打掃得乾乾淨淨，墳前留着殘香和兩大堆錢紙灰，當年姑姑之所以在她附近選擇墓地，就是為了照顧方便，一定是她和姑爹先來祭掃了。據堪輿先生說這是一塊青龍朝海的吉地，葬後要大發。但是我們的家運正走下坡，看樣子發不起來。

我上好香，點燃鞭炮，大哥、表姐和彩霞一字兒跪在墳前拜了幾拜，彩霞雖然信了基督教，這種大禮她還是不敢廢。表姐拜好之後來帮忙我焚化紙錢，我也拜了幾拜，想起祖父在我這種年紀就金榜題名，實在慚愧。

下山時彩霞折了幾枝粉紅的桃花回家，首先歡迎我們的是黃毛黑毛，姑爹姑姑聞聲出來，彩霞跑上去問她：

「娘，妳已經先掃了外公外婆的墓？」

「我是女兒，自然要比妳們搶先一步。」姑姑笑着回答：「以後我死了，妳們也別忘記上墳。」

「娘，妳會長命百歲，我要好好地孝順妳。」彩霞說。

「不要現在嘴甜，將來娘兩腳一伸，你就把娘忘到九霄雲外了。」

「娘，妳身體好好的，何必說這種話？」

「清明時節，娘不說這種話，什麼時候說？」姑姑望着彩霞說：「尤其是妳，信了洋教，娘怕妳把祖宗都丟了。」

「娘，妳這不是叫我回來挨罵？」彩霞哭笑不得。

「娘不是罵妳，我們是中國人，總不能忘本，我看不慣有些洋時髦，只恨自己的鼻子不高，皮膚不白，不肯承認自己是中國人，無怪別人罵他洋奴。」姑姑數落着：「我花大把的銀子送妳讀書，妳可不能忘記了妳姓俞。」

「娘，妳罵得我好苦！」彩霞摟着姑姑用腦殼在姑姑胸口頂了幾下，姑姑笑着倒退。

姑爹和表姐看了好笑，大哥輕輕地對我說：

「你要防她兩手兒，她的力氣倒不小。」

彩霞一回頭，大哥連忙住嘴。

姑姑已經吃過中飯，要親自下廚替我們弄菜，表姐和彩霞不讓她動手，她們姊妹兩人下廚，好在是臘味，弄起來很快。

俞七把我拉到一邊，問我有幾天住？去不去打獵？我問他過年以後打過獵沒有？他說姑姑不准他去。

「我想借你的光，再上山試試。春天的野獸多，說不定有更好的運氣？」俞七悄悄地說。

「俞七，現在是春天，不要捧打鴛鴦，說不定一條獐幾條命？」

「既然你這樣說，我就死了這條心，免得造多了孽，將來閻王老子把我打入阿鼻地獄。」

俞七隨即把我帶到他住的偏房裏，看見他墊在床上的豹子皮，他說睡在上面背脊暖烘烘的，他把這張豹子皮看成寶貝。

吃飯時姑姑倒出兩杯豹骨酒，硬要大哥和我喝一杯，喝得我臉紅耳熱。大哥有幾杯酒量，姑姑又為他加了兩杯。

「豹骨酒強精壯骨，你風都吹得倒，應該多喝兩杯。」姑姑對大哥說。

「娘，妳不要好意變成了惡意，把他醉倒了。」表姐看大哥臉色通紅，笑着提醒姑姑。

「郁文眞是根豆芽菜，我浸的一罈酒，妳帶回去讓他慢慢地喝，看他能不能夠強壯起來？」

「姑，我是個筋骨人，吃什麼也不長肉。」大哥說。

「你嗜好太多，少吃一樣就行。」姑姑說。

我們被姑姑留着住了一夜，她和姑爹實在太寂寞，這次姑爹不和大哥下棋，和我們在一塊聊天，姑姑把彩霞和我當作三歲的孩子，噓寒問暖，深夜才睡。

鄉下的鳥兒更多，姑姑院子裏有一棵大樟樹，天剛亮我就被唧唧的鳥聲吵醒，帶着黃狗黑狗在外面散步，不久彩霞尋了出來，問我怎麼起得這麼早？我說「春眠不覺曉，處處聞啼鳥」。牠們把我吵醒了。」她接着說「夜來風雨聲，花落知多少？你看見落花沒有？」

地上是潮濕的，草上有水珠，有些人家屋邊的桃樹，落英繽紛，大概晚上下雨了。

我們在田埂上散步，秧田裏的秧苗一片嫩綠，比我們學校足球場上的嫩草更好看，空氣比城裏自然也更新鮮。

「表哥，將來有機會我們應該多在鄉下住住。」彩霞說。她所說的「將來」只可以意會，不可以言傳。

我含糊地點點頭，想起昨天江裏停的那條日本軍艦，說不定那天它突然向我們開炮，弄得我們國破家亡。

太陽起山以後，我們才慢慢回去。大哥還沒有起來，表姐要叫他，姑姑不讓她叫，彷彿希望大哥多睡幾天，生怕他起來就走似的。

大哥睡到中午才起來。一吃過飯又比誰都急着進城。姑姑要侖七提出那罈豹骨酒，送到十里鋪，我們再坐黃包車帶回家，這足夠大哥喝一年半載。

「大表哥，你別辜負了娘一番苦心，喝了豹骨酒你也該振作一下啥？」彩霞望望他說。

他望望我，裝作沒有聽見。

彩霞氣得嘴一翹，白了他一眼。

第二十七章　柳陰垂釣人如玉　江邊緩步體輕盈

吃過端午節的粽子鹹蛋，看過甘棠湖的龍舟大競賽，天氣就漸漸熱起來。

大哥脫下藏青嗶嘰長夾袍，換上白紡綢長衫，捲了一層袖口，顯得十分瀟洒，但也瘦得可憐。他捏捏我穿着白府綢襯衫的膀子，在上面捶了一下，笑着對我說：

「老三，你應該割點兒肉給我。」

「大表哥，你自己糟蹋身體，還好意思要別人割肉？」彩霞說。

「怎麼？老三沒有叫痛，妳倒心痛起來？」大哥睨着她說。

「大表哥，你怎麼一嘴的豆渣？」彩霞望着他說。

表姐和我都笑了起來。豆渣是餵豬的，豬吃豆渣常常糊了一嘴。大哥被彩霞罵得啼笑皆非，撩起長袍下擺，走了出去。

「郁心，你大哥出去快樂逍遙，我們也去湖邊釣魚好不好？」表姐對我說。

我回答一聲「好」，彩霞連忙和我去樓上拿釣魚竿，絲線魚鉤都是好的。每年夏天我們都要去湖邊釣魚消遣，大哥也歡喜此道，今年他還沒有想起，可能是有了彼慧芳的關係？

我用麥麩和糯米飯揉了幾團大餌。彩霞在陰濕的牆脚邊挖了一些紅蚯蚓，連土放進舊香煙聽筒裏，我拿着三根釣桿和小魚簍，表姐和彩霞空手，因爲女人釣魚的很少，她們不願招搖。

夏天的湖邊非常熱鬧。雞叫時就有女人在湖邊洗衣服，一片擣衣聲，幾乎全城的女人都在這裏洗衣，直到上午十來點鐘才能洗完。下午夕陽西下時又開始洗，直到晚上十一二點。另一件造成湖邊熱關的事是吃過飯後就有男人來釣魚，一方面消遣，一方面乘涼，得其所在。幾乎每一棵柳樹下都有人垂釣，坐在如垂着流蘇的萬民傘般的大柳樹下，晒不到太陽，偶爾一陣淸風，一身涼爽。

我們來到湖邊時，堤下已經坐了好幾個人，有的人照顧兩三根釣竿，那是想以魚換米或是換點烟酒錢的老手。普通人都是像我們一樣，一人一枝釣竿。

湖裏已經生了很多菱角禾和浮萍，我們選擇了菱角禾和浮萍不稀不薄的地方，我先用釣竿將菱角禾挑開一個圓圈，分別在三棵柳樹下放好麥麩團子，再讓表姐和彩霞選擇，她們把中間的位置留給我，便於照顧談話。因爲釣魚不能高聲談話，怕將魚兒嚇跑了。

彩霞挖了不少蚯蚓，足夠我們釣兩天，我們上好蚯蚓，定好浮標，再把鈎子放進水中。

先來的人不時舉起釣竿，一條條兩三寸長的鯽魚，在陽光中閃動銀鱗，又從鈎上取下，放進魚簍，養在水邊。魚再進水就彈得水嘩嘩響。表姐看見別人釣了魚也笑逐顏開。

我們三人同時放下鈎子，彩霞的浮標先動，她望着浮標喜上眉梢，又連續動了幾下，她嘴角一翹，用力一拉，一條兩三寸長的鯽魚剛拉出水面，又掉下去了。她嗨了一聲，搖頭嘆氣。

「彩丫頭，割鷄爲用牛刀？妳用力太大了。」表姐笑着說。

「姐，我太高興。」彩霞盡量壓低聲音回答，重新把蚯蚓安好，輕輕放下水中。

沒有多久，表姐的浮標也動了，她笑着欣賞浮標掀起一圈圈漣漪，並不用手去拉釣竿，彩霞看了着急，輕輕問她：

「姐，你怎麼搞的？」

「讓它多吃一會兒，何必這麼小器？」表姐笑着回答。

浮標突然往下一沉，沉下好幾寸，表姐才隨手一提，提起一條四五寸長的金色鯉魚，她把魚往我這邊一帶，我隨手抄住，取下來放進浸在水邊的魚簍裏，濺得水珠直噴。

「姐，妳眞沉得住氣。」彩霞驚喜地說。

「我只比妳多吃幾盌飯，這沒有什麼稀奇。」表姐笑着回答。

「姐，不只多吃幾盌飯，比起我來妳眞是爐火純青。」

「彩丫頭，妳眞是哄死了人不償命。」表姐笑着把鈎子放進水裏。

「姐，我說的是眞心話，不像表哥專門哄妳。」彩霞向表姐眨眨眼睛。

表姐向我一笑。我的浮標猛然一沉，我連忙向上一提，一條三四兩重的鯽魚在空中彈跳，我把釣竿舉直，魚撞在我的胸口，我隨手捉住，放進簍裏，魚又在水裏蹦蹦跳跳。

彩霞接着釣起一條小鯿魚，她雙手捧着往我這邊跑，魚簍在我身邊。她把魚放進魚簍，我的手碰着她嫩藕般的手臂，她望了我一眼，笑着跑開。

表姐的浮標又在動，釣竿插在地上，她雙手抱膝地望着一沉一浮的浮標，悠閒得很。她穿着白香雲紗短袖短掛，黑香雲紗長褲，不搽脂粉，顯得十分素雅。兩臂很久不見太陽，更加雪白，只是沒有彩霞的豐潤。

浮標越動越猛，沉了下去她還是不拉，彩霞催她，她只是笑笑。

「姐，妳弄什麼玄虛？」彩霞急着問。

「我想放生，看牠跑不跑得掉？」表姐回答。

彩霞趕過去，替表姐拉起來，是一條四五寸長的黃鴨頭，牠腮後兩邊和背脊上有三根硬刺，全身無鱗，滑溜溜的，很難捉，一不小心，就會被牠的硬刺刺得皮破血流。她和表姐都不敢捉，打算丟掉，但是這種魚非常鮮嫩，比鱖魚好吃得多，全身也只有一根脊刺，沒有小刺。因此我趕過來把牠取下，右手被牠刺了一下，流出不少血，表姐連忙用嘴吸了一口吐掉。小時候我被黃蜂螫了，她也是用這個方法，據說唾沫可以消毒。隨後彩霞用小手帕把我的大姆指紮緊，問我痛不痛？

「傷肉不傷骨，沒有洋人的拳腳重。」我笑着搖搖頭。

「那下次我也釣隻黃鴨頭，讓牠重重地刺你一下。」彩霞輕輕白我一眼。

我的浮標突然一沉，我三步兩步趕過去，抓起釣竿往上一提，又是一條鯽魚，彩霞笑着跑過來，魚恰巧攩在她的臉上，她喲了一聲，瞪我一眼，又笑着替我把魚取下，放進簍裏。

一位腰上掛着大魚簍，手握兩丈多長的粗竹竿，絲線有三丈多長，大魚鈎上掛着一條兩寸來長的鰺魚，向湖中沒有浮萍和菱角禾的水面唰的一聲拋了出去，然後用釣竿竹梢拍水，邊拍邊拖絲線，鈎上的死鰺魚就像活的一樣在水面急游。他這樣反覆拖了幾次，突然有一條鱖魚衝上來，追逐鈎上的死鰺，牠張着大嘴一口吞進去，一下就鈎住了，牠往湖中間衝，釣魚的人慢慢收攏絲線，等牠衝得精疲力盡，再把牠拉上岸來，是一條兩尺來長的鱖魚，那人很高興。我和彩霞跑過去看，原來他魚簍裏還有兩條差不多大小的鱖魚。

那人又釣了幾次，沒有釣到，他馬上去到別的地方，不像我們守在一個地方。

我們釣到十一點多鐘，也釣了三斤多魚，要不是表姐放了生，應拉的不拉，還要多一點。這些魚雖然不值兩毛錢，我和彩霞還是十分高興。

我把活魚提回家，交給何媽弄了作午飯菜。恰巧大哥回來吃午飯，他看了一大海盌連湯帶水的鮮魚，像貓一樣饞，先挾了一條鯽魚白口吃掉，而且開我的玩笑：

「老五眞行，除了做賊，樣樣能來。」

「你還誇他？」母親笑着接嘴：「我養了他這麼大，銀洋堆起來比他還高，他就只釣了這麼幾條貓魚，還不是他一個人的功勞，我眞要蝕血本。」

表姐和彩霞都笑了，彩霞對母親說：

「舅母，他們兩兄弟你抬我，我抬你，專在別人面前耍花槍。」

母親和父親被彩霞說的笑了，父親的眼睛翳子越來越重，模模糊糊地望望我們，表姐挾了一條煎得兩面焦黃的大鯽魚給他。他愉快地說：

「錢財算不了什麼，人是活寶。只要他們兩兄弟成器，縱然片瓦不留，我也開心。」

彩霞望望大哥，大哥故意低頭吃飯。

他很久沒有和表姐一道出去散步，下午三四點鐘，他睡了一個午覺，抽了幾口大烟，又要出去，我拖着他和我們一道逛街。一進入夏天，街上又特別熱鬧，上海、南京一帶的濶人紛紛上廬山游玩、避暑，要人上廬山開會，他們帶來了繁榮。

濱江路又擺了許多瓷器攤，江裏停了好幾條黃烟囱的，紅烟囱的，黑烟囱的和三道白圈的大輪船，一條法國軍艦，一條日本軍艦。我們自己的一條小炮艇則靠在岸邊。

躉船碼頭有兩條輪船正忙着下人下貨，有不少上山避暑的洋人夾在我們濶氣的紳士淑女中間，那些太太小姐們把上海最時髦的髮型和服裝都帶來了，也把大把的鈔票投到旅館和市面，投到牯嶺的自然更多。

長江戲院紅紅綠綠的海報貼滿了交通要道，筱慧芳越唱越紅，他們的生意越來越旺，爲了迎接這個旺季，他們又新聘了一位好小生，一位好武生，陣容更强。

在龍開河邊我們碰見貝麗雯和她二姨娘，她們也在閒逛。我介紹貝麗雯的二姨娘和大哥表姐認識，他們客套了一番。貝麗雯的二姨娘對大哥說：

「倚紅館主的梅派戲唱的眞不賴，不知道那天再能一飽耳福？」

「眞不敢當，我是班門弄斧。」大哥也客氣地回答：「我倒眞希望看看貝夫人的戲，也好領教領教。」

「我多年不唱，早已荒疏了。」貝二姨娘謙虛地說。

「我相信貝夫人寶刀未老。」大哥說。

「姨娘，要是有機會，你不妨露一露。」貝麗雯說。

「妳爹不會讓我再拋頭露面，要是眞有機會，不如請倚紅館主提拔妳一下，讓妳過過癮。」貝二姨娘說。

貝麗雯高興地一笑，望望我和大哥：

「不知道倚紅館主肯不肯賞我一點兒面子？」

「貝小姐家學淵源，以後要是有機會，我一定盡力推薦。」

貝麗雯望望我，又對大哥說：

「恐怕沒有人肯抬舉我，我總不能唱獨腳戲？」

大哥知道她的心意，瞥了彩霞一眼，故意揚聲說：

「那容易，讓老三正式陪妳唱一次對兒戲不就得了？」

貝麗雯迅速地掠了我一眼，笑着向大哥一鞠躬：

「倚紅館主，那我先謝了。」

她二姨娘也向大哥道謝，然後領着貝麗雯沿着濱江路向西門口走。

「大表哥，你怎麼越俎代庖？」彩霞看貝麗雯走遠，回頭問大哥。

「我們兩兄弟的事兒還有什麼問題？」大哥輕鬆地回答。

「大表哥，你先別得意！」彩霞嘴角一撇說：「眞的到了那個節骨眼兒，說不定會變卦？」

大哥望望我，彩霞也望着我，我左右爲難，不便表示態度。

表姐看了好笑，半句話兒也不講。我也故意和表姐說話，置身事外。表姐了解我的意思，存心替我解圍，東一句西一句地和我胡扯。

彩霞不作聲，心不在焉地望望長江裏的軍艦輪船，望望雲霧中時隱時現的牯嶺。大哥輕輕用膀子碰我，臉上泛起青灰色的笑。

彩霞回家後還是悶悶不樂。

大哥在窗前逗金絲雀，看我走近輕輕地說：

「老么，今天我幫了你一個大忙，故意氣氣彩丫頭，讓她心裏七上八下，睡不着覺。要是眞有那個機會，你可不能拆我的臺，向她一面倒？」

「大哥，你看我一身羊毛，怎麼能登臺？」

他怕彩霞聽見，向我遞了一個眼色，領先走進書房，我跟着進來，他打量了我一眼說：

的房間。

「老王，要是你登臺票戲，不至於僵在臺上。問題是你敢不敢和貝麗雯唱對兒戲？」他瞟瞟彩霞

我笑而不答。我很想和貝麗雯在臺上過過戲癮，但又怕彩霞多心。大哥看透了我的心思，調侃地說：

「老王，那怕你拳頭上能夠跑馬，這樣看來，你也算不得什麼男子漢大丈夫。」

「大哥，你針杪挑螺肉，挖得我好苦。」

「郁心，別聽你大哥的話。」表姐笑着從房裏走出來。「越是男子漢大丈夫，越不會在女人面前賣本事。就算你怕彩霞，也不是什麼丟人的事。」

表姐救了我的面子，大哥笑着望了她一眼說：

「妳眞是及時雨。」

「先前你翻彩丫頭的醋罈兒已不應該，現在你又[illegible]郁心的卒子，你這那裏像個大哥？」

表姐說得大哥啞然失笑，望着我摸摸鼻子。

吃晚飯時彩霞還是悶聲不響，大哥不時覷她一眼。

表姐看彩霞悶悶不樂，提議去湖邊散步。大哥編了一套理由出去，我們都知道是怎麼一回事。表姐沒有作聲，我自然不便阻止，彩霞生他的氣，似乎希望他早點走開。

湖邊跪滿了洗衣的女人，少數是包衣服洗的，大多數是家庭主婦和少女，擣衣聲此起彼落，加上笑語，洋洋於耳，譜成了湖邊夏天的黃昏曲。

彩霞果然高興起來，又有說有笑。她穿着藍色陰丹士林短掛，黑府綢裙的學生裝，臉色如西天的

晚霞。

表姐看她十分愉快，笑着問她：

「彩丫頭，先前妳悶悶不樂，到底生誰的氣？」

「姐，除了他們兩位難兄難弟，還有別人？」彩霞瞟了我一眼說。

「這眞是城門失火，殃及池魚。」我說。

「先前郁心一句話兒也沒有講，實在寃枉。」表姐笑着對彩霞說。

「姐，他皮裏陽秋，妳知道他肚子裏打什麼官司？」彩霞反問。

「彩丫頭，窮寇莫追，妳就裝一次糊塗如何？」表姐摟着她說，又回頭向我一笑。

「姐，我沒有妳的修養好，火候不到，難得糊塗。」彩霞拖聲曳氣地說。

表姐回頭望望我，我故意斂聲對她說：

「表姐，唱戲不是打球，我也沒有到大哥那種火候，怎麼能登臺獻醜？」

彩霞聽我這樣說，馬上回頭望我一眼。

柳樹上的蟬兒「知了——知了——」地叫着，聲音飄過湖面，十分悠揚悅耳。

第二十八章 蘆溝橋頭槍聲響

匡廬山生 盧久劉

大哥突然趕回來，告訴我們一個消息，說是日本人在盧溝橋挑釁，和我們打起來了。

「你怎麼知道？」表姐問他。

「我剛聽了廣播，千眞萬確。」大哥說。

我們這地方收音機還很少，一般家庭都沒有，大哥大概是從花園飯店聽來的。

「膿疱穿了頭，我們會不會作亡國奴？」表姐問。

「這很難說，不過我們這種無憂無慮的太平日子是過不成了。」大哥皺着眉說。

表姐悶聲不響，她對於我們這種生活，十分珍惜，雖然大哥風流浪蕩，她也毫無怨言。

我是又驚又喜，我覺得縱然打敗了，也比不抵抗好，只要能出口氣，我寧可犧牲這種生活。

彩霞望望大哥，忽然對他說：

「大表哥，天下興亡，匹夫有責，既然和日本人打起來了，你也振作一下啥？」

大哥望了彩霞一眼，半天沒有作聲。

父親知道這個消息，十分憂慮。他們最耽心的是我，怕我情感衝動，跑出去當兵，跟日本人打仗，伯父是死在日本人手裏的，他們記憶猶新。

伯母知道這個消息，連忙向觀音大士瓷相叩頭禱告：

「救苦救難，大慈大悲的觀音菩薩，請您保佑我們家庭無災無難，保佑他們兩兄弟長命百歲……

這件大事很快就傳開了，在報紙到達之前，街頭巷尾已經議論紛紛，有的人磨拳擦掌，講的口沫橫飛，年輕人和學生有我同樣的心理。

飛機場時時有飛機起落，江邊的大輪船停的更多，停在江心的一條日本軍艦已經褪下砲衣，耀武揚威。大家都怕它突然向街上開砲，我們很多同學想把它打沉，但是赤手空拳，只能望着它和滾滾的江水頓腳嘆氣。

上下廬山的要人更多，全國人的眼睛都望着廬山，因爲廬山已不僅是避暑勝地，它正在決定中國的命運。

三伏天，天氣也熱得要命，白天太陽晒得頭暈，晚上家家戶戶都把竹床擺在街沿睡覺，我們的房屋雖然高大，在房裏還是睡不好。

長江戲院歇伏，停演一個月，大哥一連一個禮拜都沒有回家，表姐暗自納悶，伯母十分着急，生怕他跑到別的地方去了。我去花園飯店打聽，程雲鵬告訴我說大哥和筱慧芳去牯嶺歇伏了。

我很委婉地告訴表姐和彩霞，彩霞很生氣，表姐黯然地說：

「你大哥也眞是，他就是明白告訴我，我也不會阻止。這樣不聲不響地跑上牯嶺，眞叫人牽腸掛肚。」

「姐，妳把心掏給他也是枉然，何必牽腸掛肚？」彩霞憤憤地說。

「現在不比往日，兵荒馬亂，我怎麼能不躭心？」表姐說。

「姐，國難當頭，他還和筱慧芳在牯嶺開心，我們上牯嶺去把他拖下來！」彩霞說。

「妳知道他在那裏？」表姐淡然一笑。

「牯嶺只有那麼大，他還能飛上天去？」

「遲早他會下山，何必興師動衆去找？」

「姐，要是筱慧芳不唱，他們跑到別的地方去了，妳怎麼辦？」

表姐聽彩霞這麼說，不禁一怔。彩霞一再慫恿，她才點頭：

「去一趟牯嶺也好，那麼好的山水，將來萬一被日本人佔了，想去也去不成。」

表姐有個堂叔在牯嶺開舖子，他每年從端午節到中秋在山上做幾個月的生意，以前我和表姐彩霞曾經去過牯嶺一次，在他舖子裏住了好幾天，再去他也會歡迎，因爲姑姑家比他有錢，姑爹又是俞家的士紳，他也敬重幾分。

第二天吃過早飯我們就搭汽車去蓮花洞，坐轎上山要五塊錢一個人，而且轎子的生意特別好，我們同時叫不到三輛轎子。再則爲了省錢，我和彩霞決定走路，讓表姐一人坐轎，表姐不肯。她說：

「我們不是上山歇伏，又沒有帶行李，輕舟淺轍，一道走好了。」

起先我怕表姐走不動，一口氣走到好漢坡下，她並沒有說累。爲了爬好漢坡，我們在涼亭裏休息了一會，很多走路的人也在這裏休息，只有抬轎的人一股勁兒往上爬，他們抬着轎子比空手走的人還快，一天要上下兩三次，這份功夫眞了不起。

雲霧不時把我們包圍，只聽見人聲，不見人影，不到三兩分鐘，又烟消雲散，一片青天，山像洗了一次淋浴，青翠欲滴。

好漢坡很陡，青石板路，像上天梯，路面不過三四尺寬，右邊是深谷，膽小的人都靠着山邊走。

從好漢坡到牯嶺，我們休息了三四次，表姐和彩霞都累得兩頰緋紅，可是並不像在山下一樣出汗，因爲越往上爬越涼。我們站在高處望望山下，可以望見機場飛機的起落，江中帆檣如織，江邊輪船在冒黑烟。

我們到達表姐堂叔的舖子時，正好趕上午飯，他的生意特別好，心情愉快，對我們也十分歡迎。還問大哥怎麽沒有來？表姐支吾過去了。

下午我和彩霞先到幾家大旅館去查旅客登記簿，在胡金芳飯店發現大哥和筱慧芳的名字。我怕彩霞當面和大哥筱慧芳過不去，我獨自去他們的房間看看，房門是關着的，茶房說他們去遊五老峯了。我告訴彩霞，彩霞不信，親自去房門口張望了一下，才和我一道離開。

隨後我邀表姐去遊黃龍寺，在路上碰見了不少在報上見過照片的大人物，他們都坐着轎子匆匆而過。在山上避暑的洋人還是十分悠閒，有的坐在窗明几淨的房子裏看書看報，有的坐在綠草如茵的院子裏的大樹下寫信，中日戰爭好像威脅不到他們。

黃龍寺的遊客很多，那兩棵二三十丈高幾人才能合抱的大寶樹，還是那麽青翠欲滴，濃蔭覆地，站在下面格外涼爽。旁邊那棵幾乎同樣高大的銀杏，也綠葉婆娑，風姿綽約。

表姐在樹下的石凳上坐着，不忍離去。寺裏和黃龍潭上次我們已經參觀了，表姐最愛的還是這三棵大樹。

「山中也有千年樹，世上曾無百歲人。」表姐唸了兩句賢文，又望望四周的山峯說：「惟願這座名山，不要落到日本鬼子手裏才好。」

我不懂得欣賞山水，沒有表姐和彩霞的靈性，我只覺得這是我們的土地，不能讓給敵人。

黃昏我們才離開黃龍寺，回到牯嶺。晚飯後彩霞要和我一道去找大哥。表姐怕她丟大哥和筱慧芳的面子，委婉地對她說：
「妳讓郁心一個人去好了，只要他和我們一道下山就行，用不着吵架。」
「姐，事到如今，妳還怕得罪他們？」彩霞望着表姐說。
表姐沒有回答彩霞，反而對我說：
「郁心，勞你的駕，去把大哥請來，我當面問問他下不下山？」
我也怕彩霞要一道去，連忙走開。
大哥筱慧芳並肩站在房間外面的走廊上，手扶欄杆，欣賞風景。他穿着紡綢長衫，飄飄若仙；筱慧芳穿着花綢旗袍，肩上披着杏黃色毛線短外套，風情萬種。我不忍驚動他們，沒有叫喚。停了一會才悄悄地走過去，快走近他們才被筱慧芳發現。
「喲！三少，您駭我一跳。」她雙手撫着胸口說。
「對不起，我怕驚動你們。」我抱歉地說：「所以沒有鷄貓子喊叫。」
「老五，你怎麼也來了？」大哥轉身問我。
「大哥，廬山是天下名山，你來得我就來不得？」我笑着回答。
他打量我一眼，心裏明白幾分，不再作聲。筱慧芳把我帶進房間，倒了一杯雲霧茶給我，笑盈盈地說：
「三少，你們貴地眞是山明水秀，有股靈氣，難怪你們一家都是雅人。」
「只有我是個俗人，辜負了好山好水。」我說。
「三少，你太謙了，我才是個跑江湖的俗人。」她笑着說。

「可惜妳這樣的俗人不多，不然廬山也生色不少。」

她聽了十分開心，又誇獎我幾句。我問她遊了些什麼地方？她說遊過仙人洞、黃龍寺、黃龍潭、烏龍潭、含鄱口、三疊泉、五老峯……還向我介紹那些名勝的特色，大哥笑着對她說：

「妳別班門弄斧，老三早去過了。」

筱慧芳也不禁失笑，大哥附在她的耳邊輕輕地說：

「我和老三出去一下，馬上就來。」

「三少，您住在那兒？」筱慧芳問我。

「親戚家裏。」

「要不要我在這兒替你定個房間？」

「多謝，狗洞裏我都能睡。」

筱慧芳粲然一笑，望着我和大哥離開。

「老三，你一個人來還是和彩丫頭一道？」走出胡金芳飯店，大哥輕輕問我。

「多着呢！還有表姐。」我說。

他聽我的口氣不對，馬上滿臉堆笑地說：

「老三，你包涵一點兒。」

「大哥，你也太不像話了！現在兵荒馬亂，你不聲不響地上山，不但表姐躭心，大媽也十分着急。」

「老三，你也替我想想？慧芳要我陪她上山玩玩，我自然要盡盡地主之誼。」

「你也應該先向表姐講一聲？」

「老ㄚ，你表姐雖然是海量，我也不好意思啓齒。」

「好吧！現在她趕上山來了，看你怎樣向她交代？」

「我知道這又是彩ㄚ頭的鬼主意。」他自思自忖地說。

我心裏好笑，我們幾個人的性格，心思，彼此都摸得很準，誰也要不了誰的花槍。

彩霞本來在和表姐說笑，一看見大哥，故意把臉拉長，把頭轉向別的地方。表姐看見大哥，起先還有點兒艾怨的樣子，大哥滿面笑容地走近她，她就像一層薄冰見了太陽，馬上融化。

「妳是坐轎子上來的還是走上來的？」大哥搭訕地問。

「我那有你濶氣，還坐得起轎子？」表姐回答。

「辛苦，辛苦。」大哥笑着拱拱手。「下山時我請八人轎子抬妳。」

表姐臉色頓開，彩霞轉臉對她說：

「姐，妳要他假殷勤？我們既然能走上來，還怕走不下去？讓他請八人轎子去抬別人好了。」

大哥望望彩霞，彩霞把頭轉過去不理他。表姐對他說：

「老天牌掛念你，明天你下不下山？我們吃過早飯就走。」

「妳不想多玩一天？」大哥討好地問。

「我多玩一天，那不破壞了你們的好事？」表姐亦莊亦諧地說。

大哥瞟瞟彩霞，向表姐拱手作揖。表姐望着我一笑，不再作聲。

我們決定了下山的時間，表姐又讓大哥同胡金芳飯店，因爲她堂叔舖子裏一下加了我們三個人，床鋪不夠，如果再加上大哥，更沒有地方容身。表姐是和彩霞睡，我和夥計睡。彩霞卻故意刁難大哥，她對表姐說：

「姐，妳也到胡金芳飯店去睡，那麼大的旅館，總騰得出一個房間，何必和我擠在一塊？」

「那邊早已客滿。」大哥連忙接嘴。

「就算客滿，在筱慧芳房間裏臨時打個地鋪總使得？」彩霞清脆地說。

大哥碰了一鼻子灰，低着頭走開。我忍不住笑。表姐等大哥走出鋪子，笑着對彩霞說：

「彩丫頭，妳眞刁鑽古怪。」

「姐，人爭一口氣，佛爭一爐香。不給大表哥一點兒顏色，我不是陪妳白跑一趟？」

第二天上午，我和表姐彩霞一道重遊仙人洞，在「縱覽雲飛」的大青石上拍了一張照片，留作紀念。這是表姐的意思，她怕以後沒有機會再上廬山。

吃過午飯，大哥就過來和我們一道下山。不知道他在筱慧芳面前耍的什麼花槍？

第二十九章　狼子野心蛇吞象　病夫義演解玉娘

戰爭像冬天爐山的野火，很快地從北方燒到南方，上海也打起來了。

北方在節節敗退，上海却打得特別猛也特別好，我和彩霞幾乎天天出去募捐，慰勞前方將士，街頭巷尾盡是我們這些年輕的學生，平時一文錢也不肯讓的商人，也一毛兩毛地捐出來，有的甚至一塊兩塊地樂捐。彩霞一天募捐了幾十塊錢她還不滿意，還說商人不愛國，對於那些捐了一次兩次就不肯再捐的商人還罵他們是奸商。她自己捐了五塊錢，連課外書也不買，零嘴也不吃了。

秋涼後，上海的傷兵一船船地運來，城裏兩個教會醫院已經住滿了。我和彩霞又到醫院去慰勞傷兵。醫院的床位不夠，我們撒稻草鋪在地上，讓他們睡。到我們這邊醫院來醫的都是重傷，很多斷手斷脚的，傷腿的尤其多，據他們說都是衝鋒時日本的重機槍掃射的。我看見一位士兵下部打穿了，只留一層皮吊着，左腿也鋸了，他說是在蘊藻濱負傷的。

一天晚上回家，彩霞兩眼紅紅的，她不是個愛哭的人，我和表姐都有點詫異，我以為她是募捐受了商人的氣，表姐問她是怎麼回事？她抽出脅下的手絹擦擦眼睛說：

「姐，妳沒有到醫院去看那些傷兵，看了妳也會傷心。他們也是人生父母養的。」

「我不敢看，見了血我就會發暈。」表姐說。

「打仗自然有死傷，我們總不能讓日本人兵不血刃地佔領中國？」我說。

彩霞睜大眼睛望着我，她眼睛裏面有母親望着我的那種憂慮。突然她用手絹蒙着臉哭泣起來。

表姐摟着她，在她耳邊輕輕地說：

「妳一向不愛哭，怎麽突然變得比我還孬？」

「姐，我怕——」她喃喃地說。

「日本人還沒有打到我們這邊來，妳怕什麽？」表姐笑着拍拍她。

她抬頭望了我一眼，表姐心裏明白，也望望我，沒有說什麽，輕輕嘆口氣。因爲她也知道我想從軍，但又不便阻止。

「郁心，今天晚上你陪我和彩霞去看場戲好不好？」過了一會，表姐問我。

打仗以來，我一場戲也沒有看，表姐更少看戲，她這一提我自然不能拒絕。我知道她心裏也有憂慮，她生怕我們一旦分開，再也不能在一起生活。

吃過晚飯後，我們三人一道出去。街上更加熱鬧，已經陸續到了不少難民，人口好像增加了一倍，這些難民多半是京滬一帶有錢的人，有的住旅館，有的租房子住，街頭巷尾人山人海，小巷子裏走路都走不動。

戲院重新開演後，生意特別好，因爲只此一家，別無分店。京滬一帶有錢的難民，在上海南京那些大地方看慣了京戲，筱慧芳在上海南京唱過，一些高等難民自然知道她，閒着無事，不上茶館就是看戲。

我們來時售票口已經掛着「客滿」的牌子。我知道他們手裏總要掌握十張八張人情票子，情商了了三個普通座位，坐在右邊十二排，我們從來沒有坐過這麼偏的位子，我打算等大哥進場後設法「調整」一下，他的面子比我大。彩霞不願在大哥面前低頭，反對我找他幫忙。表姐並不是誠心來看戲的，只是想和我們在一塊兒樂一下，叫我不要麻煩大哥。

今天的戲碼是三岔口，陸文龍、春秋配。新來的武生古月樓，長靠短打都行，一個空心筋斗翻過來，落地無聲，不像一般下手落在台上咚咚響，弄得灰塵滾滾。金繼譚的斷臂說書唱做都不壞，斷臂的吊毛乾淨俐落。和筱慧芳配戲的小生很能唱，先前他演陸文龍的武功也不弱，長江戲院現在的這種陣容，就是在上海唱一年半載，保險賣座不衰。

大哥又有三天沒有回家，散戲後我讓彩霞陪表姐回去，我跑到後台去找他，他正在替筱慧芳卸裝，筱慧芳看見我笑着對我說：

「丰少，您來得正好，我和你大哥正想找你呢。」

「什麼事？」我問。

「我和您大哥決定演三天義務戲，款子全部慰勞傷兵，我們不要一文錢。除了我們班子裏的人手之外，票友方面妳大哥已經奔走成功，您也可以登台了。」

我聽了很高興，但想到要賣錢，我馬上搖頭：

「不行，誰花錢看我的戲？」

「五少，我說了你別生氣？」筱慧芳向我一笑：「你唱的是第一天的開台戲，您大哥、我、金繼譚和貝夫人，自然會替你壓陣。」

有他們這些大牌壓陣，又唱的是義務戲，我砸了也沒有關係。我問大哥是什麼戲碼？和誰配？大哥嬉皮笑臉地說：

「老丰，我送佛送上西天，自然是讓貝麗雯和你成雙成對。」

我連忙搖頭，我知道彩霞決不會同意。

筱慧芳怔怔地望着我，大哥打量了我一會，佯裝生氣地說：

「老三，你眞沒有出息，原來你也是銀樣蠟槍頭？」

「大哥，何必爲了一齣戲，惹來一肚子氣？」我說。

「氣死彩丫頭活該！你還心疼？」大哥打量我說。

筱慧芳站在旁邊吃吃地笑，她的頭飾已經取了下來，臉上的胭脂口紅未洗，顯得格外嫵媚。

「大哥，你想氣她，不妨另找題目，何必拿我作難？」

「老三，老鼠藥毒不死人，只有你和貝麗雯這副毒藥才可以攻心。」大哥得意地一笑。

筱慧芳笑着打了他一下，我對他說：

「大哥，你有種你自己去去和她講好了。」

「我還怕她？」大哥像打漁殺家裏的教師爺，把胸脯一挺，大聲大氣地說：「這是義務戲，款子全部慰勞傷兵，她不同意你和貝麗雯唱，她就是不愛國，這頂帽子還壓她不垮？」

「好，我們一道回去。」我隨手一拖，他跌跌撞撞地跟了出來。

「老三，我中了你的計！」走出邊門，他後悔地說。同時揉揉膀子，瞪我一眼：「你怎麼用這麼大的牛力？」

我懶得和他分辯，挾着他就走。走上大街，我才問他：

「大哥，怎麼一連三天你又不回家？」

「我忙的是正經事。」他理直氣壯地回答：「這次決定演三天義務戲，要不是我到處奔走，作說客，怎麼能成功？」

接着他告訴我戲院的張經理是怎樣的生意經？少數不明大義的戲子是怎樣的愛錢不愛國？貝夫人那裏費了多少唇舌她才肯出來？戲碼又是怎樣的難安排？唸的是一派苦經。

「大哥，你眞好大的戲癮。」我諷侃他。

「彩霞！你完全會錯了意！」他馬上正色地說：「要過戲癮我一個人過，爲什麼要求爹爹，拜奶奶？我自己不能上馬殺敵，在這方面出點兒小力，也算是我一番心意，愛國之道甚多，你說對不對？」

我點點頭，對他肅然起敬。

隨後他又告訴我推銷榮譽券的事，榮譽券分爲五塊十塊兩種，對象是大商號和有錢的財主，每天兩百張，這也是他建議的。

回家後見了彩霞，他却不敢向她提我和貝麗雯唱戲的事。我自然更不便提，他和表姐唧噥了一陣，表姐也笑着搖頭。彩霞看他那副樣子，又好笑又好氣，敞聲對他說：

「大表哥，你一回來就鬼鬼祟祟，你就從來沒有做一件正經事。」

「彩霞，他這回做的倒是一件正經事。」表姐笑着搭腔。

「姐，妳又替他幫腔！」彩霞生氣地說。

表姐委婉地向她解釋一番，她望望大哥，又望望我，彷彿要看出我們的心肝，然後一本正經地問大哥：「什麼戲碼？」

「老三沒有登過台，我想還是唱一齣『賀后罵殿』比較簡單。」大哥細聲細氣地說。

彩霞望望我，然後冠冕堂皇地對大哥說。

「既然是愛國，誰也不能反對。到時候我也去看看貝麗雯怎樣罵他？」

表姐笑了，大哥如釋重負雙手向彩霞一揖：

「彩丫頭，我服了妳！」

第二天，我和貝麗雯在票房對戲，貝二姨娘親自在旁邊指點她，大哥請金繼譚來指點我，好在這齣戲動作少，練練台步就行。貝二姨娘、大哥，也和他們的對手排練，筱慧芳和金繼譚是老搭檔，他們免了。

三天義演的戲碼一貼出，馬上轟動全城。第一天的開台戲是我和貝麗雯的「賀后罵殿」，我們自然沒有什麼號召力，但下面的戲碼是大哥的「春秋配」，貝夫人的「生死恨」。筱慧芳的「寶蓮燈」，非常吸引人。第二天的開台戲是春秋票房兩位票友的「南天門」，下面是全部「四郎探母」，大哥的前公主，貝夫人的後公主，筱慧芳的蕭太后。第三天的開台戲是「捉放曹」，下面是筱慧芳的「三娘教子」，貝夫人的「六月雪」，大哥的「生死恨」。三天的鬚生戲除了金繼譚以外，還有一位譚派名票「紅葉樓主」，班底是長江戲院的原班人馬。

大哥替表姐和彩霞定了三天普通戲票，我向密斯花推銷了三張十塊錢的榮譽券，她慷慨解囊，而且寫信到美國慈善團體募捐藥品，她對我們的處境十分同情。

義務戲上演的第一天，我和貝麗雯在後台上裝。貝麗雯忽然對我說：

「我還是喜歡和你合唱武家坡。」

「都是名角兒，怎麼輪得到我們唱那種重頭戲？」

「待會兒我在台上罵你，你可別介意？」她兩隻黑得放亮的眼睛望着我說。

「那是唱戲，我怎麼會當眞？」
「唱戲也要唱出情感，我覺得我們兩人唱『賀后罵殿』有點兒不對勁。」
「要不是大哥，連這齣戲也輪不到我們。」
「只怪你沒有膽，」她輕輕白我一眼。「要是你也像我，唱彩樓配都成。」
我被她說得心猿意馬，出台時台步都不會走，引起觀衆的哄笑，幸好「自盤古、立帝邦、天子爲重……」唱開以後，馬上壓住了台。貝麗雯比我老練，唱得好，水袖也很漂亮。她指着我邊唱邊罵時，眼睛裏似乎眞有點兒憤怒。
我們這齣開台戲，居然贏得了幾次掌聲，大概因爲我們是學生。
回到後台，貝麗雯眼裏有淚，不知道是高興還是別的原因？
「恐怕以後我們沒有機會再唱了？」她忽然望着我說。
我不知道怎樣回答好？現在時局這樣壞，她又是外鄉人，以後的事誰能料定？
卸裝後我正準備到台下去和表姐彩霞一道看戲，貝麗雯把我一拉，輕輕地說：
「我們站在後台門口看不是更好？」
我不便走，在上下場門口看自然比在台下好，我沒有看過她二姨娘的戲，「生死恨」又是梅派好戲，我也想聽個清楚，看個明白。
大哥的「春秋配」自然不錯，我因爲聽得多，倒不怎麼注意。貝二姨娘却站在上場門邊留心看，貝麗雯站在我身邊，她好像沒有心思聽戲，不時輕輕地對我講話。大哥贏得了好幾次彩聲，下場時觀衆更熱烈鼓掌。

貝二姨娘上場時觀衆就鼓掌，因爲她的台風好，又是第一次露演。二簧倒板「耳邊廂又聽得初更鼓響」贏得了一個滿堂彩，她的嗓子圓潤，唱功的確不錯，身上臉上都是行家。

大哥和筱慧芳悄悄地站在我們身邊，他們十分注意貝二姨娘的戲，兩人不時點頭會心地一笑。直到筱慧芳上粧時大哥才和她一道離開，還特別看了我和貝麗雯一眼，向我做了一個鬼臉。貝麗雯把我的手一捏，粲然一笑：

「你大哥很有趣。」

貝二姨娘嗓子越唱越亮，觀衆搖頭晃腦，二簧慢板「只落得對孤燈獨守空房」又是個滿堂彩，下場時她從我們身邊經過，順手牽着貝麗雯，走向化粧台，大哥和筱慧芳都向她道賀，前面的掌聲還沒有歇落。貝二姨娘開心，回頭望了我和貝麗雯一眼，笑容滿面地說：

「今天大家都卯上，連他們兩位都不賴。」

貝麗雯又悄悄地握握我的手，然後幫助貝二姨娘卸粧。我乘機走出後台，來到前面，看見密斯花坐在榮譽席上，正聚精會神地看戲，我不去打擾她，走到表姐和彩霞身邊去。表姐拉我坐下，誇獎我說：

「郁心，你唱得很好。」

「差點兒下不了台，還好？」我輕輕回答。

「表哥，我看你是捨不得下台？」彩霞望着我似笑非笑地說：「你下了戲老就在後台幹什麼？」

「看貝夫人的戲，她唱得眞好。」我支吾地說。

「前面也能看，何必賴在後台？」

我自己心虛，臉上有點兒尷尬。表姐用手肘輕輕地碰碰我，向我微笑，像是叫我不要介意，又像是安慰。

筱慧芳今天也特別卯上，比平時得到更多的彩聲。她和貝夫人、大哥，都是梅派青衣，嗓子都好，實在難分高下。

第三天，輪到大哥的壓台戲「生死恨」，仔細體會，才覺得大哥在她們兩人之上。這齣戲筱慧芳、貝夫人都先後唱過，所以容易比較。她們沒有大哥的韻味，沒有大哥的醇正，和切合韓玉娘的情感身份。「小梅蘭芳」的確不是浪得虛名，他在上海的錢沒有白花，頭也沒有白磕。

三天戲天天滿座，每天都唱到一點左右，使顧曲周郎過足了戲癮，也賣了六千多塊錢的現金，全部慰勞傷兵。

戲唱完，大哥也累病了。

第三十章 潯陽江頭夜送客 紅粉知音各一方

學校有一幅全國大地圖，掛在大禮堂的門口，我們上課都要經過這裏。史地老師天天把地圖上的小國旗沿着京滬線向後移，每次移的雖然不到一寸，但是我們已經丟了一兩個大站和縣城。

今天早晨上學我遲了一點，大禮堂門口已經擠滿了同學，我連忙趕過去看，史地老師正把插在南京的那面小國旗取下來，同學中突然有人啊的一聲哭了出來，史地老師眼睛裏也滾出兩顆豆大的眼淚，低着頭離開。

誰也沒有心思上課，不論什麼老師，上課時總要講到時局，一講起來就唉聲嘆氣，有的淚流滿面，有的伏在講台的課桌上大哭，弄得全體同學都哭起來。

很多同學要去當兵，或是投考軍校，我也想走這條路，但是不敢對家裏人講。

原來逃到本地暫時安居下來的難民，又紛紛向南昌武漢逃，從下游載着難民上來的大帆船，一眼望去，沒有盡頭，長江兩岸，一片白帆，像螞蟻搬家。上海失守以後，上來的帆船就多了起來，現在更多，像夏夜銀河裏的星星，數也數不清，已經過了一個多月，還沒有過完，而且後面來的更多。江邊幾里路長的碼頭，已經擠滿了帆船，舊的開走了，新的又停下來，簡直沒有一個空檔。

我在躉船碼頭碰見貝麗雯，她一把拉住我，告訴我說他們要逃難。我問她逃到什麼地方去？她說先到武漢，以後也許會到四川。

我沒有做聲，我不知道說什麼好？

「你走不走？」她問我。

「照這樣看總有一天要離開老窩，不過家裏現在還不讓我走。」我回答。
她打量我一眼，鼻子裏哼一聲：
「是不是彩霞不讓你走？」
「不，是我父親母親。」我向她解釋：「妳知道我是獨子。」
她的臉色陰暗下來，半天沒有作聲。
「那我們以後也許沒有機會再見面了？」過了很久，她望望滾滾的江水，黯然地說。
中國這麼大，時局這麼亂，人海茫茫，這眞難說。
「你們那天走？」最後我搭訕地問。
「剛才我在招商局打聽，江新明天晚上到，後天上午開，我們已經定了江新的票。」
「如果我不碰到妳，妳們走了我還不知道呢。」
「我會向你辭行的，彩霞已經知道，怎麼她沒有告訴你？」
我搖搖頭，心裏有點不快，她要走了，我覺得彩霞不應該瞞我。
「既生瑜，何生亮？」她望着江水低沉艾怨地說：「彩霞防我簡直像防賊！」
「那妳不必辭行，後天上午我到江邊送妳。」我安慰她說。
「只要你有這點兒心意，我也甘心。」她馬上向我一笑，笑出了眼淚。
我匆匆趕回家時，彩霞還在家裏。學校雖然沒有解散，但大家都沒有心思讀書，很多人都懶得上學，老師學生都打算逃難。
表姐看我垂頭喪氣，問我是不是又聽到什麼壞消息？我望了彩霞一眼，故意說很多同學都在準備逃離。

「表哥，我忘記告訴你，貝麗雯也要走了。」彩霞笑着對我說。

我裝作不知道，同時冷淡地回答：

「她走她的，同我有什麼關係？」

「表哥，人家對你那麼好，你怎麼寡情寡義？」彩霞嗲聲嗲氣地說。

「妳們是同學，妳恨不得捅她一刀子，還說我寡情寡義？」我粗聲大氣地回答。

表姐笑了起來，指着我們說：

「你們這兩個淘氣神！到了這種節骨眼兒還拌嘴？」

我心裏還有點氣，彩霞却笑得花枝顫抖，隨後又臉色一整說：

「表哥，說眞的，她可能是後天走，我決定到江邊送行，你去是不去？」

我已經當面對貝麗雯說要送行，自然不能說不去，要是被彩霞碰見，會有麻煩；如果急於表示要送行，又怕彩霞取笑，只好淡淡地回答：

「妳既念同學之情，我也少不得陪妳去一趟。」

「表哥，我先說好，」彩霞向我刁鑽地一笑：「到時候可不能淌貓尿？」

表姐又笑了起來，指着彩霞說：

「彩丫頭，妳怎麼把郁心當猴兒耍？」

彩霞摟着表姐大笑，又偷偷地瞟我一眼。

第三天我和彩霞到江邊送行，大哥特別囑咐我向貝夫人致意，他在家裏養病，不能親自送行。

彩霞在南貨店裏買了一盒點心帶去送貝麗雯，我反而沒有什麼東西送，因爲這兩個月來我身上常常一個零錢也沒有。照理我該送點紀念品，但照片之類的東西又不敢送。

來到江邊，已經有不少送行的人先到，筱慧芳、[illegible]譚，和春秋票房的一些票友也來了，他們都是來送貝麗雯姨娘的。

貝麗雯一看見我和彩霞，又驚又喜，還有一種酸溜溜的味兒。彩霞把點心送給她，說是我們兩人的小意思，隨後又摸出一張自己的小照交給貝麗雯說：

「麗雯，我們同學幾年，以後天各一方，不知道能不能相見？這張照片送給妳作個紀念。」

貝麗雯看看照片，又望望彩霞，忽然眼淚一滾，兩人抱着頭哭泣起來。我站在旁邊反而不便，乘機代大哥向貝二姨娘致意，她也要我問候大哥。

「倚紅館主的身體本來不好，那三天義務戲他出了大力，想不到把他累病了？」她輕輕地和筱慧芳說。

「三少，待會兒有便，請你到我那邊去一下。」筱慧芳附在我耳邊說。

大哥演完了最後一場戲就病在家裏，我也沒有到她那邊去，我想她一定想念大哥，有話和我說。但是彩霞和我一道，她又不便明講。

我不知道貝麗雯和彩霞是怎麼分開的？現在兩人都在擦眼淚，還握着手捨不得放開，貝麗雯覷了我一眼，彩霞對我說：

「表哥，你有沒有私話和麗雯講？我好走開一步。」

彩霞的話使我發窘，貝麗雯紅着臉打了她一下，兩人又嗤的一笑。

貝麗雯的父親母親站在船舷叫她們上去，貝二姨娘順手牽着貝麗雯走，她們兩人已經一般高。上船以後，她們向我們揮手。

船開頭後，送行的人紛紛回去，我和段慧芳都沒有打招呼，我們心照不宣。

我和彩霞一道回家，半天我沒有講一句話，彩霞搭訕地問我：

「表哥，你的心腸怎麽這樣硬？莫非你不是眞的愛貝麗雯？」

「我不像妳，貓兒哭老鼠，假慈悲。」我生氣地回答。

「表哥，你冤枉人！」彩霞馬上抗議：「我們同學幾年，怎麽說也有感情。」

「那妳以前防她怎麽像防賊？」

「表哥，說來說去還不是爲了你？眞的差點兒傷了我們同學的感情。」

「只怪妳自己多心。」

「表哥，人非木石，孰能無情？如果我粗心大意，那會是怎樣的結局？」

她兩眼望着我，我不敢看她。如果她像表姐一樣，我和貝麗雯的情感決不止此。

到了家裏，表姐留心觀察我們兩人的神情。彩霞一走開，表姐就委婉地安慰我：

「郁心，不要難過。千里搭涼棚，沒有不散的筵席。」

「表姐，我沒有什麽難過，」我故意淡然地回答：「彩霞倒很會演戲。」

表姐望着我不知道是怎麽回事？我說給她聽，她笑了起來，邊笑邊說：

「郁心，彩丫頭不是做假，她是個重情感的人。不過她好強好勝，怎麽肯讓貝麗雯把你搶走？她防貝麗雯是很自然的事，送別時淌貓尿也不稀奇，女人的眼淚本來不像你們男人的那麽貴如金。」

聽了表姐的話我不禁啞然失笑，表姐又笑着對我說：

「郁心，現在貝麗雯走了，你更應該專心。」

「表姐，現在國難當頭，還講什麼兒女私情？」我心情還未安定，故意用大帽子搪塞。

「郁心，你這句話就有點兒酸氣。」表姐調侃我：「人總是人，難道有了國難，人就不吃飯睡覺？不戀愛結婚？」

我啞口無言。

吃過午飯，我打算到筱慧芳那邊去，大搖大擺地走到門口。彩霞笑着望了我一眼，既不問我到那裏去？也不問我什麼時候回來？她悠然自得，我也覺得自由自在。

筱慧芳和衣歪在床上睡午覺，我不想驚動她，沒有敲門。轉身來找程雲鵬，他正準備睡午覺。他心寬得很，戰爭好像和他沒有關係，上海南京丟了，他並沒有像別的同學那麼悲憤，更沒有流一滴眼淚，還是嘻嘻哈哈。

我問他以後打算怎樣？他輕鬆地回答：

「子承父業，還不是做生意？」

「很多同學都想當兵，和日本人拼命。」

「好男不當兵，好鐵不打釘，何必去幹那種傻事？」他聳肩一笑。

「要是日本人打到我們這裏，你的飯店搬不走，你做個屁的生意！」我頂他兩句。

「做生意不一定要開飯店，路道多得很，有錢就行。」

我對做生意最沒有興趣，不願意和他扯下去，又回筱慧芳這邊看看。她剛好動了一下，我馬上在門上敲敲，她問了一聲「誰？」我應了一聲，她連忙過來開門，第一句話就問：

「[redacted]，您大哥的病怎樣？」

「妳知道他的身體弱，不是什麼急病，不過一下子也好不起來。」我回答。大哥不但是累壞了，也熬了癮。現在禁烟禁得緊，他常常糧草不繼，所以更提不起精神。

筱慧芳嘆了一口氣，呑呑吐吐地說：

「三少，[redacted]我也要走了。」

聽說她要走，我感到有點意外，好像她不應該走似的。我望着她半天沒有作聲，她又補充說：

「[redacted]本來我早就要走，就是爲了和您大哥這段露水姻緣，所以一拖再拖，現在拖不下去了。」

「爲什麼？」

「[redacted]一言難盡。」她輕輕嘆口氣：「這次師父無論如何不讓我續約，他已經接了漢口的合同和聘金，還有幾天工夫，我們就得動身。」

我們兩人沉默了兩三分鐘都沒有再講話，我就心大哥受不起這個刺激，後來還是她先開口說話：

「[redacted]我看您們貴地也不一定保得住，你遲早也得逃，要是您大哥好了，您不妨和他一道去漢口，我會盡我的力量照顧。」

「謝謝妳。如果眞的非逃不可，自然是先到武漢。」

她隨即摸出一個小紙包，往我手上一塞，輕輕地說：

「帶給您大哥，這是他的糧草，希望他慢慢戒掉。」

我問她還有什麼事沒有？她說以後再談，希望我在她走以前常到她這邊來。

我回到家裏，把「糧草」交給大哥，遲遲不敢告訴他被慧芳要走的事，最後還是他問我：

「慧芳對你說過那天走沒有？」

「大哥，你怎麼知道她要走？」

「她早告訴我了，」大哥黯然一笑：「她跑了許多碼頭，在我們這裏唱得最久，合同續了又續，上次我們上牯嶺他師父就堅決不要她再唱下去，現在時局一緊，自然更順理成章了。」

「大哥，千里搭涼棚，沒有不散的筵席，你也不要難過。」我借用表姐安慰我的話來安慰他。

「老王，夫妻本是同林鳥，大難到來各自飛。何況我們名不正，言不順，難過又有什麼用？」大哥感傷地說。

彩霞裝作看表姐，伸頭向房裏望了一下，看表姐不在，隨即笑問大哥：

「大表哥，貴恙好一點兒沒有？」

「一下子還死不了。」大哥冷冷地回答。

彩霞知道大哥是氣她，反而滿臉堆笑地說：

「大表哥，七情六慾最傷人，你的身體又虛，還是靜心休養最好。不然就下鄉去住，娘會服侍你。」

大哥眉頭一皺，他就是怕下鄉，怕姑姑。

彩霞看他不作聲，身子一閃，含笑而去。

「彩丫頭會爛心，專門出歪主意整我。」

大哥的話使我大笑起來。

筱慧芳走的這天，大哥勉强支撑起來，想去送她。表姐並不阻止，悄悄地對我說：

「郁心，你大哥眞的風都吹得倒。勞你的駕，陪他去，萬一淚洒長亭，我怕他支持不住。」

「表姐，妳眞好。」我禁不住稱讚她一句。

「郁心，人最難解脫的是個『情』字。他既然和筱慧芳結了一段露水緣，分手時不能不讓他送，我不便做蠟燭，不然我陪他去。」

「表姐，妳放心，我會小心照顧他。」

我隨卽出去叫了一輛黃包車來，把大哥送到花園飯店，筱慧芳的行李已經綑好，正準備動身。她看大哥瘦成皮包骨，眼圈一紅，我悄悄退出。

脚伕陸續走進筱慧芳的房間，我才跟着進去。筱慧芳的行頭多，有五六個大箱子，脚伕一件件地搬到飯店門口，由她師父師母和班子裏一些龍套押着上船。隨後，我們三人坐着黃包車到江邊去。

她坐的是特等房艙，一個人住，我陪大哥進去看了一下，又想退出，她望着我說：

「三少，你不必廻避，我們在一塊兒坐一會。我和你們兩兄弟是緣，但願緣份未盡，以後還能相見。現在坐幾分鐘也是好的。」

大哥也叫我不要走，我在他旁邊坐下。

賣瓷器的小販進房來兜攬生意，大哥挑了一把最好的小茶壺送筱慧芳。筱慧芳說：

「你已經送了我一套，何必再送？」

她說的一套可能包括酒席用的全部盤碗碟盞茶杯茶壺，這麼一套上好的瓷器，可不便宜。

「這是臨別紀念，小意思，你在船上用好了。」大哥說。

氈販知道我們是本地人，不敢漫天討價，只要八毛錢。外鄉人最少得花一塊，因爲這是上好的細氈，款式又新。

船上拉起汽笛，我和大哥才起身，筱慧芳把我們送到船舷，紅着眼圈對大哥說：

「您好好地保重身體，復元後不妨和「三少」一道去漢口。憑您的玩藝兒，下海也不愁沒有飯吃。」

大哥深陷的眼眶裏忽然滾出兩顆眼淚，流過灰色的枯瘦的兩頰，掉進濁流滾滾的江裏。

第三十一章　月落烏啼霜滿天　風流雲散夕陽斜

大哥的身體越來越差。一方面是想念彼慧芳，一方面是「糧草」不繼，斷斷續續，轉成了痢疾。本來想把他送醫院，但醫院住滿了傷兵，沒有床位。他又不比普通病人，身體太虛，更兼烟癮，因此只好留在家裏吃中藥，而幾位好中醫又逃難去了，照着老藥方吃藥，痾的都是黑水。

表姐衣不解帶地服侍他，伯母成天磕頭唸經，求觀音菩薩保佑，可是他的身體始終沒有起色。本來經家庭會議再三商酙，和姑姑的同意，等他好了以後，我們兩人一道逃到後方去，這樣一來，我也不便單獨走了。

時局一天天壞下去，飛機場已經挨了三次炸彈，但是沒有什麼損失，地上只留下幾個洞，所以大家反而不在乎，只當鳥兒在空中拉屎。

一天，突然有個部隊來我們家裏號房子，在屋頂上架天線，住了幾十個人進來，我還沒有弄清楚他們是什麼單位，我們家裏就挨了炸彈。一顆炸彈震倒了大哥臥房的一堵牆，睡在床上的大哥被倒下的磚頭打破了頭，身上也受了重傷，當場氣絕。表姐也壓斷了一隻左脚。

我和彩霞得到密斯花的全力協助，先把表姐送進醫院，再料理大哥的後事。

姑姑和伯母哭得死去活來，伯母身體不好，暈了幾個鐘頭。

這檔不幸，使我提早離家。

姑姑本來想讓我和彩霞結了婚再走。但是伯母太傷心，大喪之後喜不起來。我已經決定從軍，更不願意彩霞和表姐遭遇同樣的命運。彩霞到底是女孩子，她自然不便要求結婚。

招商局有個票友劉金龍和我很好，他秘密告訴我去漢口的最後一班船期。公開登記已經登到半年以後，根本沒有希望。他問我願不願意和他一道走？我自然願意。因爲從浙贛路轉粵漢路去武漢要兜個大圈子，而且火車都打差，客車很少，只能坐霸王車，走一段，等一段，也許半個月也到不了武漢。

走的頭一天，彩霞陪我去向密斯花辭行。我特別拜托她照顧彩霞和我們一家人，她很同情我們的遭遇，滿口答應。

「到那時候請他們住到教堂裏面去，日本人不敢動教堂。」她說，城裏的教堂，教會學校，醫院的屋頂上統統漆了英、美、法各國國旗，大門上也漆了他們的國旗，那是强國的標誌。

我向她一再道謝，她也一再叫我放心。

大哥的後事和表姐住院都花了不少錢，家裏已經很緊，彩霞準備回家去替我弄點路費，我告訴她大哥給我的那一百塊賣玉盤的錢一直沒有動用。她聽說玉盤已經賣了，不免一怔，隨後又提醒我說：

「表哥，我們再去看看，你不妨帶一兩樣好骨董字畫到後方去，必要時也可以變賣幾個錢應應急。」

我們進房去打開那個大箱子，除了一個爛銅香爐之外，什麼都沒有。彩霞望着空箱子楞了半天，我安慰她說：

「大哥賣了也好，免得好了日本人。」

走的這天，我們一道去醫院看表姐。表姐的腿上好了石膏，躺在床上不能動。當彩霞告訴她我要走時，她眼淚直流，哽咽地說。

「郁心，想不到我們是這樣的散場？」

表姐新寡，腿又重傷，現在我又要走，她顯得特別感傷。彩霞也伏在她的胸前哭泣起來。她一手撫摸彩霞的頭髮，一手握着我的手，半天不作聲，隨後她把彩霞的手塞進我的手裏，低沉地說：

「郁心，我們是血親，不比外人。你們兩人又是青梅竹馬，你不要像你大哥一樣，免得彩霞傷心。」

「表姐，妳放心，我決無二心。」

彩霞把我的手握得很緊。

表姐從自己手上捋下那枚三錢重的結婚戒指，往我手指上一套：

「郁心，人是英雄錢是膽，你帶在身邊，以防萬一。」

本來我不想要，但一想這一分別很可能再也見不到她？不如留下作個紀念。

我在她身邊坐了兩個多鐘頭，不想離開，最後還是她催我走。她裝着笑臉看我離開，我一走出房門，就聽見她的哭聲。我想轉去安慰她，彩霞橫身把我攔住：

「表哥，不必再去，姐姐太傷心，一時安慰她不好，以後還夠她哭的。」

她含着淚，牽着我的手離開醫院。

學校的中國老師都走了。我要彩霞陪我去國術館向沈老師辭行。沈老師對我特別客氣，握着我的手說：

「你遠走高飛也好，你跟我學了幾年三脚貓兒，現在可以派點用場。要是有朝一日和日本鬼子對手剝皮，我相信一兩個鬼子你還可以打發。」

「老師，你走不走？」我問他。

「我老了，不想再東奔西逃。」他說。

「一旦日本人來了，你怎麼辦？」現在他已經沒有學生，他無田無地，怎麼過活？我有點替他躭心。

「討飯都行，就是不當狗腿子漢奸。」他笑着回答。

「要是日本人看中了你怎麼辦？」

「那該他倒楣。」他輕輕地一笑。

「師兄，你到後方去幹什麼？」他女兒金枝忽然問我。

我看彩霞站在身邊，不便直說，支吾了幾句。彩霞却揭穿了我的謊話，她對沈金枝說：

「他想從軍。」

沈老師馬上拍拍我的肩膀，笑着打趣：

「以後你可不能丟我的人？」

我點點頭，隨即走開，他們父女兩人把我和彩霞送到院子門外，沈老師以前從來沒有送我這麼遠。

彩霞陪我去學校看看，黑漆大門已經上了鎖，漆了美國旗，後門只打開半邊，由老校工在那裏照顧，他認識我，讓我進來。

學校已經解散，校園裏空空如也，那三個大足球場，顯得尤其大，我在球場上奔跑了好幾年，出過鋒頭，也挨過洋人的打，還揹着「洋奴」的罵名，現在又要被日本人趕走，想着，想着，我不禁蹲在球場上傷心落淚。

彩霞從來沒有看見我哭過，我一流淚她更好哭，我們的眼淚像長江裏的水，彷彿永遠流不完，滴在草葉上，像一顆顆清晨的露珠。

「表哥，我們是弱門，哭出一缸眼淚也沒有用，走吧！」彩霞揩揩自己的眼淚，牽着我的手說。

「彩霞，我走以後，妳的擔子更重了。」我望着她說。我們三家老人，加上斷腿的表姐，都得她一個人照顧，兵荒馬亂，這責任眞的不輕。

「表哥，我們的運氣不好，破船遇上了打頭風，也只好硬着頭皮頂下去。」彩霞回答，又望着我的臉上說：「表哥，我最就心的還是你。」

她一說完就雙手蒙着臉哭泣起來。我勸她不住，反而和她抱頭痛哭。

我留戀地望了校園最後一眼。銀杏，扁柏，冬青，大楓樹，桃，柳，加里福尼亞的橘樹，地上的青草，以及矗立在樹林中的高大漂亮的教室，和頂着十字架的教堂……。

望着那座可容納幾百人的教堂，想起父親，母親，姑爹，姑姑，伯母，他們不久就會躲在那裏面避難。他們都是信佛的，尤其是伯母，她深信觀音大士慈航普渡，法力無邊，日本人來時，她就不得不捧着觀音瓷像躲進教堂避難，我覺得可憐而又滑稽。宗教也看國家强弱，耶穌並沒有保護猶太人。

我不敢回家，我怕向父親，母親，姑姑，伯母辭別。大哥死後，姑姑一直未走，她要安慰伯母，同時去醫院陪陪表姐，她和伯母一看見我就想起大哥，因此一看見我就哭。

「表哥，你不向幾塊老天牌辭別，難道一點東西也不帶？」彩霞望着我說。

「半壁江山都丢了，我還帶什麼？」我回答她：「買條毛巾牙刷就行了。」

她聽我這樣說又眼淚直流。

輪船白天不敢開，怕飛機轟炸，旅客白天也不敢上船，要等到下午四五點鐘才上去。

彩霞陪着我在堤上湖邊兜圈子。街上的人口已經減少很多，下江難民早已逃到別的地方去了，本地有錢的人家也走了不少。從前到處都是學生，現在也風流雲散，我和彩霞就沒有碰見幾位同學。湖邊更沒有以前熱鬧。那塊小草坪已經變成了刑場，販毒的，當小漢奸的抓到了都綁到這裏槍斃，先後斃了二三十個人，草地上有一股血腥。

彩霞用手絹掩着鼻子匆匆走過那塊草坪。走到我和四中學生打架的地方才緩慢下來。她提起那次打架又不禁一笑。現在那兩個學生也不知道跑到那裏去了？

轉到城外街上，我和彩霞吃了盌鱔魚麵，買了一條毛巾，一枝牙刷。她拉着我到照相館合拍了一張照片，我們才一道去招商局，找到劉金龍，他陪我們上船。

船上擠得很，亂得很，根本沒有床位，我是他的黃魚，晚上隨便他安頓。好在一夜就到，不睡覺也行。

黃昏時才開船，彩霞一聽見笛聲，眼圈就發紅。我把她送回躉船，我剛一上來，跳板就抽了。

彩霞揚着手，流着淚對我說：

「表哥，記住，我等你回來，不要三心二意。」

「不要痴等，三年爲限。我要是不死，三年之內一定回來，如果不幸……」

彩霞啊的一聲哭了起來，哭聲打斷了我的話，我再也說不下去。我背轉身，望見西天一片彩霞，燦爛奪目。但我知道它馬上就要失去光彩。

江水如血。黑夜就要到來。

——完——

墨人博士著作書目（校正版）

書目	類別	出版者	出版時間
一、自由的火焰 ⎫ 與《山之禮讚》合併	詩集	自印（左營）	民國三十九年（一九五〇）
二、哀祖國 ⎭ 易名《墨人新詩集》	詩集	大江出版社（臺北）	民國四十一年（一九五二）
三、最後的選擇	短篇小說	百成書店（高雄）	民國四十二年（一九五三）
四、閃爍的星辰	長篇小說	大業書店（高雄）	民國四十二年（一九五三）
五、黑森林	長篇小說	香港亞洲社	民國四十四年（一九五五）
六、魔障	長篇小說	暢流半月刊（臺北）	民國四十七年（一九五八）
七、孤島長虹（全集中易名為富國島）	長篇小說	文壇社（臺北）	民國四十八年（一九五九）
八、古樹春藤	中篇小說	九龍東方社	民國五十一年（一九六二）
九、花嫁	短篇小說	九龍東方社	民國五十三年（一九六四）
一〇、水仙花	短篇小說	長城出版社（高雄）	民國五十三年（一九六四）
一一、白夢蘭	短篇小說	長城出版社（高雄）	民國五十三年（一九六四）
一二、颱風之夜	短篇小說	長城出版社（高雄）	民國五十三年（一九六四）

一三、白雪青山　長篇小說　長城出版社（高雄）　民國五十四年（一九六五）
一四、春梅小史　長篇小說　長城出版社（高雄）　民國五十四年（一九六五）
一五、洛陽花似錦　長篇小說　長城出版社（高雄）　民國五十四年（一九六五）
一六、東風無力百花殘　長篇小說　長城出版社（高雄）　民國五十四年（一九六五）
一七、合家歡　長篇小說　臺灣省新聞處（臺中）　民國五十四年（一九六五）
一八、紅樓夢的寫作技巧　文學理論　臺灣商務印書館（臺北）　民國五十五年（一九六六）
一九、塞外　短篇小說　臺灣商務印書館（臺北）　民國五十五年（一九六六）
二〇、碎心記　長篇小說　小說創作社（臺北）　民國五十六年（一九六七）
二一、靈姑　長篇小說　小說創作社（臺北）　民國五十七年（一九六八）
二二、鱗爪集　散　文　水牛出版社（臺北）　民國五十七年（一九六八）
二三、青雲路　短篇小說　臺灣商務印書館（臺北）　民國五十八年（一九六九）
二四、變性記　短篇小說　臺灣商務印書館（臺北）　民國五十八年（一九六九）
二五、龍鳳傳　長篇小說　幼獅書店（臺北）　民國五十九年（一九七〇）
二六、火樹銀花　長篇小說　立志出版社（臺北）　民國五十九年（一九七〇）
二七、浮生集　散　文　聞道出版社（臺南）　民國六十一年（一九七二）
二八、墨人詩選　詩　集　臺灣中華書局（臺北）　民國六十一年（一九七二）
二九、鳳凰谷　長篇小說　臺灣中華書局（臺北）　民國六十一年（一九七二）

三〇、墨人短篇小說選	短篇小說	臺灣中華書局（臺北）	民國六十二年（一九七三）
三一、斷腸人	短篇小說	臺灣學生書局（臺北）	民國六十二年（一九七三）
三二、詩人革命家胡漢民傳	傳記小說	近代中國社（臺北）	民國六十七年（一九七八）
三三、心猿	長篇小說	學人文化公司（臺北）	民國六十八年（一九七九）
三四、山之禮讚	詩　　集	秋水詩刊（臺北）	民國六十九年（一九八〇）
三五、心在山林	散　　文	中華日報社（臺北）	民國六十九年（一九八〇）
三六、墨人散文集	散　　文	學人文化公司（臺中）	民國六十九年（一九八〇）
三七、山中人語	散　　文	臺灣商務印書館（臺北）	民國七十二年（一九八三）
三八、花雨	散　　文	江山出版社（臺北）	民國七十四年（一九八五）
三九、三更燈火五更雞	散　　文	江山出版社（臺北）	民國七十四年（一九八五）
四〇、墨人絕律詩集	詩　　集	臺灣商務印書館（臺北）	民國七十六年（一九八七）
四一、全唐詩尋幽探微	文學理論	臺灣商務印書館（臺北）	民國七十六年（一九八七）
四二、第二春	短篇小說	采風出版社（臺北）	民國七十七年（一九八八）
四三、全唐宋詞尋幽探微	文學理論	臺灣商務印書館（臺北）	民國七十八年（一九八九）
四四、小園昨夜又東風	散　　文	黎明文化公司（臺北）	民國八　十年（一九九一）
四五、紅塵（上、中、下三卷）	長篇小說	臺灣新生報社（臺北）	民國八　十年（一九九一）
四六、大陸文學之旅	散　　文	文史哲出版社（臺北）	民國八十二年（一九九三）

四七、紅塵續集	長篇小說	臺灣新生報社（臺北）	民國八十二年（一九九三）
四八、墨人半世紀詩選	詩　選	文史哲出版社（臺北）	民國八十四年（一九九五）
四九、張本紅樓夢（上下兩巨冊）	修訂批註	湖南出版社（長沙）	民國八十五年（一九九六）
五〇、紅塵心語	散　文	圓明出版社（臺北）	民國八十五年（一九九六）
五一、年年作客伴寒窗	散　文	中天出版社（臺北）	民國八十六年（一九九七）
五二、全宋詩尋幽探微	文學理論	文史哲出版社（臺北）	民國八十九年（二〇〇〇）
五三、墨人詩詞詩話	詩詞・理論	詩藝文出版社（臺北）	民國八十九年（二〇〇〇）
五四、娑婆世界（定本）	長篇小說	昭明出版社（臺北）	民國八十八年（一九九九）
五五、白雪青山（定本）	長篇小說	昭明出版社（臺北）	民國八十九年（二〇〇〇）
五六、滾滾長江（定本）	長篇小說	昭明出版社（臺北）	民國八十九年（二〇〇〇）
五七、春梅小史（定本）	長篇小說	昭明出版社（臺北）	民國八十九年（二〇〇〇）
五八、紫燕（定本）	長篇小說	昭明出版社（臺北）	民國九　十年（二〇〇一）
五九、紅樓夢的寫作技巧（定本）	文學理論	昭明出版社（臺北）	民國九　十年（二〇〇一）
六〇、紅塵六卷（定本）	長篇小說	昭明出版社（臺北）	民國九　十年（二〇〇一）
六一、紅塵法文本	巴黎友豐（you fong）書局出版		二〇〇四年初版

附　註：

▲北京中國文聯出版社二〇〇三年出版　大陸教授羅龍炎・王雅清合著《紅塵》論專書

▲臺北市昭明出版社出版墨人一系列代表作、長篇小說《娑婆世界》、一百九十多萬字的空前大長篇《紅塵》（中法文本共出五版）暨《白雪青山》（兩岸共出六版）、《滾滾長紅》、《春梅小史》、《紫燕》，短篇小說集、文學理論《紅樓夢的寫作技巧》（兩岸共出十四版）等書。臺灣中華書局出版的《墨人自選集》共五大冊，收入長篇小說《白雪青山》、《黛姑》、《鳳凰谷》、《江水悠悠》（爲《東風無力百花殘》易名）、《短篇小說・詩選》合集。《哀祖國》及《合家歡》皆由高雄大業書店再版。臺北詩藝文出版社出版的《墨人詩詞詩話》創作理論兼備，爲「五四」以來詩人、作家所未有者。

▲臺灣商務印書館於民國七十三年七月出版先留英後留美哲學博士程石泉、宋瑞等數十人的評論專集《論墨人及其作品》上、下兩冊。

▲《白雪青山》於民國七十八年（一九八九）由臺北大地出版社第三版。

▲臺北中國詩歌藝術學會於一九九五年五月出版《十三家論文》論《墨人半世紀詩選》。

《紅塵》於民國七十九年（一九九〇）五月由大陸黃河文化出版社出版前五十四章（香港登記、深圳市印行）。大陸因未有書號未公開發行僅供墨人「大陸文學之旅」時與會作家座談時參考。

▲北京中國文聯出版公司於一九九二年十二月出版長篇小說《春梅小史》（易名《也無風雨也無晴》）；一九九三年四月出版《紅樓夢的寫作技巧》。

▲北京中國社會科學出版社於一九九四年出版散文集《浮生小趣》。

▲北京群眾出版社於一九九五年一月出版散文集《小園昨夜又東風》；一九九五年十月京華出版社出版

長篇小說《白雪青山》大陸版，第一版三千冊，一九九七年八月再版一萬冊。

▲長沙湖南出版社於一九九六年一月初出版墨人費時十多年精心修訂批註的《張本紅樓夢》，分上下兩大冊精裝一萬一千套。立即銷完，因未經墨人親校，難免疏失，墨人未同意再版。

Mo Jen's Works

1950　*The Flames of Freedom*（poems）《自由的火焰》

1952　*Lament for My Mother Country*（poems）《哀祖國》

1953　*Glittering Stars*（novel）《閃爍的星辰》

The Last Choice（short stories）《最後的選擇》

1955　*Black Forest*（novel）《黑森林》

The Hindrance（novel）《魔障》

The Rainbow and An Isolated Island（novel）《孤島長虹》（全集中易名爲富國島）

1963　*The spring Ivy and Old Tree*（novelette）《古樹春籐》

1964　*Narcissus*（novelette）《水仙花》

A Typhonic Night（novelette）《颱風之夜》

Ms.Pei Mong-lan（novelette）《白夢蘭》

The Joy of the Whole Family（novel）《合家歡》

Flower Marriage（novelette）《花嫁》

1965 *White Snow and Green Mountain*（novel）《白雪青山》

The Short Story of Miss Chung Mei（novel）《春梅小史》

The Powerless Spring Breeze and Faded Flowers（novel）《東風無力百花殘》(《江水悠悠》)

Flower Blossom in Loyang（novel）《洛陽花似錦》

1966 *The Writing Technique of the Dream of Red Chamber*（literature theory）《紅樓夢的寫作技巧》

Out of The Wild Frontier（novelette）《塞外》

1967 *A Heart-broken Story*（novel）《碎心記》

1968 *Miss Clever*（novel）《靈姑》

Trifle（prose）《鱗爪集》

1969 *The Road to Promotion*（novelette）《青雲路》

1970 *A Sex-change Story*（novelette）《變性記》

The Biography of the Dragon and the Phoenix（novel）《龍鳳傳》

1971 *A Brilliantly lighted Garden*（novel）《火樹銀花》

1972 *My Floating Life*（prose）《浮生記》

Selection of Mo Jen's Poems《墨人詩選》
A Heart-broken Woman (novelette)《斷腸人》
Phoenix Valley (novel)《鳳凰谷》
Mo Jen's Works (five volumes)《墨人自選集》
Selection of Mo Jen's short stores《墨人短篇小說選》
1978 *Hu Han-ming, the Poet and Revolutionist* (novel)《詩人革命家胡漢民》
1979 *The Mokey in the Heart* (i.e. The Purple Swallow renamed)《心猿》
1980 *The Hermit* (prose)《心在山林》
A Collection of Mo Jen's Prose (prose)《墨人散文集》
A Praise to Mountains (poems)《山之禮讚》
1983 *Mountaineer's Remarks* (prose)《山中人語》
1985 *My Candle Burns at Both Ends* (prose)《三更燈火五更雞》
Flower Market (prose)《花市》
1986 *A Mundane World* (novel, four volumes, over 1.9 million words)《紅塵》
1987 *Remarks on All Poems of the Tang Dynasty* (theory)《全唐詩尋幽探微》
1988 *Remarks On All Tsyr* (prose poem) *of the Tang and Sung Dynasties* (theory)《全唐宋詞尋幽探微》
1991 *The Breeze That Came From The East Last Night in My Little garden Again* (prose)《小園昨夜又東風》

1992 *Travel for Literature in Mainland China*（prose）《大陸文學之旅》

1995 *Selection of Mo Jen's Poems, 1992-1994*《墨人半世紀詩選》

1996 *I'll look upon the World*《紅塵心語》

Chang Edition of the Dream of Red Chamber《張本紅樓夢》（修訂批註）

1997 *Cherish thy guests and the Muses*《年年作伴寒窗》

1999 *Saha Shih Gai*《婆婆世界》

1999 *Remarks on All Poems of the sung Dynasties*《全宋詩尋幽探尋》

1999 *Mo Jen's Classical Poems and Prose Poems*《墨人詩詞詩話》

2004 *Poussiere Rouge*《紅塵》法文譯本

墨人博士創作年表（二〇〇五年增訂）

年度	年齡	發表出版作品及重要文學紀錄摘要
民國二十八年己卯（一九三九）	十九歲	在東南戰區《前線日報》發表〈臨川新貌〉。淪陷區著名的上海《大美晚報》隨即轉載。
民國二十九年庚辰（一九四〇）	二十歲	在《前線日報》發表〈希望〉、〈路〉等新詩作品。
民國三十年辛巳（一九四一）	二十一歲	在《前線日報》發表〈評夏伯陽〉書評等文。
民國三十一年壬午（一九四二）	二十二歲	在各大報發表〈苦難的行列〉、〈贛州禮讚〉（長詩）、〈老船夫〉、〈盲歌者〉、〈自己的輓歌〉、〈抹去那怯弱的眼淚吧〉、〈生命之歌〉、〈快割鳥〉、〈鷂鷹與雲雀〉等詩及散文多篇。
民國三十二年癸未（一九四三）	二十三歲	在各大報發表長詩〈鋤奸隊長〉、〈搜索連長〉、〈遙寄〉、〈寫在第七個七七〉、〈父親〉、〈受難的女神〉、〈城市的夜〉及〈火把〉、〈擊柝者〉、〈橋〉、〈古鐘〉、〈汽笛〉、〈山居〉、〈沙灘〉、〈夜行者〉、〈孤芳〉、〈蚊蟲〉、〈蒼蠅〉、〈園圃〉、〈陽光〉、〈深秋〉、〈贈某詩人兼寫自己〉、〈哀亡命詩人〉、〈自供〉、〈白堊詩抄〉、〈哀歌〉、〈生活〉、〈給偶像崇拜者〉、〈戰書〉、〈燈下獨白〉、〈夜歸〉、〈失眠之夜〉、〈悼〉、〈殘英〉、〈黃昏曲〉、〈補綴〉、〈復活的季節〉〈擬戀歌〉、〈晨雀〉、〈春耕〉、〈天空的搏鬥〉等長短抒情詩。另發表散文及短篇小說多篇。

民國三十三年甲申（一九四四）	二十四歲	發表〈山城草〉五首及〈沒有褲子穿的女人〉、〈襤褸的孩子〉、〈駝鈴〉、〈無聲的哭泣〉、〈長夜草〉、〈春夜〉、〈擬某女演員〉、〈蛙聲〉、〈麥笛〉等詩及散文多篇。
民國三十四年乙酉（一九四五）	二十五歲	發表〈最後的勝利〉及〈煉獄裏的聲音〉、〈神女〉、〈問〉等長詩與散文多篇。
民國三十五年丙戌（一九四六）	二十六歲	發表〈夢〉、〈春天不在這裡〉等詩及散文多篇。
民國三十六年丁亥（一九四七）	二十七歲	發表〈冬天的歌〉、〈流浪者之歌〉、〈手杖、煙斗〉及長詩〈上海抒情〉等與散文多篇。
民國三十七年戊子（一九四八）	二十八歲	主編軍中雜誌、撰寫時論，均不署名。
民國三十八年己丑（一九四九）	二十九歲	七月渡海抵臺、發表〈呈獻〉、〈滿妹〉、及長詩〈自由的火燄〉、〈人類的宣言〉等及散文多篇。
民國三十九年庚寅（一九五〇）	三十歲	發表〈站起來、捏死他！〉、〈滾出去、馬立克！〉、〈英國人〉、〈海洋頌〉等詩。出版《自由的火燄》詩集。
民國四十年辛卯（一九五一）	三十一歲	發表〈春晨獨步〉、〈炫與殉〉、〈悼三閭大夫屈原〉、〈詩聯隊〉、〈心靈之歌〉、〈子夜獨唱〉、〈真理、愛情〉、〈友情的花朵〉、〈啊、西風啊！〉、〈歲暮吟〉、〈師生〉、〈往事〉、〈天書〉、〈歷程〉、〈雨天〉、〈火車飛馳在海岸線上〉、〈帶路者〉、〈送第一艦隊出征〉等詩、及〈哀祖國〉長詩。
民國四十一年壬辰（一九五二）	三十二歲	發表〈未完成的想像〉、〈雕上吟〉、〈窗下吟〉、〈白髮吟〉、〈秋夜輕吟〉、〈秋訊〉、〈渴念、追求〉、〈寂寞、孤獨〉、〈冬眠〉、〈我想把你忘記〉、〈想念〉、〈成人的悲歌〉、〈訴〉、〈詩人〉、〈詩〉、〈貝絲〉、「春天的懷念」五首、〈和風〉、〈夜雨〉、〈臺灣海峽的霧〉等及散文、短篇小說多篇。出版《哀祖國》詩集。

民國四十二年癸巳（一九五三）	三十三歲	發表〈寄台北詩人〉等詩及散文短篇小說多篇。高雄百成書店出版短篇小說集《最後的選擇》，收入〈華玲〉、〈生死戀〉、〈梅蘭馨〉、〈敵人的故事〉、〈最後的選擇〉、〈蔣復成〉、〈姚醫生〉等七篇。大業書店出版長篇小說《閃爍的星晨》一、二兩冊。
民國四十三年甲午（一九五四）	三十四歲	發表〈雪萊〉、〈海鷗〉、〈鳳凰木〉、〈流螢〉、〈鵝鑾鼻〉、〈海邊的城〉、〈長夏小唱〉及散文、短篇小說多篇。
民國四十四年乙未（一九五五）	三十五歲	發表〈雲〉、〈F-86〉、〈顯GK〉等詩及散文、短篇小說多篇。香港亞洲出版社出版長篇小說《黑森林》，並獲中華文獎會國父誕辰長篇小說第二獎（第一獎從缺）。
民國四十五年丙申（一九五六）	三十六歲	發表〈四月〉等詩及散文、短篇小說多篇。
民國四十六年丁酉（一九五七）	三十七歲	發表〈月亮〉、〈九月之旅〉、〈雨和花〉等詩及長篇小說《魔障》。
民國四十七年戊戌（一九五八）	三十八歲	暢流半月刊雜誌社出版長篇連載小說《魔障》。
民國四十八年己亥（一九五九）	三十九歲	發表短篇小說、散文多篇。文壇雜誌社出版長篇小說《孤島長虹》（全集中易名為《富國島》）。
民國四十九年庚子（一九六〇）	四十歲	發表〈橫貫小唱〉等詩及散文、短篇小說多篇。
民國五十年辛丑（一九六一）	四十一歲	發表〈熱帶魚〉、〈豎琴〉、〈水仙〉等詩及短篇小說甚多。奧國維也納納富出版公司編選的《世界最佳小說選》選入短篇說〈馬蹄〉，同時入選者有諾貝爾文學獎得主威廉福克納、拉革克菲斯特等世界各國名作家作品。

民國五十一年壬寅（一九六二）	四十二歲	發表〈青鳥〉、〈兩腳獸〉、〈晚會〉、〈祈禱〉等詩及短篇小說甚多。奧國維也納納富出版公司又將短篇小說《小黃》（以江州司馬筆名撰寫者）選入《世界最佳小說選》，同時入選者有諾貝爾獎得主蕭洛霍夫、郭沫若及世界各國名作家作品。
民國五十二年癸卯（一九六三）	四十三歲	香港九龍東方文學出版社出版中篇小說《古樹春藤》。發表短篇小說、散文甚多。
民國五十三年甲辰（一九六四）	四十四歲	香港九龍東方文學社出版短篇小說集《花嫁》，收入〈教師節〉、〈劉二爹〉、〈二嫣〉、〈異鄉人〉、〈花嫁〉、〈扶桑花〉、〈南海屠鮫〉、〈高山曲〉、〈古寺心聲〉、〈誘惑〉、〈隱情〉、〈美珠〉、〈新苗〉、〈心聲淚影〉等十四篇。 高雄長城出版社出版中短篇小說集《水仙花》，收入〈水仙花〉、〈銀杏表嫂〉、〈圓房記〉、〈江湖兒女〉、〈天鵝〉、〈賭徒〉、〈搶親〉、〈黃龍〉、〈風雪歸人〉、〈花子老爺〉、〈靈雲寺的居士〉、〈人與樹〉、〈過客〉、〈阿婆〉、〈馬腳〉、〈小黃〉等十六篇。 高雄長城出版社出版中短篇小說集《白夢蘭》。收入〈情敵〉、〈空手〉、〈師生〉、〈斷夢〉、〈黃昏曲〉、〈白夢蘭〉、〈平安夜〉、〈凱塞琳、萊蒙托夫與我〉、〈陽春白雪〉、〈亂世佳人〉、〈傷心之旅〉、〈白衣淸淚〉、〈護士與病人〉、〈如夢記〉、〈除夕〉等十五篇。　高雄長城出版社出版《中華日報》連載的二十五萬字長篇小說《白雪青山》。　發表短篇小說、散文甚多。
民國五十四年乙巳（一九六五）	四十五歲	高雄長城出版社出版連載長篇小說《洛陽花似錦》、《春梅小史》、《東風無力百花殘》三部。　發表短篇小說、散文甚多。 省政府新聞處出版長篇小說《合家歡》。
民國五十五年丙午（一九六六）	四十六歲	是年五月赴馬尼拉華僑文教講習會講授「紅樓夢的寫作技巧」及新詩課程一個月。 商務印書館出版文學理論專著《紅樓夢的寫作技巧》，全書共十五萬字。 商務印書館出版中短篇小說集《塞外》。收入〈塞外〉、〈鷂子〉、〈百合花〉、〈天山風雲〉、〈白金龍〉、〈白狼〉、〈秋爾紫鵑〉、〈曹萬秋的衣缽〉、〈半路夫妻〉、〈百鳥聲喧〉、〈風竹與野馬〉、〈美人計〉、〈夜襲〉、〈花燭劫〉等十四篇。

民國五十六年丁未（一九六七）	四十七歲	發表短篇小說、散文甚多。小說創作社出版連載長篇小說《碎心記》。
民國五十七年戊申（一九六八）	四十八歲	小說創作社出版《中華日報》連載長篇小說《靈姑》。水牛出版社出版散文集《鱗爪集》、收入〈家鄉的魚〉、〈家鄉的鳥〉、〈雪天的懷念〉、〈秋山紅葉〉、〈學問與創作之間〉等散文七十六篇、舊詩三首。
民國五十八年己酉（一九六九）	四十九歲	商務印書館出版中短篇小說集《青雲路》。收入〈世家子弟〉、〈青雲路〉、〈空槍記〉、〈久香〉等四篇。
民國五十九年庚戌（一九七〇）	五十歲	商務印書館出版中短篇小說集《變性記》。收入〈變性記〉、〈嬌客〉、〈歲寒圖〉、〈泥龍〉、〈祖孫父子〉、〈秋風落葉〉、〈老夫老妻〉、〈恩愛夫妻〉、〈布販與偷雞賊〉、〈芳鄰〉、〈沙漠王子〉、〈沙漠之狼〉、〈世界通先生〉、〈寶珠的祕密〉、〈奇緣〉等十五篇。幼獅文化事業公司出版長篇小說《龍鳳傳》。臺北立志出版社出版長篇《火樹銀花》出版全集時易名《同是天涯淪落人》。
民國六十年辛亥（一九七一）	五十一歲	立志出版社出版長篇小說《火樹銀花》。發表散文多篇及在高雄《新聞報》連載長篇小說《紫燕》。
民國六十一年壬子（一九七二）	五十二歲	闢道出版社出版散文集《浮生集》。收入〈文藝的危機〉、〈貝克特高風〉、〈五十年華〉等散文十三篇、舊詩六首。學生書局出版短篇小說散文合集《斷腸人》。收入短篇小說〈斷腸人〉、〈薇薇〉、〈相見歡〉、〈滄桑記〉、〈恩怨〉、〈夜宴〉等七篇及散文〈文學系與文學創作〉、〈大學國文教學我見〉、〈作家之死〉等十五篇。　中華書局出版《墨人自選集》五大冊。包括長篇小說《白雪青山》、《靈姑》、《鳳凰谷》、《江水悠悠》（《東風無力百花殘》易名）及《短篇小說、詩選》（精選短篇小說二十八篇、抒情詩一〇六首）、共一百五十萬字。
民國六十二年癸丑（一九七三）	五十三歲	發表散文多篇。列入英國劍橋國際傳記中心（International Biographical Centre Cambridge England）出版的《國際詩人名錄》（*International Who's Who in Poetry, 1973*）。

民國六十三年甲寅（一九七四）	五十四歲	出席第二屆世界詩人大會。發表散文多篇。
民國六十四年乙卯（一九七五）	五十五歲	列入正中書局出版的《中華民國文藝史》（1975）。發表〈臺北的黃昏〉新詩一首及散文多篇。
民國六十五年丙辰（一九七六）	五十六歲	列入英國劍橋國際傳記中心出版的 *Men of Achievement 1976* 發表〈歷史的會晤〉新詩及散文、短篇小說多篇。
民國六十六年丁巳（一九七七）	五十七歲	應 I.B.C 邀請於三月間赴義大利翡冷翠出席國際文藝交流大會（The 3rd I.B.C. International Congress on Arts and Communications）。會後環遊世界。發表〈羅馬之戀〉、〈羅馬之松〉、〈翡冷翠的女郎〉、〈翡冷翠之柳〉、〈塞納河〉等詩及羅馬掠影」、〈聖城記〉、〈威尼斯之旅〉、〈藝術之都翡冷翠〉、〈西雅奈與比薩斜塔〉、〈美國行〉、〈江戶、皇宮、御苑〉、〈環球心影〉等遊記。在《中國時報》發表有關中國文化論文〈中國文化的三條根〉、在《新生報》發表〈文藝界的『洋』瘋癲〉等多篇。
民國六十七年戊午（一九七八）	五十八歲	近代中國社出版長篇傳記小說《詩人革命胡漢民傳》。列入英國劍橋國際傳記中心出版的《國際名人辭典》（*Dictionary of International Biography 1978*）、《國際知識分子名錄》（*International Who's Who of Intellectual 1978*、《國際人名剪影》 *International Register of Profiles*）、《國際社會名人錄》（*International Who's Who in Community Service*）、發表〈六月之荷〉詩一首。在各報發表〈中國文化的宇宙觀〉、〈中國文化的真面目〉、〈文化、社會形態與當代文學創作（為亞洲文學會議而作）〉、〈人與宇宙自然法則〉等。出席亞洲文學會議。 列入中華書局出版的《中華民國當代名人錄》（*Who's Who of R.O.C. 1978*） 列入行政院新聞局編印的一九七八年英文《中華民國年鑑名人錄》（*China Yearbook Who's Who*）。

民國六十八年己未（一九七九）	五十九歲	學人文化事業有限公司出版長篇小說《心猿》（《紫燕》易名）。發表短篇小說〈春〉、〈杏林之春〉，長詩〈哀吉米‧卡特〉及〈山之禮讚〉五首。短篇〈客從故鄉來〉、〈人瑞〉。理論〈中國古典小說戲劇〉、〈抗戰文學的整理與再創作〉（《中央日報》）等多篇。
民國六十九年庚申（一九八〇）	六十歲	秋水詩刊社出版詩集《山之禮讚》，收集六十四年以後新詩四十四首及七言絕律詩十首。　中華日報社出版散文集《心在山林》，收集〈花甲叢中過〉、〈老當益壯〉，及抒情寫景散文數十篇。 臺中學人文化事業出版有限公司出版《墨人散文集》收集〈文化、社會形態與當代文學創作〉、〈人與宇宙自然法則〉、〈中國文化的三條根〉、〈宇宙為心人為本〉、〈文藝界的『洋』癲瘋〉等理論性散文數十篇。 在《中央日報‧副刊》發表〈紅樓夢研究的正確方向〉，《中華日報‧副刊》發表〈人生六十樹常青〉，《青年戰士報‧新文藝副刊》發表〈山中人語〉專欄文章〈山水之間〉、〈生命長短價值觀〉、〈寶刀未老〉、〈七進七出鬼門關〉、〈報人甘苦〉、〈杏壇生涯〉等。 接受《大華晚報》採訪組副主任程榕寧兩次訪問，一為談胡漢民生平，一為談《易經》、《道德經》、命學，並發表〈醫學命學與人生〉專文。
民國七十年辛酉（一九八一）	六十一歲	繼續撰寫《山中人語》專欄。 應臺中市《自由日報》特約撰寫《浮生小記》專欄。 應行政院新聞局邀請參觀本省農漁畜牧事業單位，並在《中央日報》發表〈人在福中〉散文。 接受臺灣廣播公司《成功之路》節目訪問，於四月廿七日晚八時半播出。 在高雄《新聞報》發表〈撥亂反正說紅樓〉（六月十七、十八日）論文。
民國七十一年壬戌（一九八二）	六十二歲	九月赴漢城出席第二屆中韓作家會議，並在東京參加中日作家會議，曾暢遊南韓、北海道、大阪至東京名勝地區，歸後撰寫〈韓國掠影〉、〈秋遊北海道〉，發表於《中央日報》。 列入中華民國名人傳記中心出版的《中華民國現代名人錄》。

		列入英國劍橋國際傳記中心出版的《傑出男女傳記》（*Men and Women of Distinction*）並附照片。 列入美國 MarQuis 公司出版的《世界名人錄》（*Who's Who in the World*）第六版。 接受義大利藝術大學授予的文學功績證書。
民國七十二年癸亥（一九八三）	六十三歲	商務印書館出版散文集《山中人語》，收集散文七十篇。
民國七十三年甲子（一九八四）	六十四歲	商務印書館出版《論墨人及其作品》上、下兩冊，包括評論文章六十餘篇。 列入義大利 Accademia Itia 出版英、法、德、義四種文字的《國際文學史》（*The History of International Literature*）及《百科全書：當代人物（*The Encyclopadeia: Contemporary Personalities*）》。 端午節（六月四日）開筆撰寫已構思準備十餘年的一百餘萬字的大長篇小說《紅塵》，年底完成初稿四十餘萬字。 十月在韓國漢城舉行的第四屆中韓作家會議，事忙未能出席，但提出一萬餘字的論文〈古典與現代〉一篇。
民國七十四年乙丑（一九八五）	六十五歲	由江山出版社出版《三更燈火五更雞》、《花市》散文集等兩本，前者收入散文、理論二十四篇，後者收入散文遊記二十七篇。 八月一日退休，專心寫作《紅塵》，於十二月底完成九十二章，告一段落，共一百二十萬字，超出《紅樓夢》十餘萬字，內有絕律詩（聯）三十一首。
民國七十五年丙寅（一九八六）	六十六歲	年初開始研讀《全唐詩》，撰寫《全唐詩尋幽探微》，十一月完成，共十二萬餘字，一面在《新聞報・西子灣》發表，並連同歷年所作絕律詩三十七首，定名為《墨人絕律詩集》，一併交與臺灣商務印書館簽約出版。 列入美國 A.B.I. 出版的 5000 Personalities of the World；英國 I.B.C. 出版的 *The International Authors and Writers Who's Who.*

民國七十六年丁卯（一九八七）	六十七歲	訪問考察東南亞地區、國家馬來西亞、新加坡、泰國、菲律賓、香港十七天、並出席多次座談會。 商務印書館出版《全唐詩尋幽探微》（附《墨人絕律詩集》）。 《紅塵》長篇小說於三月五日開始在《臺灣新生報》連載。 七月四、五日出席在臺北市召開的抗戰文學研討會。 八月一日出席在高雄市召開的第七屆中韓作家會議。
民國七十七年戊辰（一九八八）	六十八歲	元月二日完成《全唐宋詞尋幽探微》（附《墨人詩餘》）全書十六萬字。設於美國深受世界尊重的「國際大學基金會」（The Marquis Giuseppe Scicluna 1855-1907 International University Foundation）（Founded 1973）授予榮譽文學博士學位。
民國七十八年己巳（一九八九）	六十九歲	臺灣商務印書館出版《全唐宋詞尋幽探微》。 臺北大地出版社三版長篇小說《白雪青山》。 世界大學（World University）授予榮譽文學博士學位。
民國七十九年庚午（一九九〇）	七十歲	五月應大陸黃河文化實業公司邀請、作四十天文學之旅、與北京、上海、杭州、九江、武漢、西安、蘭州等地作家座談中華文化、文學創作、坦誠交換意見、獲得一致共識、真摯友情與尊敬、廣州電視臺並全程錄影、製作專輯播出、六月底返臺後即撰寫《大陸文學之旅》專著。 艾因斯坦國際學院基金會（Albert Einstein 1879-1955 International Academy Foundation）授予榮譽人文學博士學位。 榮列英國劍橋國際傳記中心出版的IBC Book of Dedications. 占全書篇幅五頁、刊登照片五張、介紹五十年創作生涯、十分翔實、篇幅之大、為全書冠、並禮聘為IBC副總裁。
民國八十年辛未（一九九一）	七十一歲	二月底新生報出版《紅塵》、二十五開本、上、中、下三鉅冊。黎明文化事業公司出版《小園昨夜又東風》散文集。 應香港廣大學院禮聘為中國文學研究所客座指導教授。 《紅塵》榮獲新聞局著作金鼎獎及嘉新優良著作獎。

民國八十一年壬申（一九九二）	七十二歲	文史哲出版社出版《大陸文學之旅》。 應聘香港廣大學院中研所客座指導教授。 一月五日開筆寫《紅塵續集》、自九十三章起至一百二十章止、共四十萬字、六月十日完稿、《紅塵》全書共一百九十萬字。續集自十二月一日開始在《臺灣新生報・副刊》連載近年、雙破長篇鉅著及連載紀錄。中國廣播公司《中廣小說選播》節目、亦於十二月一日十四時三十分、在AM657千赫第一廣播網開始播出長篇鉅著《紅塵》上、中、下三冊、由甄愛華小姐導播、集該公司播音精英、通力合作、龍老夫人一角由播音元老白銀飾演、其餘人物均為一時之選、效果奇佳、前所未有。　北京「中國文聯出版公司」出版《也無風雨也無晴》。 墨人故鄉九江《師專學報》、於本年起開闢《墨人研究》專欄、與《陶淵明研究》、《黃山谷研究》、並稱三大專欄、甚受教育、學術界重視。
民國八十二年癸酉（一九九三）	七十三歲	十月下旬、偕《秋水》詩刊同仁涂靜怡、雪柔、麥穗、汪洋萍、風信子、林蔚穎等為慶祝《秋水》創刊二十周年、訪問哈爾濱、北京、西安三大都市、與當地詩人座談交流、水乳交融、兩岸詩人因而建立深厚友誼。十一月初、隻身訪問昆明、探親、昆明作協主席曉雪、八十多歲老作家李喬、小說家張昆華、《春城晚報》副總編輯熊廷武、副刊主編顧因、理論家教授余斌、作家湯世傑、李錦華等集會歡迎、其中多為白族、彝族等少數民族作家、乃以雲南少數民族文化資源努力創作相勉、深獲共鳴。資深作家彭荊風、晚間並來下榻處暢談。 繼續應聘香港廣大學院中研所客座指導教授三年。 十二月新生報社出版《紅塵續集》、全書共四大冊、其實前後一貫、為一整體、該報為方便、乃以《續集》名之。一生心血得以完成、在輕、薄、短、小及商品文學獨占市場情況下、亦一大異數。北京「中國文聯出版公司」出版《紅樓夢的寫作技巧》。

民國八十三年甲戌 （一九九四）	七十四歲	一月開始研讀自北京購回的《全宋詩》、擬續寫《全宋詩尋幽探微》。 四月十一日接受臺北復興廣播電臺《名人專訪》節目主持人裴雯小姐訪問；談一生寫作歷程及大長篇《紅塵》寫作經過。 臺北《世界論壇報》副社長兼副刊主編詩人評論家周伯乃先生，特自五月三十一日起一連三天出版特刊，慶祝七十晉五誕辰暨創作五十五周年，除刊出〈小傳〉、〈七五人生一首詩〉、〈中國新詩與傳統詩詞的整合〉、〈叩開生命之門〉三篇新作外，並刊出蒙古族女詩人作家薩仁圖婭的〈墨人：屈原風骨中華魂〉，及馬來西亞霹靂州立女子中學校長、詩詞家、散文作家彭士麟女士論《紅塵》與大陸作家作品比較的書信、墨人著作校長、詩詞家、散文作家彭士麟女士論《紅塵》與大陸作家作品比較的書信、墨人著作目錄、美國兩個榮譽文學博士、一個人文學博士照片三張、《紅塵》獲獎照片一張、及周伯乃〈無限的祝禱〉文等。 八月七日，中國時報系的《工商日報・讀書版・大書坊》刊出蓓齡的《紅塵》墨人專訪文章，並配合攝影記者何日昌拍攝的墨人及《紅塵》四冊照片。 大陸廣州暨南大學中文系教授兼臺港暨海外華文文學研究中心主任、評論家潘亞暾，費時月餘撰寫《紅塵續集》論文達一萬餘字的〈偉大史詩的歸結〉，於九月二十一至二十五日在臺北市《世界論壇報・副刊》全文刊出，見解不凡，對《續集》的成功更使他大吃一驚，因此，更肯定《紅塵》的史詩價值、地位。 八月二十八日第十五屆世界詩人大會在臺北召開，僅提出〈中國新詩與傳統詩詞的整合〉論文一篇，並未出席，論文則由《中國詩刊》主編曾美霞女士代讀。
民國八十四年乙亥 （一九九五）	七十五歲	一月，臺北文史哲出版社出版《墨人半世紀詩選》（一九四二—一九九四）。 一月十日應臺北廣播電臺《藝文夜話》主持人宋英小姐訪問，許導播秀玲決定十日開播《紅塵》全書四冊，每日廣播兩次。 中國詩歌藝術學會主辦、中國文藝協會協辦，於五月二十二日在臺北市中國文藝協會舉行《墨人世半紀詩選》學術研討會，與會詩人、評論家六十餘人，討論情況熱烈，並印發海峽兩岸評論家王常新、古繼堂、古遠清、李春生、楊允達、周伯乃等十三家論文專集。各家均推崇、肯定新舊詩兩方面的成就與半個多世紀的貢獻。

		英國劍橋國際傳記中心頒贈二十世紀文學傑出成就獎。 榮列一九九五年英國劍橋國際傳記中心出版的 The Definitive Book of the Deputy Directors General of the IBC，佔全書篇幅五頁，刊登照片五張，爲全書之冠。
民國八十五年丙子（一九九六）	七十六歲	臺北圓明出版社出版涵蓋儒、釋、道三家思想的散文集《紅塵心語》。卷首有珍貴的文學照片十餘張。 臺北中國詩歌藝術學會出版《十三家論文》論《墨人半世紀詩選》。
民國八十六年丁丑（一九九七）	七十七歲	臺北中天出版社出版與《紅塵心語》爲姊妹集的散文集《年年作客伴寒窗》、各篇亦均以五、七言詩作題，內中作者詩詞亦多，並附錄珍貴文學資料訪問記、特寫、著作目錄等十餘篇。出任「乾坤」詩刊顧問，並主編該刊古典詩詞。完成《墨人詩詞詩話》、《全宋詩尋幽探微》兩書全文。
民國八十七年戊寅（一九九八）	七十八歲	構思六年的以佛學精義結合修行心得化爲文學創作的長篇小說《娑婆世界》，於三月二十八日開筆，十二月脫稿。共三十八章，五十多萬字。 英國劍橋國際傳記中心（IBC）出版《二十世紀傑出人物》以照片配合文字將墨人傳記刊卷首重要位置，並頒發獎狀。大陸中國國際經濟文化交流促進會、燕京國際文化藝術研究會等七大單位編纂出版的《世界華人文學藝術界名人錄》，中國國際交流出版社出版的《世界名人錄》，均爲十六開巨型中文本。
民國八十八年己卯（一九九九）	七十九歲	本年爲來臺五十周年、創作六十周年、中國習俗八十歲，昭明出版社出版長篇小說《娑婆世界》。 美國傳記學會（ABI）出版二十世紀《五百位有影響力的領袖》，以照片配合文字將墨人傳記刊於卷首重要位置並頒發獎狀。照片及詩詞五首編入中國《當代吟壇》巨著。　美國「世界智庫」與艾因斯坦國際學會基金會」聯合頒贈墨人傑出成就榮譽獎，以紀念千禧年，並榮列中國出版的《中華精英大全》。 美國傳記學會頒贈墨人「二十世紀成就獎」。

民國八十九年庚辰（二〇〇〇）	八十歲	臺北昭明出版社陸續出版定本長篇小說《白雪青山》、《滾滾長江》、《春梅小史》；文學理論《紅樓夢的寫作技巧》、連同民國八十八年出版的長篇小說《娑婆世界》，並列爲墨人一系列代表作品，以慶祝墨人八十整壽。臺北詩藝文出版社出版《墨人詩詞詩話》。臺北文史哲出版社出版《全宋詩尋幽探微》。
民國九十年辛巳（二〇〇一）	八十一歲	臺北昭明出版社出版長篇小說定本《紅塵》全書六冊及長篇小說《紫燕》定本。
民國九十一年壬午（二〇〇二）	八十二歲	五月三日偕長子邏翰赴上海訪友小住。英國劍橋國際傳記中心授予「終身成就獎」。
民國九十二年癸未（二〇〇三）	八十三歲	八月底偕夫人及在臺子女四人經上海轉往故鄉九江市掃墓探親並遊廬山。
民國九十三年甲申（二〇〇四）	八十四歲	準備出版全集（經臺北榮民總醫院檢查無任何疾病。）巴黎 you-Feng 書局出版豪華典雅法文本《紅塵》。
民國九十四年乙酉（二〇〇五）	八十五歲	此後五年不遠行，以防交通意外，準備資料。計劃百歲前開筆撰寫新長篇小說。北京「中央出版社」出版《強國丰碑》，以著名文學家張萬熙爲題刊出墨人傳略，爲臺灣及海外華人作家唯一入選者。並先後接到北京電話、書函邀請寄送資料編入《一代名家》、《中華文化藝術名家名作世界傳播錄》。
民國九十五年丙戌（二〇〇六）至民國一百年（二〇一一）——	八十六歲至九十二歲——	重讀重校全集，已與臺北市文史哲出版社簽訂出版《墨人博士作品全集》合約，民國一百年年內可以出版。此爲「五四」以來中國大陸與臺灣所未有者。